色彩源自传统 致敬未来中国

七 魔色欲染　北魏　莫高窟第254窟南壁《释迦降魔成道》局部	18
八 身色相好　北魏　莫高窟第259窟北壁供养菩萨	20
九 青红三佛　北魏　莫高窟第263窟南壁《三佛说法》局部	22
十 秀色拔尘　北魏　莫高窟第263窟南壁《三佛说法》局部	24
十一 千佛光色　北魏　莫高窟第263窟北壁东侧千佛	26
十二 天地幻色　西魏　莫高窟第249窟窟顶北披《登仙狩猎》局部	28
十三 粟特异彩　西魏　莫高窟第285窟西壁正龛内南侧供养菩萨	30
十四 不离不染　西魏　莫高窟第285窟西壁南龛内南侧供养比丘	32
十五 无量之色　西魏　莫高窟第285窟东壁门北侧《无量寿佛说法》局部	34

二二 色相如天　隋　莫高窟第420窟西壁外层龛北侧胁侍菩萨	54
二三 空即是色　隋　莫高窟第420窟西壁外层龛南侧《释迦涅槃》局部	56
二四 色即是空　隋　莫高窟第420窟窟顶北披《释迦涅槃》局部	58
二五 夜色撩人　隋　莫高窟第278窟西壁龛外南侧、北侧胁侍菩萨	60
二六 色即是空　隋　莫高窟第402窟西壁外层龛南侧《夜半逾城》局部	62
二七 丹青式序　隋　莫高窟第292窟前室西壁门北侧金刚力士	64
二八 帝青琉璃　初唐　莫高窟第57窟西壁外层龛南侧思惟菩萨	66
二九 颜盛色茂　初唐　莫高窟第57窟南壁中央《说法图》局部	68
三十 千佛幻色　初唐　莫高窟第57窟南壁西侧千佛	70

敦煌里的色彩美学

The Color Aesthetics of Dunhuang

目录

序 色与空的美学

一 流赭浮生
北凉 莫高窟第275窟南壁东侧交脚菩萨 …… 1

二 朱明寂静
北凉 莫高窟第275窟南壁东侧阙形龛上部红衣佛 …… 4

三 凹凸晕染
北凉 莫高窟第272窟西壁南侧听法菩萨 …… 6

四 五色炜晔
北魏 莫高窟第254窟中心塔柱释迦佛 …… 8

五 青犹鸽色
北魏 莫高窟第254窟北壁《尸毗王割肉贸鸽》局部 …… 10

六 白衣明镜
北魏 莫高窟第254窟西壁白衣佛 …… 12

…… 15

十六 缁赤三佛
西魏 莫高窟第285窟东壁门上侧三世佛 …… 37

十七 驭龙青玄
北周 莫高窟第296窟西壁龛外北侧《东王公赴会》局部 …… 40

十八 白贲无咎
北周 莫高窟第428窟窟顶《莲花飞天四虎纹平棊》局部 …… 43

十九 呼五白些
北周 莫高窟第428窟中心柱东向龛内南侧供养菩萨 …… 46

二十 丰姿缛彩
隋 莫高窟第427窟北壁佛陀、菩萨 …… 48

二一 千佛金身
隋 莫高窟第427窟窟顶千佛 …… 51

- 四十 异彩奇文　盛唐 莫高窟第217窟西壁龛外南侧大势至菩萨
- 四一 彩芒辉熠　盛唐 莫高窟第217窟西壁龛外南侧大势至菩萨
- 四二 五色氤氲　盛唐 莫高窟第217窟北壁东侧《十六观》局部
- 四三 白色肉髻　盛唐 莫高窟第217窟南壁经变局部
- 四四 赐紫风云　盛唐 莫高窟第45窟西壁释迦佛
- 四五 福田彩衣　盛唐 莫高窟第45窟西壁阿难
- 四六 丹青彩逸　盛唐 莫高窟第45窟西壁迦叶
- 四七 绀发翠眉　中唐 莫高窟第45窟西壁龛外北侧地藏菩萨
- 四八 大小青绿　盛唐 莫高窟第45窟西壁《观音经变》局部
- 五八 红消绿冷　盛唐 莫高窟第103窟南壁西侧《法华经变》局部
- 五九 布色有无　五代 莫高窟第61窟背屏南侧上部飞天
- 六十 炭黑佛祖　五代 榆林窟第32窟东壁南侧《文殊变》局部
- 六一 铁红佛祖　五代 榆林窟第33窟北壁西侧《降魔变》局部
- 六二 绿壁乌龙　五代 榆林窟第33窟顶东披《说法图》局部
- 六三 美人青绛　西夏 莫高窟第234窟窟顶五龙藻井井心
- 六四 翔凤雌黄　西夏 莫高窟第328窟东壁门北侧供养菩萨
- 六五 衣紫旋襕　西夏 榆林窟第10窟甬道平顶圆形双凤追翔
- 六六 绿袍金甲　西夏 榆林窟第29窟南壁西侧女供养人
- 西夏 榆林窟第29窟东壁中间《文殊变》局部

三一 珠光宝色
初唐 莫高窟第57窟西壁龛外北侧供养菩萨 72

三二 流金溢彩
初唐 莫高窟第57窟北壁中央《说法图》局部 74

三三 绿竹猗猗
初唐 莫高窟第322窟东壁门上侧《竹林释迦说法》局部 76

三四 碧波荡漾
初唐 莫高窟第220窟南壁《西方净土变》局部 78

三五 颜如渥丹
五代 莫高窟第220窟西壁《新样文殊》局部 80

三六 碧落空歌
初唐 莫高窟第321窟西壁龛顶南侧赴会佛、天人、飞天 82

三七 天青水绿
初唐 莫高窟第321窟北壁《阿弥陀经变》局部 84

三八 贤人玉色
盛唐 莫高窟第217窟西壁龛内南侧菩萨 86

三九 高绿下赪
盛唐 莫高窟第217窟南壁西侧经变局部 89

四九 靛光紫气
中唐 莫高窟第23窟西壁龛内北侧天王、菩萨 112

五〇 敷绿填黄
中唐 莫高窟第158窟东壁南侧《思益梵天问经变》局部 115

五一 素面朝天
盛唐 榆林窟第25窟北壁东侧《弥勒下生经变》局部 118

五二 三如法色
盛唐 榆林窟第25窟北壁西侧《弥勒下生经变》局部 120

五三 骍牛幽牛
盛唐 榆林窟第25窟东壁北侧《弥勒下生经变》局部 122

五四 涵碧沧浪
盛唐 榆林窟第25窟北壁药师佛 124

五五 碧波逐水
晚唐 莫高窟第156窟南壁西侧《张议潮统军出行》局部 126

五六 黄面瞿昙
晚唐 莫高窟第156窟南壁西侧《思益梵天问经变》局部 128

五七 千佛名色
晚唐 莫高窟第196窟窟顶北披千佛 130

- 四 西夏 榆林窟第29窟南壁西侧女供养人 … 176
- 五 西夏 榆林窟第10窟甬道平顶圆形双凤追翔 … 177
- 六 西夏 莫高窟第328窟东壁门北侧供养菩萨 … 178
- 七 西夏 莫高窟第234窟窟顶五龙藻井井心 … 180
- 八 五代 榆林窟第33窟窟顶东坡《说法图》局部 … 182
- 九 晚唐 莫高窟第156窟南壁西侧《张议潮统军出行》局部 … 184
- 十 盛唐 榆林窟第25窟东壁北侧药师佛 … 186
- 十一 盛唐 榆林窟第25窟北壁东侧《弥勒下生经变》局部 … 186
- 十二 中唐 莫高窟第23窟西壁龛内北侧天王、菩萨 … 188
- 十三 中唐 莫高窟第45窟西壁龛外北侧地藏菩萨 … 190
- 十四 盛唐 莫高窟第45窟西壁迦叶 … 192
- 十五 盛唐 莫高窟第45窟西壁阿难 … 193

- 二九 西魏 莫高窟第285窟西壁南龛内南侧供养比丘 … 214
- 三十 西魏 莫高窟第285窟西壁正龛内南侧供养菩萨 … 215
- 三一 西魏 莫高窟第263窟北壁东侧千佛 … 216
- 三二 北魏 莫高窟第263窟南壁《三佛说法》局部 … 217
- 三三 北魏 莫高窟第263窟南壁《三佛说法》局部 … 218
- 三四 北魏 莫高窟第259窟北壁供养菩萨 … 220
- 三五 北凉 莫高窟第272窟西壁南侧听法菩萨 … 222
- 三六 北凉 莫高窟第275窟南壁东侧交脚菩萨 … 224
- 敦煌画师名录 … 227
- 附录一：敦煌的主要矿物颜料说明 … 231
- 附录二：参考文献 … 238
- 附录三：敦煌色谱 … 243
- 附录四：敦煌莫高窟和安西榆林窟颜料样本总表 … 259

- 六七 净渌虚白
  西夏 榆林窟第2窟西壁南侧 水月观音 … 152

- 六八 五色十光
  西夏 榆林窟第2窟南侧《说法图》局部 … 155

- 六九 吴生设色
  西夏 榆林窟第3窟西壁门南侧《普贤变》局部 … 158

- 七十 色不碍墨
  元 莫高窟第95窟南壁长眉罗汉 … 160

- 七一 红绿火气
  元 榆林窟第4窟东壁中间《曼荼罗》局部 … 162

- 七二 萦青缭白
  元 榆林窟第4窟西壁门北侧《文殊变》局部 … 164

如是我闻 —— 色彩回溯

- 一 元 榆林窟第4窟西壁门北侧《文殊变》局部 … 170
- 二 西夏 榆林窟第2窟南壁西侧《说法图》局部 … 172
- 三 西夏 榆林窟第2窟西壁南侧 水月观音 … 174

- 十六 盛唐 莫高窟第217窟西壁龛外南侧 大势至菩萨 … 194
- 十七 盛唐 莫高窟第217窟西壁龛内南侧 菩萨 … 196
- 十八 初唐 莫高窟第321窟西壁龛顶南侧 赴会佛、天人、飞天 … 198
- 十九 五代 莫高窟第220窟甬道北壁《新样文殊》局部 … 199
- 二十 初唐 莫高窟第57窟北壁中央《说法图》局部 … 200
- 二一 初唐 莫高窟第57窟西壁龛外北侧 供养菩萨 … 201
- 二二/二三 初唐 莫高窟第57窟南壁中央《说法图》 … 202
- 二四 隋 莫高窟第278窟西壁龛外南《夜半逾城》局部 … 204
- 二五 隋 莫高窟第402窟西壁外层龛南侧、北侧胁侍菩萨 … 206
- 二六 隋 莫高窟第427窟窟顶千佛 … 208
- 二七 北周 莫高窟第428窟中心柱东向龛内南侧供养菩萨 … 210
- 二八 西魏 莫高窟第285窟东壁门北侧《无量寿佛说法》局部 … 212

色空的美学

无论是阅读敦煌的文献、著述、论文,还是观摩敦煌的洞窟、壁画、塑像,越是有发现的惊喜,就越是有更多未知的惊喜,正如《论语》里弟子颜渊看孔子,得出的结论是:"仰之弥高,钻之弥坚,瞻之在前,忽焉在后。"这种朝圣的仰望,至今在我心里也没有改变。

去年暮春,我正在莫高窟第321窟仰望窟顶,窟顶的蔚蓝明亮得让我觉得不真实,赴会佛赶着去听法,飞天摇曳顾盼,祥云舒卷弥漫,漫天花雨间,我看到天宫的栏墙后,天人们笑意盈盈地俯看着我,我们的目光对视在一起。那一刻我突然明白天国、人间离得没有那么遥远,我仰望的也在俯看着我,我看到的也是千年前人们看到的,因此才有了敦煌,才有了来到敦煌的理由。

敦煌洞窟的建造不是为了艺术,而是为了救赎,安抚人们的心灵和宣讲天国的救赎。天国是虚构的,人间是真实的,敦煌洞窟将虚构与真实连接在一起、杂糅在一起,召唤人们前来。那些饱受苦难、向往幸福的人们抱着崇拜、迷茫、避难的心情进到洞窟,这些不安的心情在仪式的沉浸、讲经的教化、观想的觉悟中得到安抚,虚构与真实的结合,力量是如此强大。

谈到虚构与真实,没有比"色即是空,空即是色"这句话更合适的了。在研究敦煌色彩的历程中,一方面我需要面对虚构、观念、意象,即所谓"空",在敦煌是无法回避佛经的，怎么去理解佛国世界的色彩和色相，按理说它们都是不存在的；另一方面，我需要面对真实、物质、具象，即所谓"色"，从敦煌的矿物颜料入手，梳理敦煌的色彩变迁、设色方法，它们都是很凿实的知识。

而说到设色方法，也没有比"色不碍墨，墨不碍色"这句话更合适的了。中国画的色彩观念，用这句话来概括不会走偏，很少有哪个民族的美术是在色彩的昂扬与失落之间不断创造新境界的。我认为墨和空是中国画色彩观念的近义词，当南朝梁的萧绎在《山水松石格》说出"高墨犹绿，下墨犹赪"时，中国画的色彩已经从"色"走向"空"，如果把萧绎的话理解成"墨分五色"的技巧，还不如理解成他"格高而思逸"的见解，站在色彩观念的更高处，色彩的表达不必依靠色彩本身，墨是色彩的失落，以色彩的失落来更好地表达色彩，这是色彩观念的"空"。

敦煌的色彩变迁始终没有脱离中国画的发展路径，色彩的渲染没有妨碍墨色的表达，墨色的勾皴也没有妨碍色彩的表达，它们二者始终服务于终极的中国画色彩观念："随类赋彩"。中国画的色彩不是"写生的写实"，而是"写意的写实"，画家观察自然和事物所形成的总结和记忆，凝聚为艺术心得，光影下的色彩不再依靠随时的现场观察，而是形成一套概念色彩体系，以某种色彩去处理某种场景。宋代的郭熙在《林泉高致》里说："水色：春绿、夏碧、秋青、冬黑。"肯定不是所有的水色都按照春夏秋冬区别为绿碧青黑，这是画家的总结和记忆。

所以，我把敦煌色彩美学称作"色与空的美学"，在中国画色彩的昂扬与失落之间，在色彩的光影实相与概念体系之间，在现实世界的颜料科学和佛国世界的美术幻想之间，在色相离合与美学大义之间，找寻更高的愉悦。

不断追求更高的愉悦是美学的本质，正如《大宝积经》里说："彼之光明清净广大，普令众生身心悦乐。"走至西方极乐，也不过是追求身心愉悦，美学和宗教触及的都是人类心智深处，这也是今天吸引我们来到敦煌、进到洞窟的奥秘。更多失去了宗教意义上的愉悦，更多衍生了美学意义上的愉悦，敦煌在今天已经变成人类文明的艺术宝库、同时收藏了色之愉悦和空之愉悦的宝库。

下面，我将开启敦煌宝库的色之愉悦库房，讲解矿物颜料，分析设色方法；也将开启敦煌的空之愉悦库房，探索人类心智，启迪美术幻想。矿物颜料、设色方法、人类心智、美术幻想这四个角度,既帮助我完整地阐述敦煌色彩之"色与空的美学",也帮助大家提纲挈领地掌握本书大义,而各位参加的这次敦煌旅行的讲解员正是在下。

一、色即是空:敦煌和矿物颜料

在我们敦煌色彩之旅的开始,先讲点实实在在的东西:敦煌洞窟里最常见的矿物颜料。讲述矿物颜料,难点在于说清楚说明白,辨析纷繁的色名,识别迷惑的成分,捋顺错综的变迁。为了走出这个迷宫,我几乎阅读了所有关于敦煌颜料分析的论文,在附录四里你可以看到《敦煌莫高窟和安西榆林窟颜料样本总表》,这是从有据可信的那部分论文中提取和整理的数据库,走出这个迷宫就是靠了这组路标。

我的讲述顺序基本是以矿物颜料的时代变迁为路线,咱们这次敦煌旅行终究不是学术旅行,为了不把气氛搞得太严肃,我把具体的讲述都放在附录一的《敦煌的主要矿物颜料说明》,那些熠熠生辉的矿物颜料名称,我讲完一个赶着再讲下一个,这点小知识让大家一览无余,时代的痕迹就隐藏在其中,最开始讲的一定是敦煌早期洞窟的颜料。

我知道,有些人对矿石颜料和它们的原矿石怀着浓厚的观赏和收藏兴趣,毕竟奇石异彩的诱惑是很难让人抗拒的。我也知道,如果不把这些矿物颜料名称说清楚说明白就贸然进到洞窟,五颜六色就像佛祖打翻了颜料缸,不知究竟会不知所以,没有路标会失去方向。

敦煌的矿物颜料不止于附录说明的12种。譬如黄金:黄金的上色工艺从涂金、描金到贴金、堆金,在敦煌几乎都能见到,用黄金呈现颜色的世俗心理,不外乎以贵重表达敬重,佛和菩萨坦然接受。又如敦煌土:莫高窟前面的宕泉河水冲刷来的澄板土,低贱到泥土里,在敦煌用作壁画和塑像的底色,佛和菩萨也坦然接受。黄金也好沙土也好,无分别心来看便好。即便是我们经常忽略掉的白色,滑石、石膏、云母、方解石、高岭土和铅白,因为成分不同,也不尽相同。矿物颜料之外,敦煌也发现过靛蓝、藤黄等植物颜料,但并不多见。

敦煌的颜色，如果以RGB或CMYK的具体数值来严格统计到底有多少种，那是无法统计到穷尽的，因为同一种矿物颜料在筛选制作过程中就会出现若干种色值，不同产地的同一种矿物颜料又会出现不同的若干种色值，不同矿物颜料混合使用而调制出来的颜色千变万化，就出现了若干若干种色值，直到无穷多。任何事物到了无穷多，像佛经里的恒河沙数、我们眼中的星辰大海，人类都会觉得自己渺小而无知，无穷带给我们的不仅有充实，还有空虚。

矿物颜料呈现的敦煌颜色无法统计到穷尽，这是标准的敦煌色谱很难制作成功的真实原因。无穷尽的敦煌颜色不能与时间抗衡，颜料的化学反应和烟熏灰垢导致颜色的变色，同一个位置的颜色会随着时间发生变化。无穷尽的敦煌颜色也不能与光线抗衡，即使采用最先进的摄像设备或取色设备，同一个位置的颜色也会随着光线发生变化。无穷的颜色加上无穷的变化，即使成功制作出敦煌色谱，也无法做到标准而恒定。

希望看到敦煌色谱，这个愿望是普遍的，可能来自这次敦煌色彩之旅的各位，也可能来自很多敦煌爱好者。我也有这个愿望，所以我在附录三呈现了一部《敦煌色谱》，其中的颜色是依据本书临摹的敦煌图像来提取的，并按照时代排序编制，无非是方便各位更直观地看到不同时代敦煌色彩的变迁。各位如果耐着性子读了前面我的讲述，大可不必拿这部"以偏概全"的《敦煌色谱》当真。"凡所有相，皆是虚妄，若见诸相非相，则见如来。"这句话是《金刚经》里说的，我把它放在封底，相信各位可以理解我在编制这部《敦煌色谱》时内心的充实和空虚。

二、色不碍墨：敦煌和设色方法

墨色是色彩的一种，但墨色没有其他色彩的缤纷和斑斓，类似我们在附录里讲矿物颜料时，石青、石绿的吸引力大，似乎墨不提也罢，所以称之为"色彩的失落"。在中国画的设色方法中，所谓"色不碍墨，墨不碍色"，墨色却与其他色彩平分天下，对此，清代的唐岱在《绘事发微》里解释说："以色助墨光，以墨显色彩。"色彩的渲染帮助提升墨色的表现力，墨色的勾皴帮助显示色彩的表现力，墨色和其他色彩互相衬托对方的美感。

我们讲设色方法，首先得说清楚说明白中国画里的"色"是什么。一个前面提到过，它是画家观察自然和事物所形成的总结和记忆，是概念色彩体系；一个我们刚讲完，它是墨色和其他色彩的互相衬托。既然不是"写生的写实"，只要墨色的视觉美感和心理愉悦成功传递给大众，画家的主观意识就足以认为墨色和其他色彩是平分天下的，这种"写意的写实"就成立了，概念色彩体系并不等同于色彩的光影实相。

敦煌的山水画和人物画中，设色方法都有概念色彩体系，考虑到序的篇幅，我必须有节制，还是侧重探讨敦煌的山水画设色方法。我们回到萧绎的"高墨犹绿，下墨犹赪"，萧绎所处的南北朝时期，正是佛教和佛教绘画对中国产生巨大影响的大时代，也是敦煌洞窟的早期。敦煌的早期山水画，主要以青绿的刷、抹来表现山势层叠，山体上部的青与下部的绿有明显变化，这是古印度凹凸晕染法的设色方法。这种设色方法很快传到南朝的梁，宋代的楼观在《杨升没骨山水卷》题记里说："梁天监中，张僧繇每于缣素上，不用墨笔，独以青绿重色，图成峰岚泉石，谓之没骨法，驰誉一时。"南朝梁的张僧繇以"青绿重色"的概念色彩表现山势凸凹，没骨法就汲取了凹凸晕染法，张僧繇运用如神，同时代的萧绎总结性地提出"高绿下赪"也是顺理成章。

"高绿下赪"不过是"青绿重色"的递进，山体上绿、下赪，概念色彩更加丰富。然而，萧绎大胆地借来指导墨色的表达，提倡以色彩的失落来抽象地表现色彩，从而在后代引发了设色方法的颠覆性革命。南北朝的"青绿重色""高绿下赪"是山水画概念色彩体系的高峰，直到唐代，敦煌山水画的色彩基本是山体上青、中绿、下赪。

唐代是佛教和佛教绘画对中国产生巨大影响的另一个大时代。"画圣"吴道子以佛教题材画作而闻名，吴道子见过张僧繇的画，先是不以为然，而后看出了门道，以至于"坐卧其下，三日不能去"。吴道子革新了设色方法，清代的张庚在《国朝画征录》里说："唐吴生设色极淡，而神气自然，精湛发越，其妙全在墨骨数笔，所以横绝千古。""吴生设色"直接影响了唐代之后的敦煌色彩，所以在五代、宋代、西夏、元代的敦煌洞窟，色彩的浓艳渐退于简淡，色彩的"重色"换位于"色不碍墨"。

在本书的第一大部分《如是我见》的最后一节里，我更细致地讲述了唐代之后山水画概念色彩体系在成法上的不断创新。元代黄公望在《写山水诀》里说："画石之妙，用藤黄水侵入墨笔，自然润色。不可用多，多则要滞笔。间用螺青入墨亦妙。吴妆容易入眼，使墨士气。"以墨色画山体时，加入藤黄或螺青，这是黄公望的艺术心得和成法创新，他因循的成法是"吴生设色"，也就是吴道子的成法。清代钱杜在《松壶画忆》里说："赭色染山石，其石理皴擦处，或用汁绿，淡淡加染一层，此大痴法也。"以赭色画山体时，再薄染以藤黄和花青的混色，钱杜说这是"大痴法"，也就是黄公望的成法。

掌握概念色彩体系，继而将视觉美感和心理愉悦传递给大众，不仅是当初敦煌画师们的设色方法，也是后来敦煌临摹者们面临的选择。1941年10月，王子云率领西北艺术文物考察团赴敦煌莫高窟，他们坐汽车过了兰州到酒泉间的简陋公路，又坐骡车过了酒泉到安西间的戈壁，最后坐木轮牛车过了安西到敦煌的沙漠，这才到了莫高窟。王子云到达莫高窟的一周后，张大千也到了莫高窟，王和张此行的目的都是临摹敦煌的壁画，不同的是，王子云选择"客观摹写"，按照壁画当时的色彩如实地摹绘下来，他继承的是当初敦煌画师们的概念色彩体系，张大千选择"复原摹绘"，按照唐卡的色彩推导复原变色壁画的色彩，他借鉴的是昔时唐卡画师们的概念色彩体系。虽然王和张的关系融洽，但王子云对张大千的设色颇有异议："（画面）红红绿绿，十分刺目……显得有些'匠气'和火气。"

研究敦煌色彩，始终要面对王子云和张大千的选择，侧重当下的色彩还是侧重当初的色彩，这也是我把本书分成《如是我见》和《如是我闻》两个篇章的原因。在《如是我见》，按照"客观摹写"的原则，忠实表现当下的敦煌色彩；在《如是我闻》，按照"复原摹绘"的原则，复原表现当初的敦煌色彩，只是当初的时间设定没有放在最初始的起点，而是根据色彩的变化去推想300年前、500年前的敦煌色彩，这么做是不想被批评有"匠气和火气"的刺目。

从这种章节安排，看得出我在王和张的两种设色方法之间的徘徊。王子云的客观摹写，跟他留学法国所受西洋画的写生色彩影响有关，或是"写实的写生"，然而他所见的光影实相，在时间的变色、光线的变色下，也不过是他当时瞬间的色彩捕捉，正如我在《如是我见》里的努力与徒劳。张大千以自己总结的敦煌壁画概念色彩体系来抵消时间、光线对色彩的侵蚀，或是"写意的写实"，刺目的背后，竟是传统方式下中国画的取色。

1941年冬至1943年春，王子云经常往来于敦煌和兰州之间，不难想象他的旅途之艰辛。王子云当时去兰州主要是采办颜料，我一直想找到他采购颜料的清单或记录，遍查无果，但在查询资料时，我发现在这期间他还绘制了莫高窟全景写生图，这幅长5.5米、宽0.233米的巨幅画卷现在竟然完好地收藏在敦煌研究院。感谢敦煌研究院同意了我的申请，有限制地允许我使用这幅名曰《敦煌千佛寺全景》的20世纪40年代莫高窟外貌写生图，我把它放在了本书限量版的序言前面。

20世纪40年代，敦煌还来过一位英国科学技术史专家，他就是大名鼎鼎的李约瑟。李约瑟很谨慎地记录了他看到的敦煌色彩："来到唐代开凿的洞，一切都不同了。以前洞中的那种栗色和明快的蓝色都变成了以绿色和红色为主体的色调，这些颜色通常是暗淡的，大概是由于褪色的缘故。"

无论是本书每个小节的临摹图片，还是附录的《敦煌色谱》，李约瑟看到的敦煌色彩变迁都有迹可循，不同的时代有不同的设色特点，本书不就是为了说清楚说明白这个事情嘛。

中国画的取色，色也好墨也好，不过是概念色彩体系的表象。清代王原祁在《麓台题画稿》里说："画中设色之法与用墨无异，全论火候，不在取色而在取气。故墨中有色，色中有墨。古人眼光直透纸背，大约在此。"概念色彩体系的本质，不在取色而在取气，在于画家是否有"高概念""大气场"。正如著名的禅宗公案中，青原惟信所说："老僧三十年前未参禅时，见山是山，见水是水。及至后来，亲见知识，有个入处，见山不是山，见水不是水。而今得个休歇处，依前见山只是山，见水只是水。"走到人生的休歇处，心境明澈，内心如镜，映射山水，见山是山，见水是水。倏尔鸿雁飞过天空，水面投下的影子现而复失，这就是我们讲的色和墨。

三、空即是色：敦煌和人类心智

各位听完前面我的讲述，就会明白为什么宋代的韩拙在《山水纯全集》里高呼："人为万物之最灵者也。"概念色彩体系的本质、敦煌色彩的奥秘、色与空的美学，其根本在于人类心智。"是以山水之妙，多专于才逸隐遁之流，名卿高蹈之士。悟空识性，明了烛物，得其趣者之所作也。"画家自己不能清空自己，就看不透色。

站在美学的高度，谈论才逸隐遁之流、名卿高蹈之士，或者站在哲学的高度，谈论佛和菩萨，会不会离生活太远，会不会无法传递愉悦，这是我动笔前的迟疑。在查阅资料时，我注意到敦煌洞窟里的"夜半逾城"这个题材，从北魏到初唐反复出现，敦煌画师们的热衷吸引我浏览了很多博物馆的同题材收藏品，其中美国大都会艺术博物馆收藏的《夜半逾城》浮雕，英文标题是 Great Departure and Temptation of the Buddha，翻译过来是"佛陀的伟大出发和诱惑"，这个说法本身就撩动人心。29岁的悉达多王子决定离开舒适的宫廷去苦修，一个在世俗世界有着远大前程的年轻人，向往着世俗之外的纯净世界，这种理想主义有着激动人心的力量，它是佛陀的伟大出发，它是敦煌的伟大诞生，它也启示了我该怎么写才能把愉悦传递给各位，尽管我写的东西看起来渺小而无知。

佛陀在伟大出发之后，经历了苦难，最终创立佛教。我把佛教的创立看作人类心智的一次飞跃，以至于我每次阅读佛经时，都有阅读人类心理的通透，这是我的空之愉悦。研究敦煌是无法回避佛经的，佛经里最为当代人熟知的无外乎《金刚经》和《心经》，我把《金刚经》中的一句话放在了封底，也把《心经》中的一句话用作了标题："色即是空，空即是色。"

这里的色，也称作色相，指的是物质现象的总和，而非限于色彩。"色即是空，空即是色"，讲的是佛教对于物质现象的理解，当时的人类达不到我们今天的微观量子级，于是将微观归纳为"地、水、火、风"四大元素，当四大元素因为"因缘"而"和合"，物质现象就出现了，当四大元素离散，物质现象就消失了。"色即是空，空即是色"的后面一句是"受想行识，亦复如是"，讲的是精神现象的出现与消失，同样也是这个道理。

"地、水、火、风"四大元素，可以说是人类对微观物质的最初认识投射到佛国世界的色彩，现在的西藏经幡就是例证。西藏经幡是五色的，颜色固定，上下顺序也固定：最顶端是蓝色，象征蓝天，代表"空"；蓝色下面是白色，象征白云，代表"风"；白色下面是红色，象征火焰，代表"火"；红色下面是绿色，象征绿水，代表"水"；最底端是黄色，象征大地，代表"土"。从底下到顶端数过来，正好就是"地、水、火、风、空"。当各位面对西藏经幡，从下往上看，就知道了"色即是空"，从上往下看，就知道了"空即是色"。这种观念的色彩，我在西夏的敦煌洞窟里找到了印证，各位在本书中也找得到。

《李君莫高窟佛龛碑》记载："莫高窟者，厥初秦建元二年，有沙门乐僔，戒行清虚，执心恬静。尝杖锡林野，行至此山，忽见金光，状有千佛，遂架空凿岩，造窟一龛。"366年，僧人乐僔在鸣沙山东麓的崖壁见到大气现象"佛光"，于是受到启示，在崖壁上开凿了莫高窟的第一个洞窟。第一重来自佛、法、僧的因缘和合，僧人乐僔为了传播佛法而建造佛像，莫高窟就是这么出现的；第二重来自地、水、火、风的因缘和合，才有僧人，才有佛法，才有佛像，更重要的是，地（地理位置）、水（云雾滴层）、火（太阳光线）、风（大气现象）的因缘和合，正好促成了金色佛光的出现，空即是色。

说说科学对于物质现象的理解，为什么可以看到颜色？当太阳光线照到物质上，一部分光线被物质吸收了，转化成热能，另一部分光线被物质反射了，反射的光线被人类眼睛的感光锥体细胞接收。感光锥体细胞对特定的光线波长有反应：约64%的细胞对波长在560纳米左右的光反应强烈，细胞向大脑发射信号，大脑将当前视觉识别为红色；约33%的细胞对波长在530纳米左右的光反应强烈，大脑识别为绿色；只有约2%的细胞对波长在420纳米左右的光反应强烈，大脑识别为蓝色。物质本身是没有颜色的，光线反射到感光锥体细胞，感光锥体细胞发射信号给大脑，大脑的识别反应才有了颜色。如果接收到不同于上面三种波长的光，譬如波长在585纳米左右的光，临近这个波长的红色感光细胞和绿色感光细胞同时被激活了，两组信号同时到达大脑，大脑就"因缘和合"两组信号，识别为黄色。第一重的因缘和合，来自红、绿、蓝，三原色而成无穷色，这就是电视机制造商只要用到红、绿、蓝三种光源的原理；第二重，物质本无色，光线波长、感光细胞、大脑识别的因缘和合，才有了颜色，空即是色。

佛教创立时，人类将物质现象的微观归纳为"地、水、火、风"四大元素，以它们的离散作为"空"，以它们的和合作为"色"，人类今天进步了更多，以至于我们都知道量子。人类对于精神现象的微观归纳，佛教创立时还说不出四大元素那样的事物，人类对此的认识也在不断进步，各位知道的或许比我多，我只知道：我的烦恼，每当它来扰乱时，我就试着去看透它，和合成为烦恼的小因素、小事物原本不是烦恼，它们的和合何以就成了烦恼，烦恼是源于我们对烦恼的定义，看透烦恼的微观，少去定义它，少给它们和合的机会，烦恼也就少了许多。各位晓得，佛陀是去除了烦恼的人，我们是定义了烦恼的人，菩萨是佛陀那边和我们这边的摆渡人，揣着烦恼哪里到得了彼岸。而我的愉悦，原本都是这样或那样微不足道的事物，愉悦也是源于我们对愉悦的定义，如何定义愉悦就是如何创造空之和合,这样或那样的事物,通过我们的审美取向来合成,这个小过程就是从空之愉悦到色之愉悦的过程。

敦煌文书P.3262《河西节度使尚书曹议金造窟功德记》里说:"窃闻实相凝空,随缘以呈妙色;法身湛寂,应物感而播群形。"天人们和我的目光对视,他们在天国的栏墙后拈着花,微笑不语,我在洞窟的幽暗中抬起头,心里和眼里的微火欲燃,因为敦煌的缘故,微不足道的事物因缘和合,我才有机会定义"色与空的美学",这是"窃见实相凝空,随缘以呈妙色"。因此,从空之愉悦到色之愉悦,是本书的美学大义。

四、墨不碍色:敦煌和美术幻想

没有找到王子云当时采购颜料的清单或记录,这是我不小的遗憾,我总是揣着一个念头:这样或那样的颜料,本来不过是矿石、泥土,不过是红、绿、蓝,心里和眼里闪耀着微火的敦煌画师们,用自己的幻想去调和它们,呈现美妙的佛国世界,当我们回到颜料的离散状态去观察它们的本质,感悟色彩的空、墨色的空,这就是空之愉悦的历程、敦煌美学的修行啊。

从书本的文字去接触敦煌研究院的前辈人物,也从现实的交往去接触现在的关联人物,这是我写作本书时做的必修课,我发现敦煌人的共性在于:敦煌研究院的工作不只是工作,而更像是修行,那些原本不是愉悦的小因素、小事物,合成了他们自得其乐的愉悦。敦煌人有自己定义愉悦的敦煌之道,这让我钦慕不已。读到敦煌研究院的前辈学者史苇湘,当年刚成为研究院新人,看见段文杰院长临摹画稿:"段先生正在用自制的红土挥毫勾勒,描绘北魏下层的'金刚力士',刚劲的线描,画出了一群力士在山峦间奔驰跳跃的情景,背景是大片脱色的土墙,涂上去的颜色竟和剥落的墙壁颜色完全一样,我好奇地问他'这是一种什么颜色?'他幽默地说:'遍地都是',原来他们用的就是窟前由宕泉河水冲积的细泥,澄去沉沙,漂出细泥,加胶水磨制而成。不用调和,自然就和一千四百年前的墙泥一样。"红土、澄板土,在段文杰的笔下成了在山峦间奔驰跳跃的力士,段院长画力士有撒豆成兵的快乐吧。所有这一切,包括段院长的幽默,在史苇湘的眼里都成了美术幻想的新世界,在他心里播种的愉悦,或许就是敦煌人代代薪火相传的敦煌之道。

段文杰说过："佛经一旦变成视觉的形象之后，就出现了佛经中没有的时代性和民族性而呈现出新的形态。""不管它是东方净土，还是西方净土，都是描写幻想的极乐世界，以豪华而欢乐的场面，引诱人们向往这个世界。""所有这些都是想象力的产物，但它不是胡思乱想，而是以现实生活为依据，展开高度的想象和幻想，创造了一个令人向往的理想世界。这个世界又是现实世界没有的，而且永远无法实现的。"

无论是中国传统色彩美学，还是敦煌色彩美学，我这个讲解员，回避的就是把颜料讲述成石头和色块，把色彩变迁和美术幻想讲述成颜料科学和颜料史学，如果这么做，我的墨字就妨碍了美学的色彩，色离散为空，色彩美学也就真的落了空，所以我把"墨不碍色"当作自己的讲解员信条和写作规矩。

我的这点认识是受到段院长的启迪，他反对把敦煌艺术理解成佛经图解，他说："敦煌壁画不是佛经的图解，而是艺术。"敦煌艺术的、美术幻想的空之愉悦，并不是干巴巴的佛经图解，而是在时代性、民族性的因缘中，画师们将佛经图解和艺术创造做了和合，而成美术幻想的架空世界。

谈论空之愉悦，不是"空谈"或"谈空"，而是谈论"空之和合"，谈论的是佛经图解和艺术创造的和合，谈论的是时代性、民族性的因缘中，画师们将矿物颜料和艺术创造做了和合，而成佛国世界的色彩，而成"色与空的美学"。

在敦煌的美术幻想里，最有代表性的图像是千佛，我在本书里接二连三讲了北魏、隋代、初唐、晚唐的千佛色彩，还把盛唐莫高窟第217窟窟顶千佛的临摹图放在了本书非限量版的序言前面。敦煌洞窟的窟顶和墙壁四周，千佛随处都可以出现，佛衣、佛光的色彩规律性很容易辨识，斜向同色，光光相接，组成一道道斜向放射的光带，光带间不同色彩组合的轮替，像跳动的光斑，在忽明忽暗的变化中，造成梦幻般的"频闪"效果。

矩阵的仪式、频闪的色彩，换作今天的科幻电影画面来解读，更好理解一些。我一直在说光影实相，到了千佛这里，我几乎没办法找到比光影幻相更合适的词汇去描述。按理说它们都是不存在的，无论是穿越了过去、现在、未来三个世界的千佛，时间和空间的天罗地网纯属虚构，还是千佛的光阵，光影幻相分明是虚拟背景，这样一个宏大而虚无的空，电影似乎比佛经更适合去承载它。

敦煌就是敢于大胆使用这样近乎不可思议、近乎不可承载的架空，以光影幻相来传递空之愉悦，如《佛说观经》所言："坐观东方，廓然大光，唯见一佛，结跏趺坐，举手说法。心明观察，光明相好，书然明了。常系在心，不令外缘。心若余念，摄念令还。如是见者，便增至十佛，即见十佛，增至百佛，乃至千佛，乃至无量无边佛。"

在千佛的光影幻相里，就这样一起静观禅想，我的空之愉悦是否可以传递给各位？若成了，咱们这次敦煌色彩之旅算是圆满了；若还是不成，咱们得一起读读苏轼的这句诗："笙歌丛里抽身出，云水光中洗眼来。"

在此，致敬灿若繁星的敦煌研究学者们，石窟艺术、文物考古、绘画理论、美学研究、佛教交流、西域历史、边疆地理、语言文学、影像记忆、科技保护等领域每一位卓有建树的研究学者，都是我钦佩的前辈。我阅读了他们的上千份论文、上百本专著，本书顺带提及了数位前辈的研究成果，附录二《参考文献》大略整理了本书写作所参考的图书专著部分，学术论文部分因为数量太多而无法附录，我是怀着歉意也怀着敬意的，有他们的问学传灯才有我的进步。

感谢家人韩丽婕、郭允成，他们以流利的英语和日语帮我梳理海外资料，并成为本书的第一批读者，我现在还不知道，郭允成是否会因此选择艺术史作为他未来的学习方向。感谢于梅、胡广群、向虎、贾宝军在版权、管理等方面的建议和帮助，他们的诚恳意见很宝贵，添了我的创作之力，减了我的后顾之忧。感谢在纽约的李灵、在东京的施萍、在维也纳的刘秀鸣，他们无论身处何方，秉承的都是纯粹的中华美学观念，他们以坚实的友情和审美的共鸣，给了我莫大的鼓励。

感谢小天下时代文化创始人、中国传统色系列图书策划人王津，他一如既往地为本书的出版事宜而奔走、协调、谋划。感谢我的设计老搭档李健明，他圆满完成了本书的装帧设计，使得《中国传统色：敦煌里的色彩美学》和《中国传统色：故宫里的色彩美学》两本书成为形神兼备的姊妹篇。感谢以韩志信、张文悦、陈元、程海滨、杨雪枫为核心的图像临摹、色彩校对工作小组，他们从无到有跟着我，共同学习、共同进步，初步掌握了敦煌图像的临摹、校色的方法。

感谢在敦煌研究院工作过的宁强，他曾在敦煌生活、工作和学习，跟随段文杰院长从事学术研究，去哈佛大学攻读博士之后成为著名的石窟艺术专家，无论是敦煌洞窟的观摩，还是敦煌学术的探讨，他是真正的良师益友。感谢敦煌研究院的孙志军，作为摄影专家和敦煌学者，他把自己的全部职业生涯献给了敦煌，很多敦煌影像都出自他的摄影镜头，我看得出他对敦煌的忠诚和热爱，尤其是他在中信出版集团出版的《世纪敦煌：跨越百年的莫高窟影像》，既传达了影像的力量，也影响了本书的创作。感谢敦煌研究院的刘刚，作为资深讲解员和学术继承者，他是敦煌年轻人的代表，以他为榜样，我才有担当这次敦煌色彩之旅讲解员的底气。

感谢中信出版集团的王蕾、王艺超，他们怀着再造中国传统美学的志向，以出版人的社会责任和质量要求来对待本书，我不过是在积累写作经验的新作者，他们的信任和支持不仅推动了中国传统色系列图书的延展，也推动了我的职业发展和写作计划，此之谓"君子莫大乎与人为善"。

"取诸人以为善，是与人为善者也。故君子莫大乎与人为善。"这是孟子的话，用今天的话说就是"各美其美，美人之美，美美与共，天下大同"。在中国传统美学再发现、中国传统色彩美学复兴的大路上，期待越来越多的同行者共襄善举，共美美丽中国。

郭浩

2022 年 2 月 28 日

西魏 莫高窟第 285 窟北壁东侧菩萨

如是我见

敦煌里的色彩美学

The Color Aesthetics of Dunhuang

小盏唯独照 微火欲相明 譬如萤和日 于光略有同

唯獨照
欲相明
螢和日
略有同

 流赭浮生

北凉 莫高窟第275窟南壁东侧交脚菩萨

涂抹大面积的土红底色，这是北凉敦煌洞窟的特点。土红的颜色来自红土，也就是我们知道的赭石，学名"赤铁矿"的赭石可以制作土红色颜料。踏实、沉稳、敦厚，赭石的红色不热烈，画面上交脚菩萨的背景就是这种气定神闲的感觉。

交脚菩萨的装束是"上袒下裙"，下面的裙装本来也是有颜色的，同一个洞窟里的其他交脚菩萨裙部还有残留的颜色可以分辨，颜色近似于

菩萨的翼形身光的颜色或者头光两侧持白毛拂尘的侍者服色。这些蓝色看起来并不纯粹，原因是早期洞窟使用的蓝色颜料除了青金石，就是石青和氯铜矿、石绿、其他杂质的混合物，后者蓝色提纯度不够好，我们还会在后面讲到这个问题。

想要还原失去的塑像颜色，需要想象力，更需要想象力的是文字描述的颜色。交脚菩萨是弥勒菩萨，成佛后就是代表着未来希望的弥勒佛，弥勒头顶戴的是三叶宝冠，《观弥勒上生经》里说："其天宝冠有百万亿色，一一色中有无量百千化佛。"宝冠有百万亿种颜色，每种颜色又幻化出百千个佛，百万亿种颜色是佛国世界的无穷色彩，百万亿种色里各有百千个佛是无穷色相。《观弥勒上生经》里还说："顶上肉髻，发绀琉璃色。"弥勒头顶宝冠的百万亿种颜色与宝冠下的佛头青，是佛国色彩的虚与实。

建造莫高窟第275窟的北凉人，处在一个动荡的大时代，敦煌在大动荡的西部边缘地区。人们所存的希冀在于一时的安宁和来世的解脱，北凉的统治者沮渠蒙逊是狂热的佛教推广者，他以佛国世界的洞窟托付坚定的佛教梦想。弥勒呈交脚式，这代表着他即将离开天上住所兜率天，降生人间成佛，拯救这个世界。当年进入275窟的北凉人，他们的心灵救赎是可以由此获得的。

以交脚菩萨为中心构筑的这幅画面，土红色沉稳，蓝色迷蒙，阙形龛围护着这个小世界，北凉人所要托付的、所要救赎的都通过颜色有所表达。"流赭浮生"这四个字，正是我在洞窟里面对菩萨时，脑子里出现的。《山海经》里说："灌水出焉，而北流注于禹水，其中有流赭，以涂牛马无病。"上古的人们用水去淘洗赤铁矿土，分离出土红色的颜料，称之为流赭，流赭涂抹到牛马身上可以避开病害，这是巫师医生的说法。土红的这种色彩信仰，传递给北凉人，他们建立起一个土红色的世界，将从古印度传来的交脚菩萨安放在中原文明和西域文明的交汇处，自此浮生有托。

我们无法回到275窟落成的年代，我们今天所见的颜色是岁月消磨的色彩沉淀。既见之，又闻之，当下的颜色、当初的颜色，所见的颜色、所闻的颜色，构成真实与虚构的色彩世界，这是敦煌色彩的魅力。

 朱明寂静

北凉 莫高窟第275窟南壁东侧阙形龛上部红衣佛

这组佛像紧挨在交脚菩萨和阙形龛的上部。敦煌的洞窟面东，上午参观的话，通常先进入275窟，清晨的日光穿过洞窟门，洞窟里光线明灭熹微，我的视线从交脚菩萨移开，不由自主地落在这组佛像的朱红。

相比阙形龛内大面积的土红，光线明灭中，佛衣上一团团的朱红不但醒目，而且夺魂。诸佛或在禅定，或在说法，姿态安详，并未因为朱红的跃动而定力稍减，反而多了一份寂灭的神秘、静谧的和美。

朱红与土红，未必不可以是不同产地的同一种矿石颜料的不同色相。高级赭石产区出品的代赭就是深红色，赭石矿粉淘洗过程也可以分离出深红色，所以红衣佛的朱红，一种可能就是红土颜料。另一种可能是朱砂颜料，顾名思义，朱砂是朱红色的，我确实看到敦煌研究院的早期论文里提及，提取了275窟多个红色土质样本，包括深红色，精确测量到了朱砂的存在，只是无法得知取样具体位置。

敦煌的色彩，避不开色值的检定，避不开颜料的分析，每当看到不同寻常的色彩，能问则先问，能查则再查，或许将来有机会采用更具科学准确性、更具文物保护性的新方法。核实每一个想搞明白的色彩，这是我的梦想。

朱红佛衣的诸佛，背后是多重颜色的头光和身光，青、赤、黑三色皆有。不同寻常的是青色，这里的青都是浅蓝绿色相，我猜测是石青、氯铜矿和白色颜料混合调色的结果。

红衣诸佛从后面墙壁的底色里浮出来，佛像的肤色融入澄板土的底色，人物仿佛入定，而佛像的衣色明耀，大色块的朱明反衬出内心的寂静。清人游记中有云："松霭不飞，忽结烟篆，峦翠欲滴，半染佛衣，静坐亭中，无复尘世间想。"无论是佛衣朱明，还是山峦翠微，是外在的色彩鲜明，还是内在的根底素净，外色沾染的是佛衣，而内心无复尘世间想。

墨线定形、色块平涂，这种设色方法给出的形象粗简率真，想传递的信息远大于其使用的技巧，所谓大巧若拙。平涂色块，形象不立体，则少了动感，观之寂静；朱红色明，人物有聚焦，则多了魂魄，观之内定。朱明寂静，寂静的不是朱红，而是人物内心的念力。

明亮的色彩未必是动，暗哑的色彩未必是静，色彩传递的表面信息还是抵不过形象传递的内在信息。正如我们在敦煌洞窟里屏息凝神，内心却是波澜壮阔。

（二）凹凸晕染

北凉 莫高窟第272窟西壁南侧听法菩萨

依然是大面积的土红底色，设色方法大不同。菩萨的黑色线条并不是墨线定形，而是勾染和点染的线条中铅丹颜料由红变黑的变色结果。

所谓勾染，乃是运用铅丹色的粗线条画出头部、五官、身体、四肢的轮廓，这种线条比较

粗，其上以厚薄不同的白粉覆盖，白粉厚薄不同就有底下铅丹色的深浅不同透出，由此形成立体晕染效果。所谓点染，乃是在乳、脐等处以铅丹点，在鼻梁、眼睑等处以白粉点，白粉的提亮如同今天化妆的高光。古印度传来的这种新绘画技法称为"凹凸法"，如果还原一下色彩，就能体会到这种色彩过渡和高光提亮的精妙。

古印度阿旃陀第16窟中的壁画是运用凹凸晕染法的范例：菩萨肌肤以铅丹透出的深浅色从轮廓线边缘向内晕染；颧骨、眉骨、眼眶、鼻梁、嘴唇、下巴及肌肉隆起的部位，则以白粉高光提亮，甚至菩萨身披的珠宝璎珞，也用高光强调了出来。敦煌画师得此中三分真旨，莫高窟第272窟的这20尊听法菩萨以铅丹勾勒身体轮廓线，这个轮廓线有助于菩萨形象从暗哑的土红色背景中凸显出来，眼眶、颧骨、胸、乳、腹、脐等部位又以铅丹勾点，眼睛、鼻梁、璎珞加白色高光，整个形象呼之欲出。

"铅丹在高湿度条件下，光照变色速度非常惊人。"这是敦煌研究院的早期论文证实的。铅丹变成二氧化铅，轮廓线由铅丹色变为棕黑色，当下菩萨形象上的黑圈圈就是这么回事。黑圈圈、白点点，听法菩萨的当下色相，已不像"凹凸法"，更像是"涂鸦法"。此敦煌画师的高明，不仅在于利用立体形象画法，而且在于捕捉刹那的人体动态，好似信手涂鸦，20尊听法菩萨，20种姿势，欢喜生于动感，此一刻筋骨舒，下一刻不思量，妙不可言。

"凹凸法"的设色方法，影响了南北朝的中国绘画。唐人记叙："寺门遍画凹凸花，代称张僧繇手迹。其花乃天竺遗法，朱及青绿所成，远望眼晕如凹凸，就视即平，世咸异之，乃名凹凸寺。"南北朝时期梁朝画师张僧繇是"凹凸法"东传的接力者，他在今天南京一带的寺庙作画，远看三维立体，近看二维平面，人们以为神，说是"天竺遗法"。

听法菩萨的绘制用的也是天竺遗法，所传佛法尔。这20尊菩萨越看越欢喜，斑斓颜色，菩萨的头光可辨红棕、浅土红、浅绿、粉白，菩萨的裙装色彩不出头光的四色，头光色和裙装色交叉配色，百变组合。圆腹一团，肚脐一点，至中至极，所谓脐中是藏真气的所在，现在的着色一点墨，仿佛在告诉来人：色即是空，气也是空。

五色炜晔

北魏 莫高窟第254窟中心塔柱释迦佛

西汉的汉武帝在位期间,中央政府在河西走廊设置了武威、张掖、酒泉、敦煌四郡,过去2100多年,今天看依然是了不起的事情,自此华戎文明交汇点向西推进到敦煌。东汉、西晋,敦煌是繁荣发展的。东晋十六国时期的前凉、前秦、后凉、西凉,敦煌也是岁月平稳的。直到东晋的北凉、南北朝的北魏,敦煌连续经历了大动荡。

北凉灭西凉,敦煌城遭屠戮,敦煌居民心里留下创伤。北魏灭北凉,敦煌精英大批流亡西域,元气大伤。莫高窟第254窟建造期间,北魏朝廷甚至曾讨论过是否放弃敦煌这片国土,敦煌人的心理阴影可想而知。我们今天看各种敦煌画册,画面是截取的一幅幅美图,我们惊叹为艺术,如果进到洞窟,就会看到片段汇成整体,洞窟是图像和色彩构成的大型佛国世界,前面的历史和社会背景告诉我们,当年的洞窟建造不是为了艺术,而是为了救赎,安抚心灵和宣讲天国的救赎。

254窟的佛国世界是宏大而完整的,它几乎无法用这样篇幅的文字去描述,一旦走入洞窟,就会沉浸在铺天盖地的蓝色调里,整窟的蓝色主调这个印象很深刻。相比其他洞窟,254窟的采光好一些,日光照进洞窟的前室,正好投亮在中心塔柱东向的释迦佛,光芒四射,五色炜晔。佛衣朱红,佛面金黄,佛顶绀青,火焰背光基调为蓝、白,又有蓝绿、蓝紫、蓝灰、蓝黑、蓝、白之分。佛足的两侧是由婆罗门皈依的婆薮仙和鹿头梵志,他们赤裸的身体是铅丹变色的棕黑,佛头两侧上方的飞天也是同样的棕黑。青、赤、黄、白、黑的五种色彩,升腾、奔涌,望之雄浑壮阔,仰之威严端庄。

《成具光明定意经》里说到五色:"于是佛笑,皆见光从口出,五色炜晔明接十方。"《撰集百缘经》里也说到五色:"从其面门,出五色光,遍照世界,作种种色。"青、赤、黄、白、黑的五色观是先秦流传下来的中华文化,古印度和先秦是同样的五色观念吗?

佛教在中华的接受,与佛经的翻译有紧密的关系,佛经由梵文翻译成汉文,中华大众才有了接受的前提。《撰集百缘经》里说到五色的这句话是汉文翻译的意会,梵文原本并没有五色的说法:"确如法则,当众佛、众世尊露出微笑的时候,同时从口中放出蓝色、黄色、红色和白色的光;然后,一些光照向下方,一些光照向上方。"梵文原来只提到蓝、黄、红、白,这是古印度佛教的色彩观,译经者以中华五色意会了佛教四色,这是佛国世界色彩本土化的例证。

沉浸在254窟的佛国世界,炜晔的光芒五色释放了灵魂穿透的视觉力量。劫后余生的敦煌人绕行中心塔柱巡礼、观像、禅修,浸润在光芒五色里身心涤荡。类似这种灵魂救赎的现场效果,佛经有所描述,《佛说观佛三昧海经·观像品》里说:"五体投地,泣泪像前。"

 **青犹鸽色**

北魏 莫高窟第254窟北壁《尸毗王割肉贸鸽》局部

面对莫高窟第254窟中心塔柱的释迦佛,右手是北壁,北壁的中心是一幅描述释迦佛前世的本生故事。主角人物尸毗王的形象大于周围的人物,他上身披着蓝绿色和棕黑色条纹的披帛,下身裙装的蓝绿色边缘清晰,裙装还有蓝色衣褶,繁密波动的衣褶以靛蓝着色,靛蓝这种植物色随时间黯淡了,只有在紫外线下才看得到。

生。尸毗王右上方的白鹰是帝释天，右手里是那只鸽子，蓝绿色。

前面我们说过石青和氯铜矿、石绿混杂在一起的天然状态，提取纯正的蓝色或绿色在洞窟早期并不容易。但这里，蓝绿色的使用并不仅仅是技术问题，而是这只鸽子需要以蓝绿混杂的青色来表达。我在看这幅《尸毗王割肉贸鸽》时，始终被这只青鸽子吸引，它仿佛是画面的主角。

《中阿含经》里说："骨白如螺，青犹鸽色。"在解释什么是"青犹鸽色"时，佛经翻译的工具书《一切经音义》里说："骨青碧色也。"尸骨腐坏的青碧色如同鸽色，佛经里在描述死亡之色时经常使用到"鸽色"。

考据鸽子羽毛是否真实存在青碧色，不是不可以讨论，我更倾向于这是佛经里的观念色彩，而不是写生写实。画面里的这只青鸽子，呈现死亡迫近的青碧色，正是这个佛教观念故事想呈现的鸽子生命状态。尸毗王的面色和肤色由健康的铅丹色变成棕黑色，这种岁月消逝的暗哑之色，与死亡之色的鸽色，在此刻更为相容，生命的悲凉在千年之后奏响强音。

佛教的观念中，观察死亡之色可

尸毗王是古印度阎浮提洲的国王，为了考验尸毗王的信仰，天神帝释天化成鹰追逐鸽子，鸽子到尸毗王这里寻求庇护。以慈悲的视角看，鹰如果吃不到鸽子会失去生命，鸽子如果被鹰吃掉也会失去生命，于是，尸毗王割下自己的肉给鹰，以换取鸽子的以唤醒对于生命的体察，生命易逝，日常熟悉的好颜色就这么没了，万物无常，离散而空相，好景无住，失去了生命的颜色也没了美好。直面生命的本质，才是觉悟者的勇气，提醒死亡就是提醒觉悟。

尸毗王割下自己认为与鸽子同等重量的肉，白鹰却不肯轻易放过青鸽，尸毗王不断献上自己的肉也无法与秤上鸽子的重量平衡，画面右下角的秤上，一头是鸽子，一头是最后一搏的尸毗王，他拼尽全力，以全身坐入秤盘，换取鸽子的生命，慈悲是不能计算代价的。

因为尸毗王的慈悲是不计代价的，帝释天承认了尸毗王的信仰，尸毗王救下了鸽子，也获得了新生。尸毗王的发色是青金石的蓝色，这种蓝色是纯正的，从十六国到南北朝的石窟，纯正的蓝色不多见，青金石这种珍贵的颜料往往用来画重点的地方，譬如佛发，佛经里称之为"绀青色"或"绀琉璃色"，它的出现就意味着佛或者近乎成佛人物的降临。

六 白衣明镜

北魏 莫高窟第254窟西壁白衣佛

巡礼绕行中心塔柱，完成礼拜和禅观，这是莫高窟第254窟的建筑思想。254窟的佛国世界，不仅是空间意义上的宏大而完整，而且是时间意义上的宏大而完整。绕行中心塔柱，先途经南壁，这是过去时间的千佛，然后在塔柱背后正对的西壁，遇到千佛环绕的这尊白衣佛，而前路是北壁，那是未来时间的千佛。

关于千佛，后面我们会在不同时代的画面里不断去讲述，这里我们在千佛丛中聚焦这尊白衣佛。塔柱背后的光线是幽暗的，遇到这尊白衣佛，豁然出现的是视觉上的"耀目"、心理上的"神异"。《佛说观佛三昧海经》里说："释迦文佛踊身入石。犹如明镜，人见面像。"白衣佛是挺身进入石内的释迦佛，映现在石壁表面而如耀目明镜。

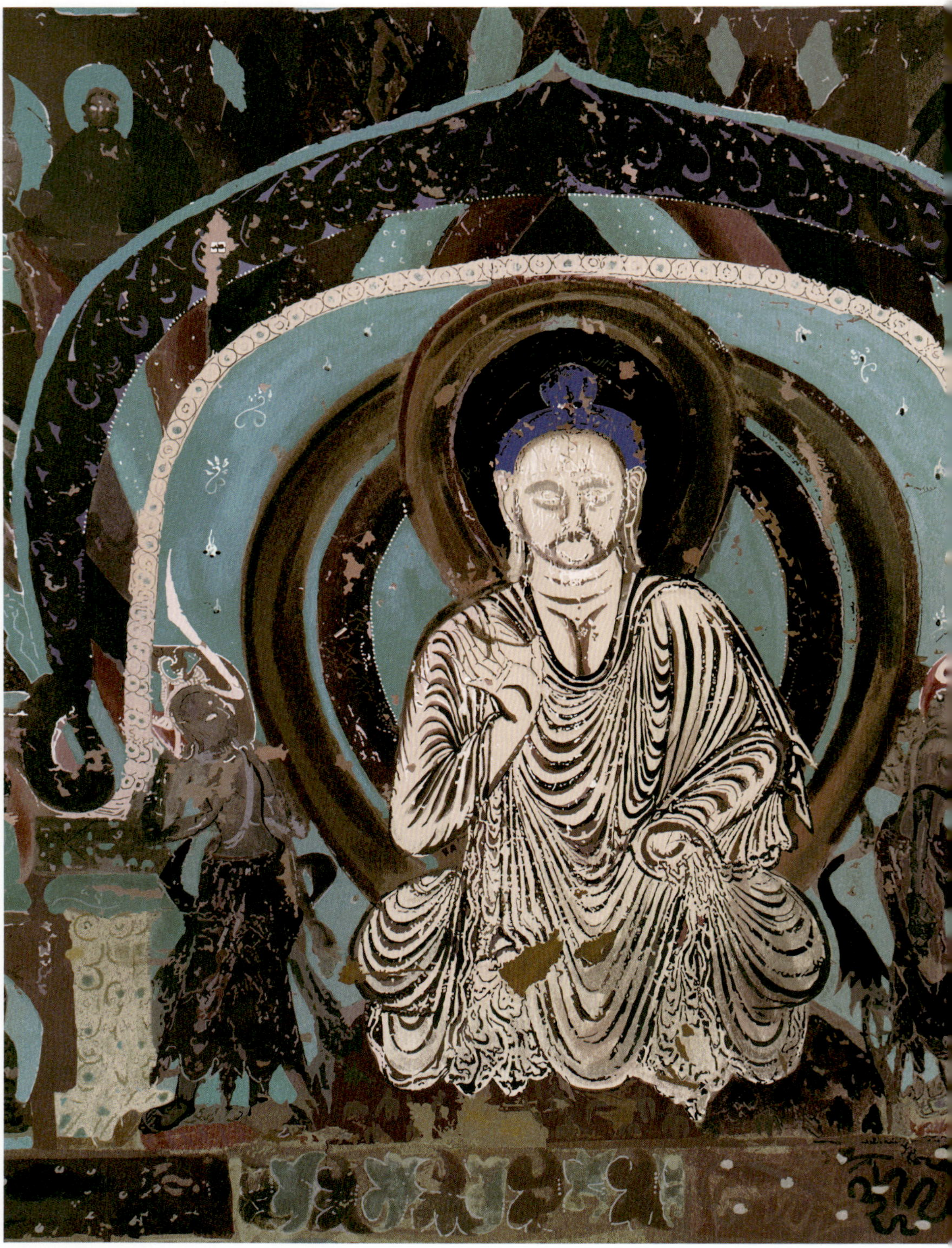

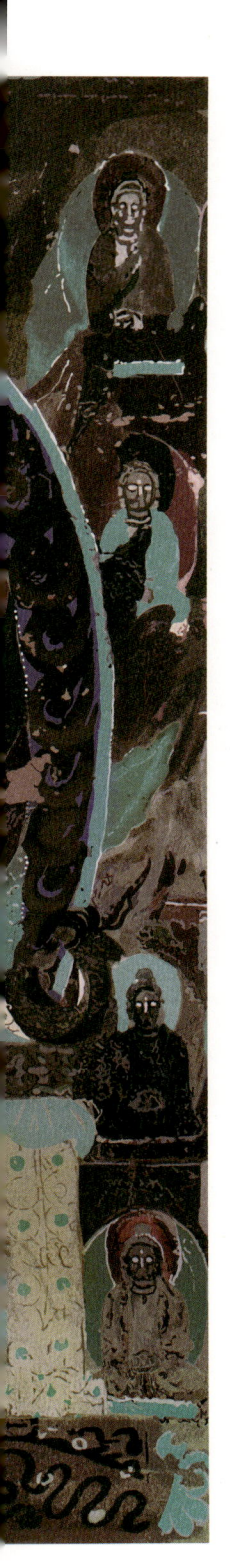

过去已去,未来没来,在过去和未来之间的末法黑暗中,白衣佛是释迦佛寂灭后的"佛影",这是佛国世界的不灭信念。在黑暗中,色彩的感觉是容易放大的,细看白衣佛的袈裟和肌肤,疑似是密陀僧颜料色泽的浅黄白,而不是纯粹的白色。在袈裟和肌肤前胸有清晰的凹凸法线条,棕黑到红棕的渐变,应该是与浅黄白色接续而渐变的。如果还原色彩,袈裟和肌肤是整体的浅色相,它被称作白衣佛,正是因为大大有别于其他洞窟所见佛像的深色相,与其说这是对真实形象的刻画,还不如说这是对明镜佛影的表达。

塔背面的黑暗处见白衣释迦,过去和未来之间观明镜佛影,其于人心之震撼,难免拜倒投地。黑暗中挑灯观色,白衣佛的色彩轮廓逐渐丰满,大面积的蓝绿色背景、头顶一簇的青金石色佛发、蓝绿的杂色、青金石的纯色相互对照,更显得青金石色熠熠生辉。身光,原本是棕红、浅橙两圈宽边弧光,其中的铅丹成分,现在均已变黑,遂成红棕、棕褐两弧光。头光,原本渐次为棕红、橙红、浅橙,现在变色成红棕、黑、棕褐,单独使用的铅丹变色最彻底,直接由橙红色变成黑色。白衣佛的背光变色了,当下的色彩组合看起来幽暗而神异,很难想象当初的红蓝耀目。

白衣佛背光外缘,左右下脚的两位胁侍菩萨、上方圆形龛、环绕的千佛,均已经褪变为棕褐、黑,未来的劫数不至,他们眼神灼灼,在时光中隐忍,渐渐遁入黑暗,而白衣佛如明镜照人,紧紧地将过去和未来凝固在一起,照亮人心。

在塔后的幽暗处伫立,面向白衣佛参拜,耳旁如雷轰鸣回响着释迦佛的告示:"我曾往昔无数劫时,于妙光佛末法之中出家学道……"在劫难中觉悟,在黑暗中隐忍,释迦才有成佛的因缘。

如是我见

七 魔色欲染

北魏 莫高窟第254窟南壁《释迦降魔成道》局部

释迦于菩提树下悟道成佛，内心的日益强大离不开外来的考验和鞭策。面对莫高窟第254窟中心塔柱的释迦佛，左手是南壁，南壁的东侧是释迦降魔成道的故事。所谓内心的日益强大，是看得清和管得住自己的欲望，甚至是泯灭自己的欲望，欲望之魔王波旬很快明白了这个危机：释迦一旦成佛，众人皈依而去，自己统治的欲望世界就会崩塌，于是，他对释迦展开了进攻。

疑惑其信念，恐惧其性命，交换以权力，诱惑以情欲，释迦均不为所动，这些考验构成了降魔成道的整个画面，画面左下部是三魔女。不纯正的蓝绿色、灰红色是三魔女的主要色系，其中很清楚可以看到白色线条勾勒了衣服的细波纹，铅丹成分的红棕色线条勾勒了衣服的粗波纹，铅丹基本已经变棕黑，在右一魔女的裙摆下部还能看到尚未完全变色的红棕色线条，红棕色线条间隙以灰红色晕染服色。可以想象变色之前，三魔女的衣服是生动的，蓝绿色妖艳，灰红色妩媚，红棕色波纹暗影仿佛随魔女身体的摇曳而摆动。

早期洞窟的线条颜色，基本是土红线、墨线、白线三种，画师在这里都用到了。三魔女的土红线，线法粗犷，既是衣褶定形的线条，又是明暗区分的暗影；白线，线法细腻，既起到定形的作用，又起到装饰的作用，白色边线并不拘泥于色块，蓝绿色块溢出于白线之外，挥洒自如。

《佛所行赞》里说："魔王有三女，美貌善仪容，种种惑人术，天女中第一。第一名欲染，次名能悦人，三名可爱乐，三女俱时进。"欲染、能悦人、可爱乐是三魔女的名字。魔女的脸部轮廓和眉目鼻眼用到了墨线，而且是近乎白描的细线，相比凹凸晕染强调形体的立体，白描勾线更强调姿态的细节，三魔女或顾盼，或搔首，或垂目，鲜活生动。魔女的面孔和手臂没有肉色晕染，魔女肤色起初是莹白的，现在的颜色变得灰突突。

在当下的颜色里回想当初的颜色，好似释迦悟道。想当初，服色以蓝绿、灰红、红棕而炫，乃是贵族的上好衣品，面孔、手臂的肤色以莹白而惑，乃是魔女的大好青春，魔性魔色，跃跃欲试。看当下，蓝绿失光、红棕失色，灰红、莹白沾灰落尘。与三魔女对称的画面部分，是三魔女失去青春后的镜像。"时三天女，变成老姥。头白面皱，齿落垂涎。肉消骨立，腹大如鼓。柱杖羸步，不能自复。"颜色如青春，失去不复得。

三魔女和三老妪的视线向上方中央看去，降魔成道的画面中心，释迦佛岿然不动，佛光外魔众汹涌。从三魔女的小局部，亦可以想象大画面的波澜壮阔。

北魏　莫高窟第259窟北壁供养菩萨

〈八〉身色相好

铅丹在高湿度条件下，光照变色速度非常惊人。铅丹的变色，与其说是化学问题，不如说是色彩魔法。我们当下在敦煌看到的灰黑色、棕黑色、黑色，多是铅丹变色造成的，这个色彩魔法将摄人心魄的佛国世界变成瑰丽斑驳的艺术圣殿。所谓敦煌色，观摩当下和想象当初是两种不同的美学愉悦。

莫高窟第259窟北壁，在两尊说法佛的中间有供养菩萨七身，这是上部的五身。不可思议的是这五身菩萨的色彩，当下、当初的两种色彩美学在这里熔于一炉。上三菩萨，面色和肤色近似铅丹色，完好的色彩是当初的样子，栩栩如生，仿佛血液还在皮肤下流动；下二菩萨，面色和肤色变成灰黑色，失落的色彩是当下的样子，仿佛圣像就该是这么不近人间烟火的颜色。过去和现在，在五身菩萨这里握了个手，

说不清是谁穿越了谁的时空。

让我来解读一下色彩魔法。先从底色说起,底色是土红,下面区域的色相深,上面区域浅,画师似乎在表现他心目中的天地色彩观:大地棕红,承重以载万物;天空橙红,轻灵以显神迹。棕红、橙红,画师巧妙利用了土红颜料的深浅。更巧妙的是上三菩萨的面色和肤色借用与橙红底色相近的土红、铅丹混合颜料,墨线定形完成,菩萨们就活了,因为几乎没有添加太多铅丹成分,时间对于土红无可奈何,至今栩栩如生。下二菩萨还是使用通常的铅丹,以别于底色的棕红,于是铅丹变色,面色和肤色就成了灰黑色。

观菩萨相,不由得心生美好,口诵《佛说无量寿经》:"身色相好,功德辩才,具足庄严,无与等者。恭敬供养无量诸佛,常为诸佛所共称叹。"供养菩萨,供养的是梵天诸佛。菩萨亦有色身,所以我们才能观菩萨,菩萨担负着佛和人之间的摆渡人角色,这是菩萨的功德和智慧,因功德心、智慧心生出好色相。具足功德,庄严身色,这是橙红。寂灭离相,涅槃超脱,这是灰黑。橙红、灰黑,色相皆好。

道光二十二年十一月十五日,曾国藩在日记中记下:"灵明无着,物来顺应,未来不迎,当时不杂,既过不恋,是之谓虚而已矣,是之谓诚而已矣。"曾国藩和王阳明一样,懂得禅心入世,不随外物喧噪,不思未来纷繁,当下和当初俱生美好。敦煌色是什么?当下灰黑斑驳,定心观看,活在艺术圣殿,当下美好;当初橙红鲜活,静心回想,活在佛国世界,当初美好。

一味贪恋当初敦煌色的鲜活,不停地想去复原它,就失去了当下色彩的美好感受。一味强调当下敦煌色的斑驳,无视画师的美学设定初心,就失去了当初色彩的美好感受。这个两难,五身供养菩萨给了个小圆满。

九 青红三佛

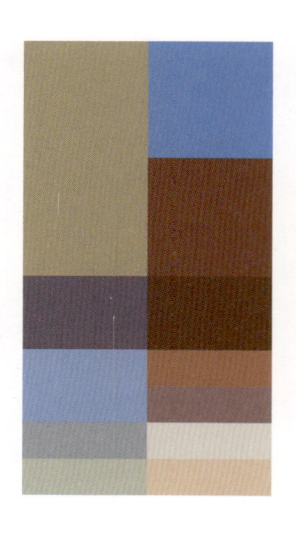

北魏 莫高窟第263窟南壁《三佛说法》局部

莫高窟第263窟南壁的三佛,他们的正式名头是"三世佛",敦煌早期洞窟只有这一处三世佛,其主色是青、红,配色可谓五光徘徊、十色陆离。所谓青,并不止一种,佛顶是青金石色,佛光里有石青色,而左右两佛头顶的华盖又有浅灰蓝、浅绀蓝。所谓红,也不止一种,面色和肤色是朱色、白色渐次晕染而成的肉红,衣色是橙红色加涂一层朱色,剥落很严重,残留橙、朱较多,佛光里有白色加涂一层朱色的胭脂红,还有密陀僧加涂一层朱色的暗朱红。

整体颜色剥落严重,但几乎无变色,除了小局部有棕黑。看当下,佛光变幻于石青、密陀僧、胭脂红、暗朱红、土黄,透出火气消散后的温润优雅。想当初,朱明黄透,佛光应该是石青、

密陀僧、浅朱、丹红、土黄，美轮美奂。

这里提到密陀僧，不过是我做的色相假设，并没有得到颜料分析的验证。密陀僧从名称就可以知道是西域输入的矿物颜料，后来也称它为铅黄。浅黄色的密陀僧可以通过人工合成获得，中国人把它也看作丹药，炼丹秘诀里说："黄丹胡粉密陀僧，此是嘉州造化能。"黄丹就是易变色的铅丹，胡粉是铅白，密陀僧是铅黄。

我在敦煌研究院的论文中查到，263窟里有铅丹和朱砂的混合物质，不知道是否说的是前面三佛衣色。《三佛说法》是北魏的作品，宋代覆盖了一层画在上面，直到百年前，宋代画作部分脱落，《三佛说法》才重现，所以这是保存比较好的北魏色彩。

《大佛顶如来密因修证了义诸菩萨万行首楞严经》里说："云何名为众生世界？世为迁流，界为方位。汝今当知，东、西、南、北、东南、西南、东北、西北、上、下为界，过去、未来、现在为世。"这么说来，"界"是空间维度，"世"是时间维度，这两个字合起来讲的竟然是四维世界。三世佛是过去的迦叶、现在的释迦、未来的弥勒，他们往来于这个四维世界。

诸佛往来于四维世界，这幅图画很有意思。这三世，这十界，"充备诸佛，犹如甘蔗、竹芦、稻麻、丛林，诸如来集，其数若斯"。大乘佛教认为，众生皆有佛性，大家都可成佛，密密麻麻的诸佛总称为"过去、现在、未来三世十方尽虚空界一切诸佛"，简称为"无量诸佛"。

无量诸佛的代表人物就是迦叶、释迦、弥勒三佛，青红三佛经历了北魏到宋的"过去世"登场，宋到清末的"现在世"隐退，而后重见天日走向"未来世"。其颜色历久弥新，耐人寻味，让我特别想记录263窟这位色感优秀的画师，记录他使用颜料的技高一筹。

十 秀色拔尘

北魏 莫高窟第263窟南壁《三佛说法》局部

胁侍菩萨是莫高窟第263窟南壁《三佛说法》的组成部分，二胁侍菩萨，左右各一，此为左胁侍菩萨。北魏洞窟开始出现胁侍菩萨，263窟是具代表性的。菩萨的体态服饰女性化，身材修长，上身披帛，下身着裙，披帛和裙角都是尖角，这是受到"秀骨清像"的中原画风影响。

秀骨清像，超凡拔尘，这种魏晋美学，其形而上是道家玄学。汤用彤在《汉魏两晋南北朝佛教史》里说："中华方术与玄学既俱本乎道家自然之说。汉魏之际，清谈之风大盛，佛经之译出较多，于是佛教乃脱离方术而独立，进而高谈清净无为之玄致。其中演变之关键有二要义，一曰佛，一曰道。由此二义，变迁附益，而为神仙方技枝属之汉代佛教，至魏晋之世遂进为玄理之大宗也。"佛教进入中国的初期，不过是拜神求仙的西域方技，而后翻译佛学经典和吸纳中原玄学，完成宗教哲学的升维，带动古印度佛教洞窟艺术的演化，发生与魏晋美学的因缘和合。从此，敦煌洞窟艺术具备了佛学比肩于玄学的思想高度，也具备了西域交融于中原的艺术高度。

胁侍菩萨头顶戴的是三叶宝冠，红朱、箔金、石青、粉白四色。面色和肤色是由外而内渐次晕染而成的肉红。上身披帛，腹间交叉以玉璧环束，下垂于腹部，下垂部分是土红，胸前部分是石青轮廓线和红朱、石青的横装饰线，红朱疑似有铅丹混合，局部已变色。头冠飘带，环绕两臂，石青的横装饰线，红朱底色。璎珞和臂饰皆贴金箔。下身穿石青色裙。

早在商代，金箔就应用于器物，出土的商代漆器、木器、金器和玉器均发现过金箔装饰。从商代到汉末，金箔仅限于器物的装饰。到南北

朝时期,金箔应用于雕塑和壁画的设色。璎珞和臂饰的金箔,这是箔金色在敦煌出现、设色应用于壁画的早期存证。

在后面,我们还会看到箔金色闪耀在璎珞上。《玉篇》里说:"璎珞,颈饰也。"南北朝以前,中国没有璎珞这个词,璎珞是梵文mukta hara的意译,意思是"珍珠成串"。实际上,璎珞不仅是珍珠成串,而且是"七宝所成",这七种宝贝包括金、银、琉璃、砗磲、玛瑙、珍珠、玫瑰,所以璎珞上会出现箔金色。

古印度贵族佩戴"由珠玉或花等编缀成之饰物,可挂在头、颈、胸或手脚等部位",这就是七宝璎珞的风俗起源。玄奘在当地看到这种佩戴璎珞的习俗,在《大唐西域记》里说:"国王大臣服玩良异,花鬘宝冠以为首饰,环钏璎珞而作身佩。"

《三佛说法》上层覆盖的宋代画作脱落,胁侍菩萨才跟着三世佛出现,其色彩也随着这次脱落事故残缺斑驳,七宝璎珞的光彩黯淡了,唯有箔金灿灿,激发我们的想象,当初的七宝美色,异彩炫目,如《佛说无量寿经》所说:"垂宝璎珞,百千万色种种异变。"

十一　千佛光色

北魏　莫高窟第263窟北壁东侧千佛

三世十方诸佛，他们的名号记录在《过去庄严劫千佛名经》《现在贤劫千佛名经》《未来星宿劫千佛名经》《十方千五百佛名经》等经书里。礼拜、念诵、供养三世十方诸佛，就不必等到涅槃成佛，而在现世即可得到好处，大乘佛教的这种教义对于信仰者的吸引力是很大的。

千佛出现就是上面的原因，从而成为敦煌莫高窟的代表性图像。将三世十方诸佛绘制在壁上，礼拜其像、念诵其名、供养其身，现世人生得以大解脱。《十方千五百佛名经》里说："闻此佛名，信乐不疑，喜心敬事者，所生之处，逮得种种三昧，睹见十方各十恒河沙诸佛。亦使现世离诸狂横，怨毒除灭，行道日进，心中善愿，应念皆得。"

中国的古代读图规则是"左图右史"，左面是图像，右面是文字，千佛即是如此。莫高窟第254窟的千佛图像右面有墨书榜题，最早是敦煌研究院宁强、胡同庆做了千佛的佛名、图像研究，帮助我们弄清楚254窟过去、现在、未来的千佛布局。263窟的千佛图像没有榜题。北壁东侧这组千佛，上部铅丹变色，千佛面部的双眼、鼻梁白亮处凸显"小字脸"。下部变色较轻，佛面的深浅肉色渐变依稀。佛衣分开襟和非开襟两式，八身一组，排列方式是：朱色开襟（内衣蓝色）、深蓝色非开襟、赭色开襟（内衣黑色）、橙色非开襟、赭红色开襟（内衣蓝色）、浅蓝色非开襟、赭色开襟（内衣黄色）、黑色非开襟。

佛衣斜向成组，自左下向右上，同色成行。而后是佛光，头光四身一组：白、黑、赭、蓝，身光也是四身一组：黑、白、蓝、赭，同样斜向成组，光光相接。这种斜向的同色成组，犹如自左下向右上打出一道道光柱，左侧的主画面成为光源，被光柱环绕、烘托而愈显神圣。

同色成行，光光相接，千佛成无数斜向放射的光带，"像跳动的光斑，在忽明忽暗的变化中，造成梦幻般的'频闪'效果"。成佛有六种法门：布施、持戒、忍辱、精进、禅定、智慧，禅定是我们熟悉的"禅"，意思是静坐冥想，冥想的对象是三世十方诸佛，在想入非非中灭绝尘世杂念，从烦恼的此岸渡到觉悟的彼岸。千佛的光带是可以帮助修行者进入坐禅观想的，《佛说观经》里描述这种观想状态："坐观东方，廓然大光，唯见一佛，结跏趺坐，举手说法。心明观察，光明相好，书然明了。常系在心，不令外缘。心若余念，摄念令还。如是见者，便增至十佛，即见十佛，增至百佛，乃至千佛，乃至无量无边佛。"在光带放射的大光明中见佛，在心无杂念的大觉悟中见三世十方诸佛。

西魏　莫高窟第249窟窟顶北披《登仙狩猎》局部

十二　天地幻色

莫高窟第249窟的建造在承接北魏、开启西魏的时期，北凉、北魏的洞窟窟顶平淡无奇，到了249窟窟顶，画面内容和艺术风格焕然一新。窟顶北披画面中，土红的底色不见了，代之以大面积的澄板土，这种底色来自莫高窟前宕泉河的沉积黏土，是非常好用又易得的材料，这种土色也被称为"敦煌土"。

画面上部的内容是"登仙"，四龙驾云车，龙分青、白二色，云车上是登仙上人和驾车天使，前呼后拥的灵兽仙禽，五色杂陈，随后是一黑龙，黑龙上是红衣持幡仙人。画面下部的内容是"狩猎"，赭石青山，其间突骑走兽，红马上黑衣骑士反身射虎，黑马上红衣骑士仰身逐鹿，

三鹿为土红色，一虎仅有土红色定形线，身形融入敦煌土色。

画面底部是群峰横亘，唐代张彦远的《历代名画记》里说："魏晋以降，名迹在人间者，皆见之矣。其画山水，则群峰之势，若钿饰犀栉，或水不容泛，或人大于山，率皆附以树石，映带其地，列植之状，若伸臂布指。"魏晋的山水画还不够好，山如镶嵌贝壳、犀角梳齿一样整整齐齐，而且人比山还大，树木像伸开手臂叉开五指。用这段话来比对画面群峰，形象至极。因为还没有到青绿山水的成熟，山色杂乱无章，或青，或青绿，或土黄，又或赭，或墨，远山近峰用色不得其法。

整幅画面气韵流动，笔势连贯，登仙、狩猎两部分浑然一体。状如蝌蚪的墨色、青色气团充满画面，如行云流水，这种梦幻的表达，既将画面各部分联系在一起，又让人感受到宇宙之气奔涌，"野马也，尘埃也，生物之以息相吹也"。又不禁想起《大人赋》里说："红杳渺以眩湣兮，猋风涌而云浮。驾应龙象舆之蠖略逶丽兮，骖赤螭青虬之蚴蟉蜿蜒。"

脱离凡尘的"大人"悠游天地，有翅膀的应龙是座驾，还有赤色的螭龙、青色的虬龙随之在天上巡游。不仅在天上巡游，还在地上围猎，《上林赋》里说："椎蜚廉，弄獬豸，格虾蛤，鋋猛氏，羂騕褭，射封豕。箭不苟害，解脰陷脑，弓不虚发，应声而倒。"大人的弓箭呼啸于上林苑，猛兽应声而倒。

汉武帝的上林苑没有留下，而司马相如的《大人赋》和《上林赋》留下了，借助文字，我们可以想象恢宏壮丽的苑囿，可以想象登仙狩猎的奇幻。司马相如将汉武帝比作赋中的"大人"，猎于苑，游于天，天地无碍，达到永恒的、无界的极致，这正是汉武帝心目中的神仙生活。

借由中原的神仙生活，249窟宏大了佛国世界。赤铁矿土的土红底色不见了，大地之色已经不能涵盖这种大格局，因而敦煌土的黄白底色出现了，大气之色方可匹配超越时间、空间维度的雄心。

十二 粟特异彩

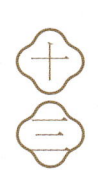

西魏 莫高窟第285窟西壁正龛内南侧供养菩萨

敦煌是河西四郡的最西端，所谓华戎交汇，就是讲中原文明与西域文明的交融。今天去敦煌，看到这样一个宏大而神秘的洞窟群，其艺术魅力是文明交融带来的。在莫高窟第285窟所发现的佛教、道教、祆教、印度教元素，使其成为有特殊意义的宝藏洞窟。285窟的西壁出现了佛教护法诸神，如日天、月天、摩醯首罗天（大自在天）、鸠摩天（童子天），这些形象是佛教从祆教、印度教吸收转化而来的，因而这些形象的色彩也是异彩纷呈。

西壁正龛内南侧的供养菩萨，或自得其乐，或交头接耳，上身半袒，面色、肤色呈浅灰白，下身裙装颜色分别是红、褐、黑、蓝、绿，头光颜色也是红、褐、黑、蓝、绿，这几种颜色变化组合，热烈而神秘。祆教是粟特人的宗教，粟特人来自中亚阿姆河和锡尔河之间的土地，主要有康、安、史、石、米、曹、何、火寻、戊地九个大的国家，我们在史书里称"昭武九姓"，因为据说他们的先祖本来生活在祁连山下的昭武城。粟特人性情热烈，好谋利而善经营，粟特商队往来丝绸之路，大批粟特人东行移居中国。

如同粟特人的性情，他们偏好鲜艳的色彩。"从北朝到隋唐，通过粟特画家、画工、工匠，粟特美术作品以图画和雕刻的形式，借助祠庙、棺床等载体，从粟特地区，经过西域，传到中国中原地区。在这个复杂的传播过程中，粟特美术和不同地方的文化，交互影响、融汇，发生出新的图像特征，产生新的宗教功能。"这八身供养菩萨，色彩特征来自粟特审美，形象特征来自古印度，在敦煌华戎交汇，热烈而鲜艳的色彩非但没有喧闹，反而默默无语地传递心心寂灭，沉浸入禅境，这是自粟特传承、于敦煌演化的图像特征。

供养菩萨的面色、肤色以灰白色为主，凹凸法不是很明显，仅在鼻梁处施以轻微亮白，眼皮、鼻侧凹线处施以肉红，加之肉红变色不严重，色彩在今天看来温柔而含蓄，这也是产生沉浸禅境的原因之一。起稿多用土红线，定形多用墨线，身体各部分以土红粗线作轮廓装饰线，朴实而简约。285窟犹如万神殿，后面几节将连续讨论更多佛教、道教、祆教、印度教和其他宗教的交互，无论是形象的角度，还是色彩的角度，宝藏也多，惊喜也多，285窟实为敦煌的富矿。《佛说阿弥陀经讲经文》里说："言归依佛者，归依何佛？且不是摩尼佛，又不是波斯佛，亦不是火祆佛，乃是清净法身，圆满报身，千百亿化身释迦牟尼佛。"多元文明、多元宗教，当初经由丝绸之路到达敦煌，我们今天知道，这场大交流的结果是清净法身的释迦端坐在敦煌，逝者如斯，永恒如斯，而文明碰撞的异彩曾是那么缤纷，回味隽永。

十四 不离不染

西魏 莫高窟第285窟西壁南龛内南侧供养比丘

我们熟悉的"禅"就是"禅定",星云大师的《六祖坛经讲话》里说:"禅定者,外在无住无染的活用是禅,心内清楚明了的安住是定,所谓外禅内定,就是禅定一如。对外,面对五欲六尘、世间生死诸相能不动心,就是禅;对内,心里面了无贪爱染着,就是定。参究禅定,那就如暗室放光了!"

星云大师说的是清楚明了的大白话,核心一字"染",外在不动心就可以"无住无染",内在"了无贪爱染着",外禅而内定。敦煌色彩美学讲的也是"染":色彩由因缘和合而产生,有染而生色相。在敦煌洞窟里,我们既能体会到色彩的"色相",又能体会到禅定的"空相",所以我们说敦煌色彩美学是"色与空的美学",其意境在此。

莫高窟第285窟是禅定窟,西壁南龛里结跏趺坐的是禅定僧,旁有二僧供养。以"染"字论,土红色渲染了二僧的背景,背景上黑、白、绿色天花乱坠,纷纷乱中二僧自在欢喜,面向禅定僧而侧立,一僧黑发,肤色浅黄白,外穿绿缘浅褐衣,内着深褐衣,头光内蓝外绿,蓝绿分明,另一僧也是黑发,肤色浅灰白,外穿赤缘绿衣,内着赤衣,头光近乎白色。就二僧的配色而言,色彩之俏丽,如秋日丛林尽染。

《禅林宝训》里说:"丛林乃众僧所止处,行人栖心修道之所。草不乱生曰丛,木不乱长曰林,言其内有规矩法度。"僧人有自己的丛林,有各种规矩,颜色也有规矩。古印度原始佛教的僧衣颜色,跟佛教进入中原后的不一样。据《舍利弗问经》载,昙无德部穿赤衣,摩诃僧祇部穿黄衣,弥沙塞部穿青衣,萨婆多部穿皂衣,迦叶部穿木兰衣。供养僧的绿衣是不是青衣,深褐衣是不是红色多黑色少的木兰衣,不敢就此定论,后面还有僧衣颜色的探究。

有染曰色,无染曰空,二僧俏色,拈花微笑,我们便知道色即是空,空即是色。这种境界,用美学说也好,用佛学说也好,都是难得的,难得就在:与这个世界的美好都没有脱离,与这个世界的烦恼都没有关系,这是色与空的无上境界。

敦煌的魅力,并不仅仅是文物的价值衡量,而是文物背后的精神衡量,色与空俱在,这是超越常规的高维度、高概念。"无念法者,见一切法,不着一切法,遍一切处,不着一切处……于六尘中不离不染,来去自由,自在解脱。"敦煌就是不离不染,二僧也是不离不染。

最重要的是"犹如虚空",虚心如空谷,万物过来往去是自由通行的。身在六尘,却不沾染六尘,这种舍得,才换得来去自由、不离不染。

十五 无量之色

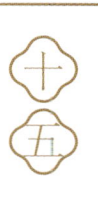

西魏 莫高窟第285窟东壁门北侧《无量寿佛说法》局部

北魏以宗室出任敦煌地方长官,那时敦煌称作瓜州,北魏的瓜州刺史名曰元荣。北魏的大事件是都城迁到了洛阳,中原的文化新风吹拂北方。后来北魏分裂为东魏和西魏,元荣接着担任西魏的瓜州刺史,他统治敦煌近20年,将"秀骨清像"和"褒衣博带"的中原新风带到了

莫高窟第285窟。

日本学者八木春生认为，有三个工匠集团参加了285窟的绘制：西壁是"既存工匠集团"绘制的，我们之前称为粟特异彩；"担当东壁、北壁的应是从中原新来的工匠集团，而南壁和天井的工程则有相当多的本地工匠参加"。东壁的门南、门北对称地各画一铺《无量寿佛说法》，门北的主尊佛有题名曰"无量寿佛"，流行的叫法就是"阿弥陀佛","无量寿"传递的讯息是佛寿无量。

无量寿佛说法,一佛四菩萨,菩萨体态秀美,眉目疏朗,嫣然含笑。发端、衣裙垂下的边缘和飘带末端都形成了尖角,这是典型的"秀骨清像";佛陀面相清圆,有髭而含笑,大袖长袍,长裾重垂于座下,这是典型的"褒衣博带"。佛陀外着赤袍,蓝绦,内着黑衣,绀顶,头光内环有坐佛、飞天,头光和身光现赤、白、黑、蓝、绿五色。菩萨外着赤、黑袍,赤色璎珞,蓝色披帛,头光现赤、黑、蓝、绿四色。

四菩萨的面色和肤色均是白色,与朱赤炭黑的袍服成了对比,赤、黑色比白色的视觉冲击力大,因而形成内外分明的层次,强化了衣冠服饰的存在感。中原新风,不仅改变了菩萨们的体貌神态,同时以衣冠王国的服饰美盖压了佛国世界的人体美。

佛陀的面色和肤色变黑,但墨眉朱唇依稀可辨,与之相对,东壁门南的无量寿佛几乎没有变色,仔细观察,佛陀面部的两颊及上眼睑渲染一团红色,这不是凹凸晕染法。凹凸法讲究低处暗、高处明,眼睑、鼻梁以白粉提亮,强调隆起,而这里反过来,"染高不染低",两颊、眼睑的高处染一团红色,强调红润,这是始于汉代的中原晕染法。因为有门南、门北的两铺《无量寿佛说法》互相参照色彩,后面第二大部分《如是我闻》中,我请图像临摹的画师复原了门北佛陀面部的晕染,不妨对比着看。

《正法华经》里说:"闻是经法能奉行者,于是寿终生安养国,见无量寿佛。"口诵阿弥陀佛,回报是往生西方净土,无量寿佛的所在是佛国世界的极乐园,这是满足信仰者需求的一个说法。《观无量寿经》里又说:"见无量寿佛者,即见十方无量诸佛。"无量寿佛,不是一尊佛,而是一个连接,连接十方无量诸佛;285窟,不是一个窟,而是一个连接,连接十方无量之色。

十六 缁赤三佛

西魏 莫高窟第285窟东壁门上侧三世佛

北魏世宗元恪即位，永平元年（公元508年）秋，诏曰："缁素既殊，法律亦异。"这个诏书说，出家人和俗家人适用不同的法律，"缁"是穿黑衣的出家人，"素"是穿白衣的俗家人，那时僧俗的衣服颜色通常是这样分别的。在莫高窟第285窟，黑衣明显多起来，红衣也依然还在，在东壁的门上又看到了三世佛，两佛侧向中间佛，黑衣、红衣分明。佛家服饰的颜色规矩到底是怎么定的，我们来解释清楚。

前面说到古印度原始佛教的僧衣颜色有赤色、黄色、青色、皂色、木兰色，各部众分穿不同的颜色。这个理解不能表面化，以为古印度的僧衣就是分穿五色，为什么这么说？南北朝时，真谛从古印度到南朝梁的都城建康，真谛是翻译佛经的四大师之一，《一切经音义》引用他的话说："外国虽有五部不同，并皆赤色。言青、黑、木兰者，但点之异耳。"他深度解释了古印度的僧衣颜色，五部众分穿五色是表面的理解，大家其实穿的都是赤衣，赤衣的分别不过是有青色、黑色、木兰色的"点"而已。点，就是后来说的"点净"，纯色衣服上染一点别的颜色，以杂色破坏掉纯色衣服，降低衣服的等级，以示谦卑。

佛陀菩萨的红衣，确实是从古印度传过来的，《僧史略》里说："着赤布者乃昙无德僧先到汉土耳。"昙无德部的僧人先到中国，他们是正根的赤衣部，先入为主的第一印象就是古印度僧人穿赤衣。《僧史略》里还说："案汉魏之世，出家者多着赤布僧伽梨。"佛教进入中国之初，汉代到三国时出家人穿赤衣为主。《理惑论》里也说："沙门被赤布"，这是汉代的记载。

在律法里，佛家服饰的颜色是逐渐统一的：青、黑、木兰，三种规定色。木兰色是红褐色，《大日经疏演奥钞》里说："乾陀色者，赤色微涉黑色之色也。即是三色中木兰色也。"实际上，青是铜青色，黑是泥色，木兰是乾陀树皮染的红褐色，这些都不是正色，而是称为坏色，还是以示谦卑。

我不太肯定，前面"俏色二僧"的绿衣摹仿的是否铜青色。但我比较肯定，这里"黑衣二佛"的黑衣摹仿的是泥色，稍加分辨就可以清楚发现，画面上的黑衣是黑色中杂有微红色的，不是纯正的黑，植物染料里的红色素是无法完全去除的，所以植物染色的口诀是"三入为纁，五入为緅，七入为缁"，从红色系染料开始，直到黑色系染料，浸到第七回，得到黑中微红，称为"缁"。《僧史略》里说："问：缁衣者色何状貌？答：紫而浅黑，非正色也。"

佛家服饰颜色里的缁、黑，源自泥色，这是开头说北魏时出家人穿缁衣的源头。

十七 驭龙青玄

北周 莫高窟第296窟西壁龛外北侧《东王公赴会》局部

西魏瓜州刺史元荣，后来被封为"东阳王"。随后，北周继承了西魏的敦煌版图，这时的瓜州刺史是于义，他的封号是"建平公"。敦煌碑记里说："东阳、建平弘其迹"，元荣、于义开窟造像、弘扬佛法是值得称道的。

佛家追求的成佛，与道家追求的成仙，二者有共性，有共性就能共存。道玄和佛禅的场景共存，标志性图像如东王公驾龙车、西王母乘凤辇的"龙凤驾车"，出现在莫高窟第249、257、294、296、297、305、417、419、423等窟，

加鲜艳,金光灿灿,风格迥异于隋以前。

因为东王公、西王母出现在佛禅的场景里,他们还是以佛陀为中心的,画面上也确实是从两侧朝中间的佛陀而去,故曰东王公赴会,赴的是说法大会,仙与佛共享一个维度的思想。

莫高窟第296窟的玄袍东王公和玄服驾车天使是画面中心,前驱四龙,青龙二,玄龙二,青玄间隔,青龙体绿、背蓝、腹白,玄龙体背皆黑、腹灰,四龙首白,龙腿和龙爪以土红线起稿,底色留白,愈显空灵飘逸。《淮南子·天文训》里说:"天神之贵者,莫贵于青龙。"《后汉书·张衡传》又说:"夫玄龙,迎夏则陵云而奋鳞。"

车前雷公,体色黑灰,发色黄灰,二翅绿色;车后飞天,其一头光黑,其一头光黄灰,面部和身体以墨线和土红线起稿、底色留白。车侧簇拥有土红线起稿之文瑶,体绿、背蓝、腹白之文虎。

驭龙青玄,前呼后应,不禁想起道玄的核心宝典《太上洞玄灵宝无量度人上品妙经》,其中无量大神出行:"并乘飞云,丹舆绿辇,羽盖琼轮,骖驾朱凤,五色玄龙。建九色之节,十绝灵幡。

屡见不鲜,大同小异。

这种龙凤图像,或玄、或红、或蓝绿赭混搭,清新明丽,仙风道骨,在隋以前呈现道家风格,与中原地区的墓葬或民间龙凤图像是一个源头,说明这是受中原文明的影响所致。这种龙凤图像,在隋以后唐代开始转为佛家风格,佛化后的龙凤更加华丽、更前啸九凤齐唱，后吹八鸾同鸣，狮子白鹤，啸歌邕邕。五老启途，群仙翼辕。亿乘万骑，浮空而来。"眼前这幅画面仿佛是上述场景的重现。

东王公、西王母，也有不同说法，说他们是古印度而来的帝释天、帝释天妃。这种说法在龙凤图像上不好找到证据，根据佛教图像东传的路线上溯，敦煌的前序是龟兹，龟兹石窟里没有龙凤，而代之以那伽（蛇）、金翅鸟，这是与古印度一致的。敦煌石窟龙、凤与龟兹石窟那伽、金翅鸟的不同图像，正好成为敦煌佛教中原化和龟兹佛教西域化的鲜明标志。

再看东王公赴会，又不禁想起《洛神赋》，画面和文字是如此和谐：

腾文鱼以警乘，鸣玉鸾以偕逝。
六龙俨其齐首，载云车之容裔。
鲸鲵踊而夹毂，水禽翔而为卫。

十八 白贲无咎

北周 莫高窟第428窟窟顶《莲花飞天四虎纹平棊》局部

汉代铜镜的铭文里说："上大山，见神人，食玉英，饮醴泉，驾飞龙，乘浮云，白虎引，直上天，赐长命，保子孙。"在中原文化中，白虎是辟邪、祈福的祥瑞。

428窟窟顶，莲花飞天四虎纹中，白虎一对、黑虎一对，两两相对伏行，此处为白虎。虎身如矫龙，虎爪如卷云，在土红底色上以黑线白描，围以黑白云气纹，虎仿佛活了，吐云气，踏浮云，是"白虎引，直上天"的场景再现。虎之敷色，尤以前腿、后尾最为明显，极淡的土红色晕染仿佛让你看到血液在虎皮下流动，毛皮质感立现。

在中原文化中，青龙、白虎、朱雀、玄武谓之"四神"，《礼记》里说："如鸟之翔，如蛇之毒，龙腾虎奋，无能敌此四物。"以青龙、白虎为代表，四神威猛无敌，辟邪除恶保平安。

此处有飞天，飞天是佛国世界里具有特殊职能的"天人"，也是敦煌洞窟的代表性图像。飞

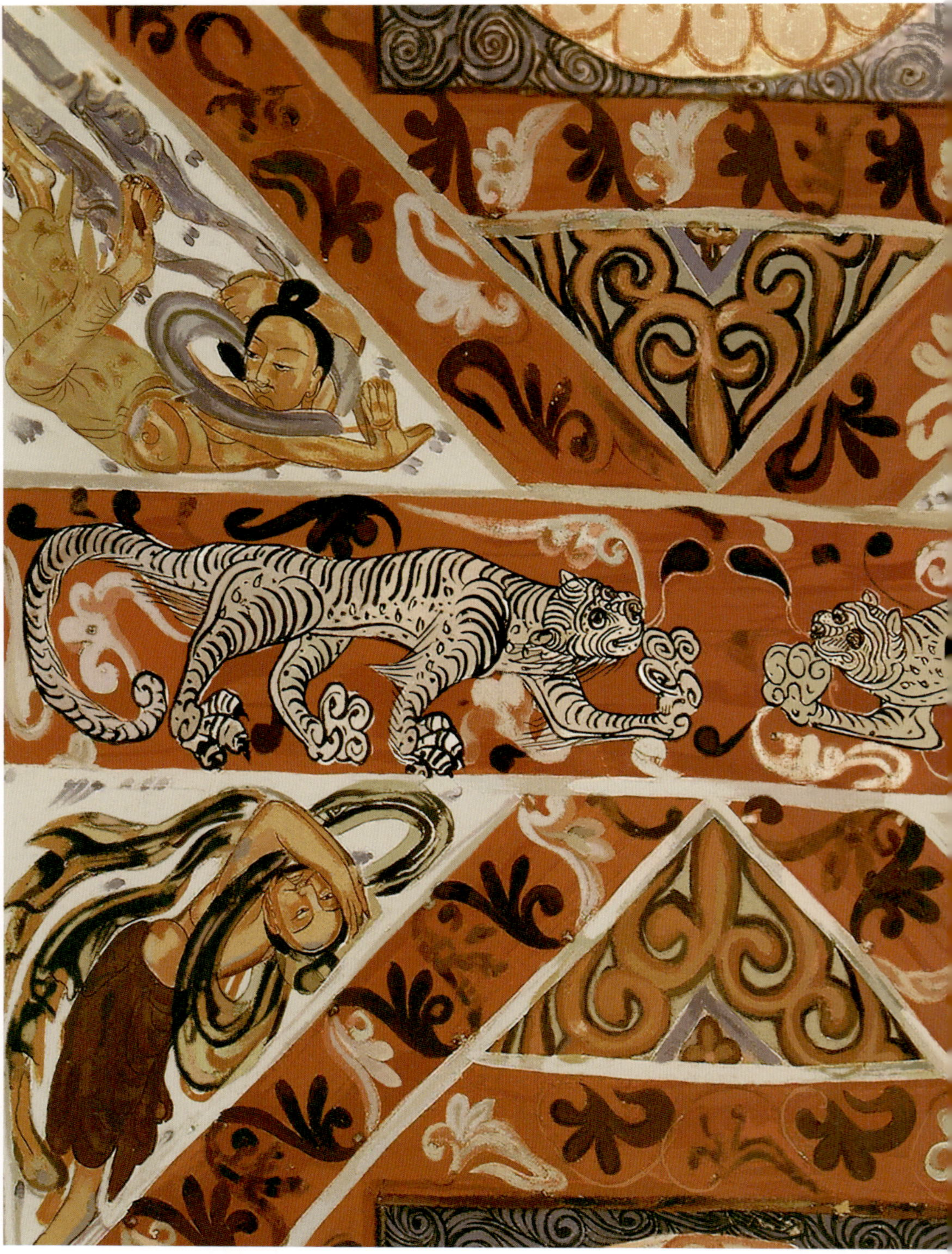

天的特殊职能是什么？音乐歌舞。我们常听说"天龙八部"，飞天就是天龙八部之中的两部：乾闼婆、紧那罗，他们随天龙八部来听佛陀说法，听法的报答是以歌舞伎乐供养佛陀。此画面的飞天四身，身姿曼妙，袒露的上身有肉色凹凸晕染，下身裙装有赭、黑、浅黄（疑似密陀僧），披帛有黑、赭、浅紫。

画师在创作飞天时，其自由得以抒发，飞天也是佛国世界里最活泼的神灵形象。不论是以粗犷的土红线起稿，还是以细致的墨线起稿，先成姿态的"形"；而后赋彩，西域、中原的晕染法，涂赭淋红，都是赋予其生命活力，而成形体的"色"；再后定形，以墨线沿着姿态、形体走势，起到提神、亮化的作用，终成灵性的"神"。起稿线往往被色彩淹没，定形线往往不贴附于起稿线的拘泥，色下线、色上线若隐若现，自由奔放而天成，"形""色""神"备而活。

有白虎，以求平安；有飞天，以求自由。听起来很符合现代的马斯洛需求层次中的安全需求、自我实现需求。这不是牵强附会，佛国世界的构建，丝毫不脱离人间世的需求，没有人类需求也就没有敦煌洞窟，而人类需求的基本定律是千年不变的。

白虎入选"四神"，而不是黑虎，这是中原文化里的五行五色说决定的，西方白，秋意肃杀，故以白虎象征，而后有"左青龙右白虎"，面南背北而立，右为西，故以白虎对应。

《易经》里有爻辞曰"白贲无咎"，我对这句话的理解是"保持单纯、真诚可以辟邪除恶保平安"，如果我的理解没有错，白虎之白似乎有了更积极的意义。

十九 呼五白些

北周 莫高窟第428窟中心柱东向龛内南侧供养菩萨

随着北凉、北魏、西魏、北周的时代交替，十六国、南北朝的早期洞窟时代就要结束了，中国即将由大分裂时代回归到大一统时代，文明的演进亦将带来色彩的演化，令人心动，令人期待。

从古印度到西域，阿旃陀、犍陀罗、粟特、龟兹，这些神秘的地名，它们都有着传奇的故事。

经由这一串交通要道的明珠，古印度和西域的文明传递到敦煌，与中原文明发生了因缘和合。而中原文明越过敦煌向西传递，辉煌的丝绸之路就打开了。

借由莫高窟第428窟的这二身供养菩萨，我们为早期洞窟时代的色彩做个小总结。传统的土红色是一大主调，更深的赭褐和更浅的赭红构成菩萨头光的外环，而石绿的提纯技术炉火纯青，纯粹的石绿从最早混沌的蓝绿色混生矿里脱颖而出，构成菩萨头光的内环。青金石色是另一大主调，大块青金石底色的出现，预告北周、隋的青金石时代开启，从赤铁矿的土红底色、澄板土的黄白底色递进到青金石底色，已经看到新时代色彩的跃动。土红和青金石两大主色调，朴素和奢华两种不同风格，配色大胆，恰好形成早期洞窟色彩与隋代洞窟色彩的承前启后。

菩萨的面色和肤色是标准的凹凸法晕染：粗犷的土红线起稿，土红里掺杂铅丹，微微变黑，留下面部和身体的褐色轮廓暗影；面色和肤色的肉红斑驳，黑色定形线明显；面部高亮白色有眉、鼻、双眼、唇、颔五处，形成"五白脸"，浓浓的阿旃陀遗风。

638年，玄奘来到南印度的摩诃剌佗国，在《大唐西域记》里记下："国东境有大山，叠岭连嶂，重峦绝巘，爰有伽蓝，基于幽谷，高堂邃宇，疏崖枕峰，重阁层台，背岩面壑，阿折罗阿罗汉所建。"玄奘说的"阿折罗"就是"阿旃陀"，这是丝毫不逊于敦煌的一处古印度佛教洞窟胜迹，公元前2世纪始建动工，公元7世纪戛然而止，湮没千年，后来在1817年的一次探险中偶然被发现，震惊世界。印度学者贝纳尔吉认为："阿旃陀壁画自成体系，没有哪个印度画派可与之匹敌。"

如果你看到阿旃陀第1窟的两幅巨型菩萨像，你或许会和我一样觉得其面相、姿态似曾相识，阿旃陀第1窟和敦煌第428窟的画像是同时间绘制的，尽管远隔万里，428窟的这二身供养菩萨的面相、姿态与之神会，彼此招魂。

"成枭而牟，呼五白些。"这是《楚辞》里的《招魂》，"五白脸"的五道亮白，摊开在菩萨的面目上，如同五根白色的木筹，摊开在桌案上，在千年的赌局里，这是最上好的赢家之色，对弈的时间巨人竟成了输家。

二十 丰姿缛彩

隋 莫高窟第427窟北壁佛陀、菩萨

写作如同禅修，电脑前的孤寂一如洞窟里、佛像前，怀着的信念是成书，相比成佛，这是小事业。每次打开电脑动笔前，我都习惯戴上耳机听同一首曲子，马友友的大提琴立刻把我带进西域，那个让我魂牵梦绕的大时空。这首曲子是NHK纪录片《新丝绸之路》的片头曲，日本人在制作西域的片子时保持着他们对这个题材的虔诚和谦卑，另一部NHK纪录片《敦煌莫高窟：美的全貌》也是我反复看了很多遍的。

第一次看到莫高窟第427窟的三世佛和菩萨们，就是在《敦煌莫高窟：美的全貌》的片子里。"隋的两代皇帝都笃信佛教，中国的佛教文化绽放出了鲜艳的花朵，在都城形成的高雅风格，也传到了敦煌这个边境之地。"大一统的隋王朝，再次赋予中国以强盛的国力，也再次赋予人民以强大的信仰，短短38年，莫高窟增加了100多个洞窟。"三面墙边各有菩萨侍奉佛陀而

如是我见

立，佛陀的形象是分别代表过去、现在、未来的三世佛。菩萨身上的衣服饰以华丽的纹样，菱形的格子里画着凤凰。大气地垂下饰带的菩萨衣服上，还有色彩繁复的格子纹样，当时绘画的细腻笔法被栩栩如生地保留了下来。"

北壁左胁侍菩萨的佛身肉红色细腻，U字形璎珞的金色链子下垂至腹前，接金框绿地的长方形饰物，饰物后是外层裙装上端对折后外翻的部分，显示裙的内里是清爽的绿、白色宽条纹。右袒式上衣饰以凤鸟联珠纹的菱形格子，格子是蓝、红的双层边框，边框内是蓝凤，因为败旧，蓝凤呈现灰蓝色。

左、右胁侍菩萨的裙装都是两层，外层裙装下部是色彩繁复的格子，赤、蓝、褐、绿诸色斑斓。中间佛陀依然是赤色袈裟，一佛二菩萨就像从俗世间刚刚回到佛国世界，周身洒满了人间繁华与佛国静穆的和悦之美。

《隋书》里说："缛彩郁于云霞，逸响振于金石。"这是夸文采斐然的话，其中的"缛"就是指"色彩繁复的纹饰"，艳丽繁复的纹饰色彩与变幻无穷的霞光色彩争辉，人工之美比肩于自然之美，如此人间值得，若保留这份美好，进入永恒，佛给出了永恒的答案，而虔诚、谦卑是最好的侍奉。

隋不过短短38年，而后的唐是那么无与伦比的强，隋愈发显得如流星划过。427窟的佛陀菩萨将芳华定格在这一窟，蓝凤重光，绿花回春。这些色彩也如流星划过不易抓捕，但只要你能用心，看到更多的色彩，永恒就是你的。

因由纪录片镜头的放大与定格，我看到了比平常更多的色彩，而色彩之繁复所显示的生命之热烈，融化了禅窟的孤寂。想来修建427窟的工匠们就是这样吧，在小盏微火的日常工作里，渴望着生命之热烈，以萤火之身，致敬太阳之光。

一二一 千佛金身

隋 莫高窟第 427 窟窟顶千佛

莫高窟第 427 窟窟顶的千佛是金身，凡是暴露的佛像肌肤都贴了金箔，面部、颈部、手部一处都不少，墨线勾勒的眉目清晰、表情生动，箔金色熠熠生辉。画面上这组千佛是右下向左上的斜向成组，佛光是向左上斜射的，按照佛衣、头光、身光的颜色分为四组：当初是蓝衣（头光绿、身光白）、黑衣（头光白、身光蓝）、绿衣（头光蓝、身光黑）、白衣（头光黑、身光绿）。岁月侵蚀，表色斑驳，底色灰渍，已经变成灰红色的土红底色侵入表面的色层，当下看到的实际颜色是蓝衣（头光绿、身光浅灰红）、玄黑衣（头光浅灰红、身光蓝黑）、绿衣（头光蓝黑、身光玄黑）、浅灰红衣（头光玄黑、身光绿）。

金身佛像是佛教传入中国的初始图像记载。《后汉书·西域传》里说:"世传明帝梦见金人,长大,顶有光明,以问群臣。或曰:'西方有神,名曰佛,其形长丈六尺而黄金色。'帝于是遣使天竺问佛道法,遂于中国图画形像焉。楚王英始信其术,中国因此颇有奉其道者。后桓帝好神,数祀浮图、老子,百姓稍有奉者,后遂转盛。"东汉的汉明帝梦见了金人,随即听说西方的佛是黄金色,开始学着画佛像。实际上,这事儿的前半段不是

姓中开始有信众，倒是并非不可能。佛教真正在中国开创出大局面，是十六国、南北朝时期的事情，一是游牧民族入主中原，他们没有中原传统文化的困扰，接受佛教比较痛快，敦煌的十六国、北朝洞窟就是这么个背景。二是得益于大规模的佛教经典翻译工程，前面提到真谛来到南朝的梁，更应该提到再前的鸠摩罗什，他从龟兹来到十六国的前秦、后秦。大师们系统地翻译佛经、传播学术，佛教才从拜神求仙上升到宗教哲学。

佛像的金身是黄金作为颜料的应用，其成本高、工艺难。工艺上，黄金成为颜料，要经过加工，加工成金箔，或者金粉。上色大致有四种工艺：其一涂金，将金粉和胶水调成细泥状，称为泥金，而后按照金色浅、深而用笔轻、重，平涂上色，薄者浅，厚者深；其二描金，使用泥金描线，勾线上色，金线如龙蛇；其三贴金，金箔刷胶水，贴敷上色，光鲜亮丽；其四沥粉堆金，石膏、高岭土等白底色和胶水调成糊状，像糕点房师傅在蛋糕上那样挤出立体线条或图案，然后在立体线上涂以泥金上色，呼之欲出。到后面初唐57窟，我们就会遇到沥粉堆金。

真的，而是虚构的想象。

东汉的汉明帝在位期间，正是古印度的贵霜帝国建立的时期，在佛教的发源地尚没有产生佛像，自然无从学着画佛像。至于说汉桓帝的时候佛教在中国的老百

二二 色相如天

隋 莫高窟第420窟西壁外层龛北侧胁侍菩萨

莫高窟第420窟西壁的内外层龛内，一佛二弟子四菩萨，弟子菩萨面向佛陀，这是右手最外侧，也就是北侧的胁侍菩萨，菩萨后侧墙壁的千佛在北壁的边缘。菩萨面相和悦，裙装的纹饰繁缛，一如427窟。吸引我注意的是，菩萨上衣、裙装，千佛头光、身光，天蓝色灼灼有光，仿佛墙壁有缝隙，透进了晴朗的天色。

这些天蓝色是青金石的颜色。敦煌研究院李最雄讲过："莫高窟壁画彩塑的蓝色颜料，在隋朝几乎全是青金石。"他曾经是分管敦煌石窟科技保护的副院长，掌握的第一手颜料样本信息比较全面。

青金石，古称璆琳。《尔雅》和《尚书》里记载，古代中国的昆仑墟、雍州都有"璆琳"，河西四郡在九州之雍州，但青金石的产地不确切。目前知道的青金石的确切产地在阿富汗，从阿富汗向中亚、西亚、东亚、地中海贩运青金石是自古就有的生意，所以有学者认为，丝绸之路外，还应该有青金石之路的说法。

青金石矿石的蓝色纯粹而浓郁，有时点缀着漂亮的金星，自生高贵感，不似出自凡间，很像是从一片悠远神秘的天空中摘取的。民国地质学家章鸿钊写过一部旷世奇作《石雅》，遍考古籍中金石物产的名称，试图梳理出它们到底是什么矿物，这本书的开篇第一节就是璆琳。他引用西方学者G.F.孔兹（G.F.Kunz）的描述："青金石色相如天，或复金屑散乱，光辉灿灿，若众星之丽于天也。"

隋代的壁画、彩塑几乎全部使用青金石颜料，这说明青金石颜料供应是持续稳定的。青金石原产在阿富汗，不在中国，敦煌和青金石原产地之间畅通有序。《〈西域图记〉序》里说："发自敦煌，至于西海，凡为三道，各有襟带。"《西域图记》的作者是裴矩，他是隋代经营西域的大人物，善于捕捉信息的裴大人记录下：敦煌通往西域有三条道路。

青金石的价格高昂，敦煌使用青金石颜料，除了交通条件好，还得买方市场好。买方市场好，与隋代经营西域的强大力度有直接关系。短短38年的隋代，战略眼光独到，培养了边疆和民族问题专家裴矩，在西域各国和中原朝廷之间奔走联络，以厚利吸引各国来朝贡、贸易，加强经济联系。609年，隋炀帝西巡，驻扎在敦煌以东的燕支山，举办高昌、伊吾等西域二十七国大会，裴矩提议"皆令佩金玉，被锦罽，焚香奏乐，歌舞喧噪"，配饰宝物，铺设地毯，焚香奏乐，歌舞欢庆，武威、张掖等地的侍女，盛装列阵纵观，长达数十里。紧接着610年，裴矩提议在洛阳举办百戏大会，招待西域各国来客，"诸蕃请入丰都市交易，帝许之"。国威兴隆通西海，财源广进达中原，就是在这样的背景下，青金石渲染了敦煌的画壁。

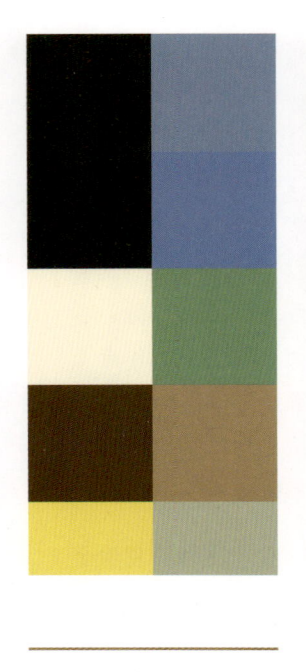

隋 莫高窟第420窟窟顶北披《释迦涅槃》局部

一二三 空即是色

涅槃师，在今天听不到这样的名头，在隋代可是显赫的大人物。当时，国家出面将佛教界分为"五众"，就是五个佛学研究集团，涅槃学排名第一，涅槃师就是专门讲《大般涅槃经》的涅槃学老师。

我们熟悉的一句话"色即是空，空即是色"，实际上概括了佛学的两件大事：般若、涅槃。后秦的鸠摩罗什弘扬般若，般若是大智慧看透这个世界的根底，一切色相不过是空，"色即是空"；北凉的昙无谶弘扬涅槃，涅槃是大觉悟断绝这个世界的烦恼，众生都有成佛的基因，"空即是色"。

一个是"真空"，万念皆空，不抱贪嗔痴；一个是"妙有"，佛性都有，打开救赎门。讲清楚这

两件大事，莫高窟第420窟《释迦涅槃》传递的色彩美学也就能搞清楚了。这是《大般涅槃经》里描述释迦牟尼葬礼的画面：绿色娑罗双树间，白色七宝床上，绀发金身的释迦侧卧，右手支颐，周边弟子、菩萨、信众环绕，铅丹尽黑而成黑影幢幢，唯黑影的青金石头光与释迦的青金石身光、娑罗树的绿色叶丛与释迦的绿色头光，一一参照，青金石、绿色的救赎亮色挣脱出黑色的寂灭底色。

释迦牟尼经过几十年的苦修，断绝了生老病死的烦恼，《大般涅槃经》里说："若见佛性能断烦恼，是则名为大般涅槃。"涅槃，并非世人理解的生命终结，而是释迦与烦恼的告别式，葬礼无非是释迦说法的仪式："斯众生等，闻如是语，必当生于难遭之想，心怀恋慕，渴仰于佛，便种善根，是故如来虽不实灭，而言灭度。"葬礼这种仪式告诉世人，佛在眼前谆谆教导的日子需要珍惜，大家来参加这个告别式，是否明白释迦想传递的意图，生死是大家眼中的表面存在形式，超越生死的更高级存在形式，释迦已经找到了。

假定释迦找到了更高级存在形式，那么一个葬礼，丢掉的不过是生老病死的烦恼，丢掉的不过是低级存在的形式，这不是痛苦，而是狂喜。我常说"美学即愉悦"，涅槃图传递的美学就是烦恼全无的超级愉悦。这么说的话，当年的涅槃师，与其说是弘扬佛法，不如说是传递愉悦、宣讲美学。

帮助二维世界的生物理解我们三维世界，或者帮助我们理解时间不过是"可以折叠"的第四个维度，都是挺难的事情，高维度生物不得不用低维度生物常见的事物做说明：无论是一个葬礼，还是一种色彩。敦煌以西的龟兹是盛产黄金的，《大唐西域记》里说龟兹国："土产黄金、铜、铁、铅、锡。"龟兹的克孜尔洞窟大量使用黄金，黄金数量之多可与青金石相媲美。释迦最终示以黄金的色相，是因为我们常见的黄金是不灭的，释迦以涅槃告诉世人：我的肉身化作梦幻泡影，但我的法身和佛性如金子一样永恒不灭，这就是"空"和"有"的佛学大道理。

二四 色即是空

隋 莫高窟第402窟西壁外层龛南侧、北侧胁侍菩萨

隋代壁画、彩塑的色彩，与早期洞窟的宗教神秘风格相比，更贴近了世俗装饰风格，这是大时代的变化。菩萨裙装纹饰的繁缛，自然也增加了配色的繁复，而复杂配色的娴熟和优雅，恰好反映了时代的世俗审美。同样，亮色色彩的比例加大，暗色色彩的宗教压抑减轻了，时代的跃动强烈地凸显了出来。

莫高窟第402窟的这两身菩萨是左右对称、南北分列的，它们传递的色彩信息是一致的，我觉得把它们放在一起，更能帮我们看清楚隋代色彩的整体氛围。继承早期洞窟而来的土红底色，已经被繁复的图案所侵占、所弱化，退而

成为若有若无的暗色系衬托。而亮色系的绿、蓝、金，在画面上如走龙蛇，看似信马由缰，实则配色有度，色彩旋律清晰而饱满，佛国世界充斥了人间生气，"乱花渐欲迷人眼""开函烂熳百色备"。

南侧菩萨双手捧的是莲花摩尼宝珠，莲花所用的铅丹颜料已变黑，宝珠蓝色，饰以绿、金。北侧菩萨一手拈起长茎莲花，一手托着莲花摩尼宝珠，宝珠白色，饰以绿、金。《佛说无量寿经》里说："复有红绿青白诸摩尼宝。"宝珠殊色，且具神通。《三藏法数》里说："若以青物裹之投水，水色即青；红黄赤白，亦复如是。"宝珠不但自己五色具备，还可以让水五色具备，简直是宝藏色彩大师。

摩尼宝珠的神通远不止如此："是宝常能出一切宝物，衣服、饮食，随意所欲，尽能与之，亦能除诸衰恼病苦等。"到了随心所欲的程度，摩尼宝珠成了"如意宝"。一说宝珠是龙王脑子里出来的，一说宝珠是帝释天神所持兵器的碎屑，还有一说宝珠是佛舍利，无论哪种来路，其神通是可以担保的，这世界的万相之色、万相之变，尽在宝珠的掌握之中。

虽然神通比色彩更让人着迷，我们还是回到色彩吧。《圆觉经》里说："譬如清净摩尼宝珠，映于五色，随方各见。"摩尼宝珠的色彩，不过是映照了外界的色相，随着外界变化而变化。如果这么推导，外界无色，则宝珠无色。禅宗的机锋可不这么认为："问如何是随色摩尼珠？师曰：青黄赤白。曰如何是不随色摩尼珠？师曰：青黄赤白。"外界无色可随，宝珠也不是无色的，那么这色到底是哪儿来的？

机锋还得机锋去解。"师曰：若了了见性者，如摩尼珠现色，说变亦得，说不变亦得。"师傅说，悟道之后你懂得，宝珠有色无色，不在宝珠，不过是你自己有这种想法而已，万相之色是你的内心映照。"摩尼不随色，色里勿摩尼。"宝珠是佛陀给我们的镜子，色彩是我们照出了自己，我和你看到的色彩，宝珠何曾有过，正所谓"色即是空"。

一五 夜色撩人

隋 莫高窟第278窟西壁龛外南侧《夜半逾城》局部

因为这节的写作，我浏览了很多博物馆的"夜半逾城"题材收藏品，早期文物出自2—4世纪前后的犍陀罗。美国大都会艺术博物馆收藏的《夜半逾城》浮雕，英文标题是Great Departure and Temptation of the Buddha，翻译过来是"佛陀的伟大出发和诱惑"，这个说法本身就撩动人心。

29岁的悉达多王子决定离开舒适的官廷去苦修，他的信念坚定如磐石，这是虔诚的信仰主义。换一个角度去看，一个在世俗世界有着远大前程的年轻人，向往着世俗之外的纯净世界，那是他的远方，不可阻挡。所以，那个晚上，当他的马不肯配合时，他用自己的话语去感化马，当他的马蹄声"声远近闻"时，四天人托起马蹄，"天神散马声，皆令入虚空"，天人护驾不让马蹄声惊动别人……任何阻挡都不可以使年轻人动摇，这是理想的浪漫主义。

抬头看莫高窟第278窟的这幅画面，悉达多王子从面前的上空疾驰而过，这是一次"伟大的出发和诱惑"，仿佛就发生在此刻。大面积土红色的背景又出现了，那晚的夜空是红月亮吗？王子着红衣，骑白马，红衣里面飘起的内衣、白马边缘跃动的轮廓发生了铅丹变色，变色之前的铅丹亮色轮廓可以将人和马刻画到脱壁而飞。托起马蹄的四天人，两白两黑，变黑的天人与变黑的卷云融为一体，扭动、升腾，原力迸射，追风逐月。

"夜半逾城"题材，不但是博物馆的热门收藏，也是敦煌洞窟的热门图像。从431窟的北魏开始，隋代以后出现较多，初唐就有8个洞窟绘出这一题材，分别见于57、209、269、283、322、329、375、386等窟。初唐的"夜半逾城"，像375窟依然延续了土红底色，像209、329窟已经转成了白底色，悉达多王子的服饰受中原影响而更加世俗化。

《大唐西域记》里说悉达多王子到了修行所在地，"解宝衣，去缨络"，不留这些世俗之物，还把自己的摩尼宝珠也托仆人带回去。他的留言是："汝持此宝，还白父王，今兹远遁，非苟违离，欲断无常，绝诸有漏。""是我出笼樊，去羁锁，最后释驾之处也。"世俗的装饰是不自由的锁链，父亲的王城是不透气的樊笼，万相之色在他的心里已经化为虚空。

夜色撩人，"夜半逾城"是浪漫主义的逃亡，而后悉达多王子经历了长时间的孤寂，《佛说太子瑞应本起经》里说："端坐六年，形体羸瘦，皮骨相连。"从王子到修行者，后面的六年端坐苦修、再后面的魔王逼迫和魔女诱惑，更使得那个出发的晚上光芒万丈。以"远遁"而既过不恋，以"断无常"而当时不杂，以"端坐六年"而未来不迎，那个年轻人，无所牵挂，无所畏惧，剩下的只有信仰和理想。

二六 青面怒目

隋 莫高窟第292窟前室西壁门北侧金刚力士

进入莫高窟第292窟的前室,西壁门外南、北站立两尊高大威猛的金刚力士,没人可以无视他们的存在。赤眉、青面、怒目,俱是恐怖相,这种色彩组合的面目出现在佛国世界,他们扮演的角色就是传递恐怖的吗?

藏传佛教里的马头金刚,三头六臂,其中也有青面。三头居中为红面,表示快乐,左为白面,表示安详，右为青面，表示愤怒。蓝色之青，出现在面目上，其色彩之情绪表示，加上其形体之力量展示，传递的是排山倒海的愤怒。以愤怒而传递恐怖，确实是金刚力士扮演的角色，金刚力士要威吓的是妄念之邪徒，保护佛陀、保护佛法，这是正气磅礴之美。

青面怒目并非金刚力士的本来面目，北魏后期的敦煌洞窟才开始出现赤裸上身穿着X形天衣的怒目金刚，这是受中原文明的影响而变化，相比而言，龟兹的克孜尔石窟受古印度文明的影响更大，所以就没有这种青面怒目的金刚形象。古印度文明中，对于金刚力士的本来面目，说法不一，其中一个说法是天龙八部里的夜叉。夜叉是财神毗沙罗的小精灵随从，住在喜马拉雅山里，守护着那里的秘密宝藏。

夜叉成为佛国世界的门神，源自著名佛堂祇园的色彩装饰。《根本说一切有部毗奈耶杂事》里说："给孤长者施园之后，作如是念：若不彩画，便不端严；佛若许者，我欲庄饰。即往白佛，佛言：随意当画。闻佛听已，集诸彩色并唤画工。报言：此是彩色可画寺中。答曰：从何处作？欲画何物？报言：我亦未知，当往问佛。佛言：长者，于门两颊应作执杖药叉。"给孤独长者为佛陀提供佛堂讲学，就是著名的祇园，他说没有色彩装饰就不庄严，最后佛陀就让他在佛堂两扇大门上绘制了手持木棒的药叉，药叉就是夜叉，后来演变成金刚门神，守护秘密、侍从佛陀，这是忠厚绵长之美。

佛陀涅槃时，金刚力士的倾诉让人看到他的另一面。《佛入涅槃密迹金刚力士哀恋经》里他说道："如来舍我入于寂灭，我从今日无归、无依、无覆、无护，衰恼灾患一旦顿集，忧愁毒箭深入我心。""呜呼怪哉，咄哉大苦，此金刚杵当用护谁。""我所有命依佛而存，一旦舍我，当依于谁得存此命。"高大威猛的金刚力士对于佛陀无限依恋，仿佛失去父母的赤子，哀无法自制，恋不能自已，完全不是平素的样子，袒露内心凄然示弱，宣泄悲痛茫然无助，"我见犹怜"，这是真情流露之美。

色彩表达的信息，如果了解一个侧面就停下，信息就损失掉了，这损失掉的信息可能改变我们对事物的感觉，青面怒目背后的美学愉悦就是这个道理。

初唐伊始，中央政府在敦煌的治理并不稳定。敦煌是安西四镇的东门、河西四郡的西口，其地理位置的敏感不言而喻。武则天执政期间，西域用兵频繁，长寿元年（692年）唐军收复四镇，此后近百年间西域安稳，敦煌的政治、经济基础有了保证。

莫高窟第57窟是初唐的代表性洞窟，其美术之精湛、色彩之曼妙，受到中原文化和绘画技艺的深度影响。中原的绘画色彩论，与北魏洞窟同时期出现，南朝的宗炳、谢赫发其先声。谢赫的"六法"影响最大，其中的色彩理论是"随类赋彩"，即根据绘画对象的自然色类别而赋予画面色彩。

西壁南侧思惟菩萨的画像，红丹、绿青为主色，与其旁龛柱的主色一致，大块、多点的绿色运用，画面"降噪"效果明显，红色也变得宁静了，菩萨如同沉浸在背景中，陷入沉思，可谓神来之笔。唐代有典故曰"五色笔"，说有如神助的五色笔写尽天下好文章，"丹青式序，元黄可分，参乎素色，烂以成文"，丹、青有序，玄、黄可辨，白色点染其中，文章灿烂，以之来描述这幅画的色彩，简直太合适了。

唐代对于绘画色彩论的总结更进一步，《法苑珠林》提到东晋戴逵精湛的美术："核准度于毫芒，审光色于浓淡，其和墨点彩，刻形镂法，虽周人尽策之微，宋客象楮之妙，不能逾也。"以颜色之浓淡来表达光影效果，这是色彩运用的高级概括。色彩的呈现，不是一个色块那么简单，浓淡的运用、材质的表现，都影响到我们对色彩的判定和感受。这幅画中菩萨的绿色披帛，垂落于膝前，淡绿清透，隐隐露出绿帛后面的裙色，薄纱透衣，光影毕现。思维之精，

二七 丹青式序

初唐 莫高窟第57窟西壁外层龛南侧思惟菩萨

大千之妙,这里都能感觉出来。

佛教美术的精进,非一日之功。初唐的《贞观公私画史》是现存最早的名画目录,其中记录了魏晋、南北朝、隋代的四十七处佛寺壁画,南朝最盛,"南朝四百八十寺"推动了绘画技艺的进步,佛教美术的中原新风吹拂塞外,敦煌是最大的受益者,初唐时期的洞窟可谓集大成,略可填补我们今天无法亲睹中原佛寺壁画的遗憾。

研究传统色彩,始于整理色名,进之以考据文献、钻研文物,而后就进入色彩工艺的广阔领域。绘画技艺也是色彩工艺的一种,涉及天然颜料、设色技巧、材质表现等方面。57窟令我流连忘返,我在这一个洞窟里学习到的东西,不亚于翻阅一部中国绘画史,其中的光色浓淡、沥粉堆金,都让我目不转睛,凝神屏息,叹为观止,以至于我环窟而行,驻足再三,像思惟菩萨一样托腮支颐,沉思遐想,虚掷文字,连成六节。

二八 帝青琉璃

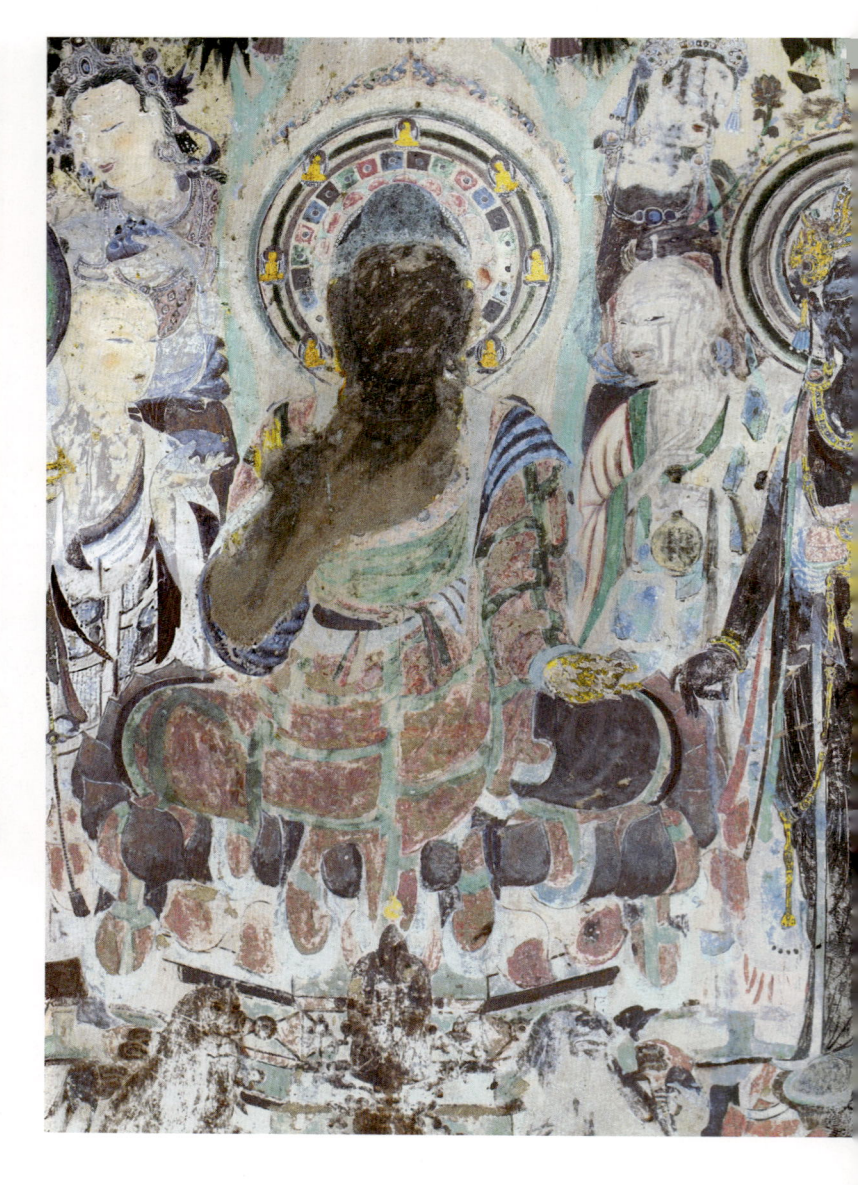

初唐 莫高窟第57窟南壁中央《说法图》局部

莫高窟第57窟的南、北两壁中央各有一幅《说法图》，两幅画面近似的壁画隔空对望，南壁的现存颜色好于北壁。初唐洞窟的三世佛，此处的57窟和后面的322窟是同样的排列：西壁佛像主尊释迦佛，北壁壁画主尊阿弥陀佛，南壁壁画主尊推测是弥勒佛。

前面我们说过，三世佛是过去的迦叶、现在的

释迦、未来的弥勒。这里是三世佛的另一个组合，涅槃千年的释迦代表着过去，主持西方净土、寄托现世希望的阿弥陀代表着现在，五十七亿七千万年后降临世界的弥勒代表着未来。

南壁弥勒佛、左胁侍菩萨的局部，特别是肤色，均已变黑。在黑色部分的映衬下，左胁侍菩萨的头冠和璎珞闪耀金色光芒，绿、红、蓝点缀其间，与鲜明的衣裳颜色形成同色系呼应。主尊弥勒佛的色系与左胁侍菩萨相同，头光彩艳而神异，绿、红、蓝、黑的几何色块，金光灿灿的七座金佛，再加上佛顶的绀色发髻，望之而生膜拜之心。

主尊的右侧弟子手捧晶莹剔透的青色琉璃钵，淡施涂抹而出透明的效果，隔着琉璃钵透出的弟子拇指清晰可辨。青色琉璃钵的颜色是帝释青，《金光明最胜王经疏》里说："言帝青琉璃者，是天帝释青琉璃宝。"这个颜色来自佛教的护法神帝释天，他的宝贝又称作远山宝，"此宝青色，一切宝皆不可坏，亦非烟焰所能镕铸，唯鬼神有道力者能破之为物，或云金翅鸟卵壳"。

帝青琉璃是来自西域的神物，我是被这幅画面里的这只碗吸引过去的。《琉璃碗赋》里说："济流沙之绝险，越葱岭之峻危。其由来也阻远，其所托也幽深。"经过艰难的西域旅行，这样一只颜色透着神异的碗到达中原，自然成为众人的视线焦点。"流景烱晃以内澈，清醴瑶琰而外见。"这两句话最能表达光影、材质与颜色感受的关系，光线透过琉璃而酒色澄澈，酒色映射到琉璃而碗色光润。

神物在人间，帝王先得之，从汉代开始就有青琉璃的传说。《汉武帝别国洞冥记》里说到，东方朔"得玄露、青露，盛青琉璃，各受五合，跪以献帝"。思慕神仙的汉武帝看到青琉璃碗盛着的天上仙露，其心花之怒放，在他的眼里，帝释青的颜色远不止光润，更透着神异吧。

《魏书·大月氏》记录北魏太武帝时，"其国人商贩京师，自云能铸石为五色琉璃。于是采矿山中，于京师铸之，既成，光泽乃美于西方来者。乃诏为行殿，容百余人，光色映彻，观者见之，莫不惊骇，以为神明所作。自此，中国琉璃遂贱，人不复珍之"。这段记录很有意思，一是说明白琉璃并非神物，而是出自矿石冶炼，冶炼技艺也是色彩工艺的一种；二是神物体量惊人，由琉璃造出宫殿，惊骇之余，也就不稀奇了，琉璃果然还是捧在手里的更稀罕。

二九 颜盛色茂

初唐 莫高窟第57窟南壁中央《说法图》局部

这幅画和上幅画，合起来是一整幅，称作《说法图》而不具体称作《弥勒说法》，想来是难以完全断定主尊的身份，尽管目前的研究最大的可能是弥勒佛。

帝释青色的琉璃钵还在弟子的手里，弟子名叫阿难，出家前本是释迦的小堂弟。小堂弟不仅年龄小，而且颜值高，在这是名副其实的担当：面廓满秋月，睫毛染青黛，两颊、眼皮有薄薄的红胭脂，粉面红唇，确实是美男子。

弟子阿难的旁侧是"美人菩萨"，这位右胁侍菩萨，一说是弥勒佛的化身，另一说是观音菩萨，观音的说法更流行。头顶的化佛冠和垂下的璎珞都是金粉立体造型，仿佛伸手可以摘下，这是黄金上色工艺的沥粉堆金，特点是金粉材质以凸起造型而呈现。菩萨头光的蓝、棕（变色）、绿、黑渐次，金灿玲珑的璎珞，蓝绿晶莹的宝珠，化佛冠中坐佛红衣绀发，加上蓝色头光、绿色背光，不及五光而明耀，几乎十色而彩艳。菩萨和弟子一样，面部高部位的两颊、眼皮、额头、下巴均有红胭脂色，在高处红色滋润晕染是中原晕染法，与在高处白色高亮晕染的西域晕染法正好相反。

面对端庄、秀美的弟子、菩萨，我有一种慨叹：若南朝故地、隋唐长安的佛寺壁画尚在，群贤毕至，那该是多么震撼的天上人间画卷。《美人赋》里说："云发丰艳，蛾眉皓齿，颜盛色茂，景曜光起。"这段文字是形容女子的美丽，其中四字"颜盛色茂"形容弟子、菩萨也甚是贴切，正是色彩的堆饰、晕染，成就了佛国世界的盛世美颜。

合起来的整幅画，无论是阿难手里的帝释青色琉璃钵，还是阿难面上的红胭脂色晕染，用色

之上乘，起到画龙点睛、提纲挈领的妙用。如果说，这是天下第一的阿难像，我个人不以为过。受宠的阿难，在这幅画有所体现，在佛经里更是讲得明白。《楞严经》里说："尔时阿难，在大众中，即从座起，偏袒右肩，右膝着地，合掌恭敬，而白佛言：我是如来最小之弟，蒙佛慈爱，虽今出家，犹恃娇怜。所以多闻，未得无漏。"

作为释迦的小堂弟，受到佛陀的怜爱宠信，而恭以敬人、敏而好学，这是阿难的美德。佛陀涅槃后，迦叶召集的纪念大会上，阿难的"多闻"起到了重大作用，正是他忠实传递了佛陀生前的讲学知识，所谓"如是我闻"就是站在阿难的角度上说："我是这么听佛陀讲的"。

在佛教的知识里，空与色是辩证关系，没有"空"就没有对佛学哲理的正确认识，没有"色"就无从谈起"有"佛性，就无法进入佛国世界的大门，更无法抵达佛陀涅槃后的净土世界。以"色"唤起众生的佛性，这就是弟子、菩萨的美颜秘密吧。

三十 千佛幻色

初唐 莫高窟第 57 窟南壁西侧千佛

我们在北魏讲到"千佛光色",在隋代讲到"千佛金身",在初唐我们要讲讲"千佛幻色"。莫高窟又名千佛洞,这千佛并不是平面图像,也不是三维图像,它表现的是时间加上空间的四

维图像，洞窟进来就是天罗地网、宇宙洪荒，出不了佛陀的手掌。

出不了，待在里面，四顾是千佛，千佛的排列特别像时空矩阵，虚空的矩阵。莫高窟第57窟的千佛，因为造型、色彩更加简洁，所以更加有矩阵感、仪式感。四身一组，排列方式是：丹色僧衣（头光缁色、身光蓝色）、绿色僧衣（头光蓝色、身光缁色）、缁色僧衣（头光丹色、身光绿色）、蓝色僧衣（头光绿色、身光丹色）。统共四种颜色，变化无奇，规规矩矩，宇宙洪荒一样铺开，似乎什么都在里面，又似乎什么也没有。《道情偈三首》里说："色可色，非真色。真色无形，真空无名。"初唐千佛的这种色彩，与之有共鸣，四种颜色在一起不热闹，是空寂。

佛陀经常面对"空"这个问题，普贤菩萨曾经向释迦佛请教：如果众生知道一切都是幻而不实的，连自己都是梦幻泡影，何必要修行？修行的又是谁？

《圆觉经》里，释迦佛这么回答："众生幻心，还依幻灭，诸幻尽灭，觉心不动。"你能做的就是一个一个泡去戳破，所有的泡都戳破，你就会得到重生，因为佛性永生。佛陀的这个回答，如同剥洋葱，剥去一层一层皮，最后只剩下眼中含满的泪水。一尊尊佛不过是演示了一个个必须戳破的泡，一层层必须剥去的洋葱皮。

以矩阵的仪式、空寂的色彩，去打造一个宏大的空，这正是千佛图像的本意。"幻色之相既虚，真空之性惟实。"千佛不过是虚空色相，所以我们才从色彩中看到了空寂；千佛是化身，从佛性化身而来。化身而来的千佛，那么多个名字不好记，记不住也罢，记不住正是戳破了泡泡呢。

同样的颜色，浓和淡的用色给我们不一样的色彩感受。同样的颜色，不同的颜料材质给我们不一样的感受。同样的颜色，表现了不一样的画面内容，也给我们不一样的色彩感受。当"幻色之相"是千佛的画面内容，色彩变得空寂。

二一 珠光宝色

初唐 莫高窟第57窟西壁龛外北侧供养菩萨

莫高窟第57窟西壁北侧的这两尊菩萨，仪态雍容，服饰华贵。日本学者八木春生描述："有一根肩带吊着内衣的菩萨立像和穿条帛的菩萨立像组合在一起。"这种描述，如果不是出自学术论文而是出自时尚杂志，亦无不可。

初唐的服饰世俗化，比起前代更进一步，这两尊菩萨在今天看都不失时尚。"一根肩带吊着内衣"的底色为红，上有白、绿、蓝的纹饰，配色舒缓而高雅。"条帛"披于臂间，绿色为主，红色相间，绿色的大比例使用提升配色的舒缓，观之心定。

驻足定神，不禁叹息，匠心天成，仿佛一支协奏曲，如歌的慢板在内衣、条帛间流动，而华彩的段落在宝冠、璎珞处。宝冠、璎珞的色彩，神夺而目眩，跳跃以镶碧、坠金，上升以银白、珠绀，回旋以红、蓝、褐、绿之光，五彩斑斓，出乎项上，收于腰间，画师的设色炫技施展到了极致。

《诗经·小雅·鼓钟》曰："鼓钟钦钦，鼓瑟鼓琴，笙磬同音。"笙和磬是音色完全不同的乐器，笙凭借竹管中的"簧"而演奏"和音"为主，磬乃是石或玉所制而演奏"单音"为主，笙的声音悠扬绵远，磬的声音清越明亮，笙和磬在一起演奏，却可以产生"同音"，音色不同的乐器有和谐、悦耳的音效。古人对于合奏乐理的解释，与色彩调性是相通的，内衣、条帛的悠扬色感和宝冠、璎珞的清越色感同时出现，"笙磬则异器而同音"，奏响了色彩的和音。

希腊神话里，爱与美的女神阿佛洛狄忒与战神阿瑞斯生下一个女孩，女孩就是代表和谐和协调的女神哈耳摩尼亚。和谐和协调从矛盾对立的父母那里诞生，音乐是如此，色彩是如此。

受到乐理的启发，色彩研究者认为色彩调和的色感可以达到音乐和声的效果。

色感，确实如同音乐和声，在匠心的组织下，不同的色彩、不同的小色感区域，产生和谐的整体色感。这两尊菩萨的面色、肤色均已经变成棕黑，匠心之上还有时间的魔法。先是大块的棕黑隔开了不同的小色感区域，小色感区域的缤纷色因之降调，整体色感因之趋同。而后棕黑和金、银、碧、绀、红、蓝、褐、绿形成了复杂的对比色、互补色关系，矛盾对立却产生了和谐的视觉感受。

匠心、天成，57窟的画匠并不能预知千年后的变色，而我们却试图依靠颜料的知识去还原千年前的色彩效果，当初的匠心、当下的天成，似乎都是造化设定好的，相隔千年却不失为笙磬同音。在敦煌的洞窟里，以音乐的感受去观察色彩，以色彩的感受去联想音乐，又多了一种美的体验。

莫高窟第57窟的南、北两壁中央各有一幅《说法图》，隔空对望，北壁主尊是阿弥陀佛，这是其右侧的弟子阿难和右胁侍大势至菩萨，面色、肤色已经变黑。与之相对称，南壁的弟子阿难和右胁侍观音菩萨，却正是"颜盛色茂"。

北壁变黑是使用含杂质的铅白作为肌肤颜色而造成的，南壁没有变黑是当初为了衬托白皙的肤色而直接在白底子上敷胭脂色，所以南壁的阿难、观音菩萨至今还是青春模样。南壁、北壁，我在洞窟里来回观察，南壁貌美如花，北壁也有其姿色。近前端视北壁，璎珞的金色自宝冠倾泻而下，沿着项间、胸前、腰腹流淌，在明灭不定的光线中富丽堂皇，时有金色在臂膊、手腕闪耀，仿佛心虽定意犹动。

南壁的现存颜色好于北壁。初唐的三世佛洞窟，57窟和322窟一样，西壁佛像主尊释迦佛，北壁壁画主尊阿弥陀佛，南壁壁画主尊推测是弥勒佛。北壁的画面这里，服饰的主色是朱、蓝，特别是腰腹这部分的颜色，铺在金色璎珞之下，色明且正，观之不禁脱口而出："正采耀乎朱蓝，间色屏于红紫，乃可谓雕琢其章，彬彬君子矣。"在时间消磨的黑色肌体上，金色、朱色、蓝色"雕琢其章"，流金溢彩，亮色与暗色相得益彰，原始的张扬与岁月的隐忍平衡了，正是"彬彬君子"所追求的目标。

金色的耀动，这是沥粉堆金的色彩工艺所致，越是在现场，越是抵近观察，色彩在立体图案上的强化效果越亮眼。57窟在隋唐之交的贞观时期建造，由隋至唐，国势益盛，沥粉堆金的大手笔与这国家民族的大气势是合拍的。贞观之后的高宗武周时期，金色迷恋日深，《旧唐书》里说："文明元年七月甲寅诏：'旗帜

三二 流金溢彩

初唐 莫高窟第57窟北壁中央《说法图》局部

皆从金色，饰之以紫，画以杂文。"684年，武则天主政，她将大唐的政治中心从西安转移到洛阳，皇家旗帜采用了金色，这是以前没有过的事情。

到了唐玄宗的时候，皇家旗帜的颜色又改了。"天宝十载五月，改诸卫旗幡队仗，先用绯色，并用赤黄色，以符土德。"武则天采用的金色，不太符合大唐的尚色，五德尚色是根据五行确立的官方标志色，唐玄宗试了一下红色，最后还是回到赤黄色，因为大唐是土德黄色。

金属元素的金色系、土壤元素的黄色系，颜色虽近似，但所指代的意义不同。严格意义上说，唐玄宗选择赤黄色，也不是正规的土德黄色，赤黄色来源于正午阳光，归类是太阳元素的柘黄色系，隋唐开始将柘黄确立为皇袍的颜色，意思就是帝王的威严如正午阳光不可直视。

敦煌洞窟的色彩表现中，因为佛教的色彩观念崇尚金色，所以金色多于黄色。而沥粉堆金工艺所表现的金色最为突出，粉堆起高隆若岭，金流淌蜿蜒如龙。

二二 绿竹猗猗

初唐 莫高窟第322窟东壁门上侧《竹林释迦说法》局部

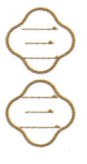

初唐壁画的底色多为灰白色、泥黄色，前者是石灰墙面，后者是黄泥墙面，也有石灰墙面上刷茶叶汁水作底色的，其色感与泥墙近似。不同于厚重的土红底色，浅色打底而画面色彩变得更加醒目，加上初唐的颜料大多以朱砂、石青、石绿为主，纯正醒目的红、蓝、绿，赋予画面以庄重美感。

释迦成道后，先后在波罗奈城的鹿野苑、王舍城的竹林精舍、舍卫城的祇园精舍等处说法，释迦和他的弟子们早期都是风餐露宿，并没有室内的讲学场所，直到竹林精舍的出现，才算有了安身之地，所以竹林精舍是古印度的第一所寺院。这所寺院坐落在王舍城的迦兰陀竹园，

因此而得名，《大唐西域记》里记录过这个地方，释迦在竹林说法是佛教史上的经典画面。

莫高窟第322窟的这幅经典画面中，竹叶婆娑，绿意盎然。《诗经·卫风·淇奥》曰："瞻彼淇奥，绿竹猗猗。"秀美而茂盛的竹林，在古中国是高雅君子的学术氛围场景。在古印度，朱红衣、绀蓝顶的佛陀端坐在绿竹林，"青青翠竹，尽是真如"，佛陀说法，绿竹听法，佛性遍及绿竹，绿竹林也是千佛林。

敦煌研究院李最雄讲过："敦煌莫高窟壁画中的绿色颜料，早期以氯铜矿为主，少量石绿。初唐时期，绿色颜料以石绿为主，到了盛唐、中唐时期，又以氯铜矿为主，但是，晚唐又以石绿为主。"初唐的石绿色，在表现"绿竹猗猗"时，其色正，其色盛。

讲绿竹的颜色，石绿色来自颜料的物质角度，这是直观而朴实的颜色名称。而中国传统色的美妙，不仅在于物质角度，还有观念角度，由诗词歌赋的意象展开而去，绿竹的颜色名称就有了更多说法。唐代的杜牧说绿竹是"幽玉色"，在《题刘秀才新竹》里，他说："数茎幽玉色，晓夕翠烟分。"宋代的梅尧臣说绿竹是"青琉璃色"，在《五月十日雨中饮》里，他说："竹色入我酒，变作青琉璃。"我一直有个观点：物质与观念的融合，是中国传统色的基础。颜色名称既有物质的直观，也有观念的意象，虚实之间，美感尽显。

"青青翠竹，尽是真如"，这是禅宗的机锋。在佛学中，释迦涅槃是个大事件，释迦以涅槃教导"空"和"有"的佛学观念，涅槃是空，但并不是涅槃就没有佛了，佛性是一直有的，万物皆有佛性，绿竹为什么不能是佛？佛学里的空和有，就是这样一个对立之美。"青青翠竹，尽是真如"后面还有一句"郁郁黄花，无非般若"，《摩诃般若经》里说："色无边，故般若无边。黄花既不越于色，岂非般若乎？"万物的色相有多么广大，佛学的智慧就有多么广大，一大片绿竹也好，一小朵黄花也好，都有智慧的光色耀动。

三四 碧波荡漾

初唐 莫高窟第220窟南壁《西方净土变》局部

同样是绿色颜料，比起氯铜矿，更纯正、更醒目的绿色来自石绿。莫高窟第220窟南壁的主尊阿弥陀佛和二胁侍菩萨，俱在石绿色池水中，周围碧波荡漾，背后光环秀丽缛彩，经幢鲜丽叠色，二菩萨着绿罗衫，披青丝帛，戴碧玉珞，大面积的石绿配色下，菩萨融入了背景，绿意丰盈而祥和。

敦煌石窟中表现西方净土世界的经变图近180铺，我特意选了石绿色调的这铺，原因是一眼

望去碧波荡漾，而莲池碧波是西方净土的主要意境。西方净土是佛教提供给信徒的极乐世界，在通往极乐世界的法门里，十六种观想之"宝池观"就是聚焦凝神在碧波荡漾的莲池。观想可以开启通往极乐世界的大门，具体到极乐世界的降生或通行方式，就是在莲池里通过莲花这种媒介化生了，画面中阿弥陀佛前莲花枝上有莲花，莲花上有莲蕾，莲蕾上有童子，这就是化生童子，幸运的通行者就是这么降生到极乐世界的。

由此看，极乐世界的通行门票设计成绿色最合适。唐代的李白在《金银泥画西方净土变相赞（并序）》里说："八法功德，波动青莲之池；七宝香花，光映黄金之地。"大诗人的这两句极乐世界广告语印在门票上也合适。

既然是极乐世界的宝池，光有碧波荡漾是不够的。《阿弥陀佛像赞》里说："彼诸菩萨及声闻众，若入宝池，意欲令水没足，水即没足；欲令至膝，即至于膝；欲令至腰，水即至腰；欲令至颈，水即至颈；欲令灌身，自然灌身；欲令还复，水辄还复。调和冷煖，自然随意。开神悦体，荡除心垢。清明澄洁，净若无形。"如果说泡温泉是人间至乐，那么泡宝池简直是天堂至乐，水位随心意升降，水流按摩身体，冷暖自如，清澈无形，身体精神都愉悦到了极致，令人心向往之。

莲池在佛经里是重点描述的对象。《根本说一切有部毗奈耶杂事》有一段莲池描述，如果按照梵文直接翻译成今天的大白话，大体意思是：这个莲花池名叫梵宫，蓝莲花、红莲花、黄莲花、白莲花覆盖其上，各类鸟儿居住其间，池中水满，水如白雪，银光闪闪，水中布满香花。莲花不止这铺经变图中所见蓝色，而是蓝、红、黄、白；水色不是碧波荡漾，而是"白雪""银光"。然而，早期译经的古汉语翻译成了另一个样子："大师答曰：此池名梵阶，众妙莲花，弥覆其上。有诸杂鸟，居止其中，此池清冷，水如乳味，以花和之。"蓝、红、黄、白的莲花颜色，以"众妙"一词概括；"白雪""银光"的池水颜色，也不见了叙述。如果说从物质到观念的升华，汉译佛经可谓开辟天地，西域壁画也融入西天路上的敦煌这一站风情，碧波荡漾终是观念想象。

二五 颜如渥丹

五代 莫高窟第220窟甬道北壁《新样文殊》局部

敦煌以西，西域至今是我们心目中的神奇土地。唐代经营西域，始于贞观四年（630年）设立西伊州，古名叫伊吾，就是今天的新疆哈密，这样大唐的势力进入了塔里木盆地的东缘，当时的塔里木盆地处在西突厥的统治之下。贞观十四年（640年）设立西州，古名叫高昌，并且在西州交河城设立安西都护府，就是今天的新疆吐鲁番。

贞观二十二年（648年），安西都护府迁至龟兹，就是今天的新疆库车，至此塔里木盆地成为大唐的势力范围。从我们研究的课题角度看，一是龟兹的克孜尔石窟和敦煌石窟一起纳入了大唐，二是设立安西四镇，塔里木盆地周边的龟兹、焉耆、于阗、疏勒与河西四郡的敦煌，此后产生了更密切的文化交融。

1975年，敦煌文物研究所发现了莫高窟第220窟甬道北壁剥落后的底层壁画，主尊文殊菩萨在狮背高莲花座上端坐，左侧红地绣花袍、丹面络腮胡的驭狮者，题记说是于阗王，于阗就是今天的新疆和田。文殊造像中常见的驭狮者为昆仑奴，而在这个文殊新样中于阗王替代了昆仑奴，说明塔里木盆地南道上的于阗是崇信佛教的。

220窟始建于初唐，新样文殊却是五代后唐同光三年（925年）绘制的，这在题记里写得很清楚，我因为是逐窟记叙，就随着初唐在这里写了。925年时，于阗王是李圣天，他自称是大唐后裔，与敦煌的曹氏、甘州的回鹘交往紧密且友好。画面中的于阗王面色红润，细看可辨高处红色深、低处红色浅，色阶痕迹不明显，这不是西域的晕染法，而是中原的晕染法。西域晕染法是采取深浅色阶逐个绘制，形成递进色阶的立体感；中原晕染法是颜色笔和水笔并用，先着颜色，接着将颜色用水笔晕开，颜色由浓渐淡，不存色阶痕迹。

以中原晕染法描绘的丹红面孔于阗王，本身也是仰慕中原文化的，这幅画像中红色风帽、红色袍服都带着中原的喜气装饰效果。丹红面孔在《诗经》里曾有描述，《诗经·秦风·终南》曰："终南何有？有条有梅。君子至止，锦衣狐裘。颜如渥丹，其君也哉！"终南山上，绣花锦袍狐裘服，面色红润像涂丹，莫非他是我的王？

面孔涂成丹红色，近似赭石颜料。《诗经·邶风·简兮》曰："赫如渥赭，公言锡爵。"健美的舞者面孔像涂了厚厚的红赭石色，公侯连忙说赐酒同饮。丹红面孔是健康俊美的，也是寿者相，明代的陈维崧在《月中桂·咏丹桂》里说："仙翁颜渥赭，带笑睨、嫦娥幽独。"天上的仙翁是丹红面孔，于阗的国王也是丹红面孔，喜气洋洋的长寿相。实际上，李圣天的在位时间长达55年，由五代后唐而及宋，亦是长寿之德君。

二六 碧落空歌

初唐 莫高窟第321窟西壁龛顶南侧赴会佛、天人、飞天

敦煌洞窟的佛国世界，人间的真实、天国的虚构，实实虚虚是杂糅在一起的，正是这种虚实之间的美学意境，营造了一个既熟悉、又比熟悉的事物更美好的新世界。在莫高窟第321窟仰望西壁龛顶的那一刻，我的体验如禅宗的顿悟：洞窟的幽暗中，龛顶的蔚蓝明亮得让我觉得不真实，仿佛洞窟破了顶、见了天，佛陀赶着去赴会听法，飞天游弋，天花飘曳，飘来飘去不沾凡尘，而散花天人却是站着成一排，站在天宫的栏墙后俯向人间，天人们虽然变色成

黝黑，眉眼还是白色的，眉眼低垂向人间，眼神温柔而关切，正与我相对，那一刻我突然明白天国、人间离得没有那么遥远。

敦煌的颜料变色，创造出一种独特的美学。黝黑的天人们，当下如同天空中的黑色印记，隐秘而有神性。当初他们的铅丹色肌肤生机勃勃，既不隐秘也没有神性，仿佛刚从我们中间离开，过去了栏墙，回过身来，以眼神召唤同伴。脱离人间烦恼的那个美好世界，人人都有可能过得去，这正是敦煌洞窟的佛国世界所要表达的，是召唤，也是抚慰。

天宫的绘画表现，从古印度到克孜尔、敦煌，有一个变化过程：佛教的原始时期，天宫有圆拱形门窗和凹凸形栏墙，摹仿古印度宫殿的样式，天人在分割的小空间中露出；佛教进入中国的早期，甚至出现了汉式城阙的样式，本书开篇的第一节就是这样的天宫；北周以后，格局打开了，去掉了上部建筑，留给了飞起来的天人，敦煌研究院赵声良说："当这些伎乐形象以飞天的形式出现时，天宫建筑就不需要了，天人的形象保持了完整性，适合了中国人的欣赏习惯。但下部的栏墙还保留，因为它是天宫的象征，栏墙以上部分，就是佛国的天界了。"

321窟的龙凤纹、缠枝莲花纹上下两层栏墙上，天宫的蔚蓝色，透亮得不真实，以至于我至今深信，天宫就应该是这个颜色。道教的群经之首《太上洞玄灵宝无量度人上品妙经》里说："昔于始青天中，碧落空歌，大浮黎土。"这部经书简称为《度人经》，讲的也是从人间到天宫的度人救赎，宇宙原始的青天中，太空歌剧般的大舞台上，天宫名曰"大浮黎土"。青天、碧落，不离绘色；空歌、黎土，无非生色。当赴会佛、散花天人、伎乐飞天们出现在天宫舞台上，画面的气质变得亲切而空灵，碧落空歌的颜色、生气都符合了。

亲切而空灵，本来是矛盾的，因为散花天人的眉眼低垂，在这里统一了。我们所接受的、所心动的，乃是一个既熟悉、又比熟悉的事物更美好的新世界。

二七 天青水绿

初唐 莫高窟第321窟北壁《阿弥陀经变》局部

真实与虚构、现实与幻想,这是敦煌石窟的永恒主题,我在莫高窟第321窟的南北两壁画面上看到了很有对比性的绘画和设色的技法。南壁的《十轮经变》,人物和山水的比例设定已经透露出山水画技法的理性和成熟,这是宗教美术和世俗美术的齐头并进,而群山的设色已

经看出石绿的色阶分层,深浅过渡,隐隐有头绿、二绿、三绿的痕迹。北壁的《阿弥陀经变》,画面内容是阿弥陀佛说法以及净土世界,石青绘出天宫,石绿绘出莲池,设色以一种色阶的颜色平涂为主。

唐代的王维在《山水论》里说:"远山无石,隐隐如眉。远水无波,高与云齐。"这是山水画写实摹仿的经验之谈,北壁的技法并不领会这种经验,莲池的波纹由近及远,无处不在,最远处的波纹与最下端的天际无缝相接,这种技法要么是天宫近在咫尺的写实,要么是不写实的天地幻想,无论是哪种,都不是真实存在的世界。

石青的天宫、石绿的莲池,前面小节刚提到过,天青水绿同时出现在北壁,在天水相接处石青、石绿很突兀地相遇了。北壁的石青色与同一洞窟的西壁龛顶的蔚蓝色不尽相同,如果说西壁龛顶是响晴白日的天空,北壁更像是星光璀璨的夜空。天宫不仅亮得有些不真实,而且"车渠琉璃,为楼殿之饰;颇黎码瑙,耀阶砌之荣"。这是李白在《金银泥画西方净土变相赞(并序)》里说的,亮晶晶的宝物也帮忙照亮天宫。"清风所拂,如生五音;百千妙乐,咸疑动作。"伎乐飞天的乐器如天花坠落,清风涤荡心胸,五音曼妙身心。

天青水绿,也并非中国传统绘画的设色定规。"以色貌色""随类赋彩"源于山水画创作时对自然色彩的写实摹仿,晋代的顾恺之在《画云台山记》里说:"清天中,凡天及水色,尽用空青,竟素上下以映日。"很明显,这是概念化的写实主义设色原则,晴天的天和水,使用石青色一种,以此表现出日光明媚的色感。

古人按照分类而赋彩,但这个分类并不完全是客观的写实,其中有主观的认知,理解为"画家对客观色彩的分类总结和认知记忆"更合适。宋代的郭熙在《林泉高致》里说:"水色:春绿、夏碧、秋青、冬黑。"肯定不是所有的水色都按照春夏秋冬区别为绿碧青黑,这是画家的总结和记忆。

郭熙还说过:"水者,天地之血也,血贵周流而不凝滞。"北壁的莲池碧波荡漾,绿水来自敦煌画匠和宋代画家的总结和认知趋同,而作为莲花化生进入净土世界的通路,波纹仿佛在证实"周流而不凝滞",莲池是新世界、新生命的窗口。

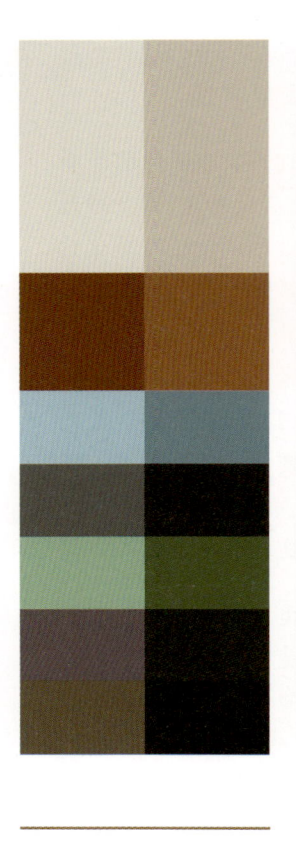

二八 贤人玉色

盛唐 莫高窟第217窟西壁龛内南侧菩萨

705年中宗李显即位,将武则天的"周"恢复回"唐",中国进入了富足强大的盛唐时期。由于敦煌的特殊历史状况,这一时期并未按照一般中国通史的分期,即以爆发于755年的安史之乱为界,而是以781年吐蕃攻占敦煌作为重大转折,从705年到781年敦煌的盛唐时期持续了76年,莫高窟开凿了97个洞窟。

晕染法的丹红色面孔都不一样,更接近于上层阶级免于日光曝晒的室内肤色。

《郭店楚墓竹简·五行》里说:"智之思也长,长则得,得则不忘,不忘则明,明则见贤人,见贤人则玉色,玉色则形,形则智。"有智慧才能考虑得长远,不迷惑就会见贤思齐,贤人从内向外释放出玉一样纯粹的气质,跟着贤人学习,改变自己的气质,让自己的气质温润如玉,温润如玉就会表现在言行身体动作语言上,这样才是得到智慧了。

玉石温润,代表着贤人君子的品德,这就是儒家所说的"君子比德于玉"。玉石的颜色是"赤如鸡冠,黄如蒸栗,白如凝脂,青如秦碧,黑如点漆",新疆和田出产的羊脂玉是如凝脂的白色,自古就是玉中上品,玉色也就有了白色的意思。

《郭店楚墓竹简·五行》里还说:"颜色容貌温变也,以其中心与人交,悦也。"眼睛里的神色和面孔上的气色,都是代表一个人的"颜面之色"。"颜面之色"的"颜色",起初就是气色气质,譬如"玉一样纯粹的气质",并不指具体的色彩,后来"颜色"才演变成了今天说的色彩。贤人的神色和气色释放莹洁的白色玉石

莫高窟第217窟建于景龙年间(707—710年),处于初唐与盛唐之交。西壁龛内南侧、北侧各有两菩萨像,南侧菩萨的面相保存良好,面孔白皙,神态怡然。粉白色面孔,与之前凹凸晕染法的橙红色、肉红色面孔,或者中原

一样的气质,这就是"见贤人则玉色"。相由心生,贤人的玉色,来自内心的温良恭顺,自己内心不生烦恼就会将喜悦挂在脸上,这种喜悦的颜面之色很容易被他人感知。

西壁龛内南侧菩萨,望之即为玉色,感之则为贤人,无论是从"玉一样纯粹的气质"的颜色本来意思角度,还是从"羊脂玉是如凝脂的白色"的颜色演变意思角度,从"仪容气质"到"具象色彩",菩萨们都是最好的注解。

孔子对于"颜面之色"有很入骨的判断:孝顺长辈最难做到的就是和颜悦色,这种发自内心的恭顺,比起代劳体力、优待饮食要困难很多,颜面之色是心理活动的真实反映。《礼记》里甚至要求:"凡祭,容貌颜色如见所祭者。"这就更难了,长辈不在了,祭祀长辈要端正颜色之色,如同与长辈面对面,这已经是从入骨到诛心。还是应该多拜见贤人玉色的菩萨们,他们垂范作则,玉色来自佛学的大智慧。

盛唐 莫高窟第217窟南壁西侧经变局部

三九 高绿下赪

敦煌壁画中，北魏就开始出现山水画元素，但远山近峰用色杂乱无章。直至隋代，山水画的成分不断增加，在故事画的背景、多故事的分隔上作为装饰。到了唐代，山水画从故事画的点缀走向大幅画面的主角，使用连山成片的大面积绿色，间以赭色表现层次。

莫高窟第217窟南壁的经变图，一说是《法华经变》，一说是《佛顶尊胜陀罗尼经变》，学术争议未决。西侧的山水画，已经是唐代大幅山水的成熟模样了。石绿晕染，每一处山峦都是分层设色，深色石绿和浅色石绿间隔，表明山的远近层次。山峦的山脚处绘以赭色，强化分层设色的视觉，强化远近间隔的色感。

这里的赭色，色感趋向微黄的浅红色，在古代称之为"赪"。东汉的郑玄注《仪礼》的《士冠礼》，其中"爵弁服，纁裳"这句的注释说："凡染绛，一入谓之縓，再入谓之赪，三入谓之纁，朱则四入与。"所谓入，就是将织物浸入染色植物制成的液体进行染色。这里的一入至四入，就是一次到四次浸入茜草这种红色染色植物所制成的溶液。一入得"縓"，偏黄的浅红色；二入得"赪"，微黄的浅红色；三入得"纁"，微黄的深红色；四入得"朱"，深红色。

植物染的成熟技术、红色系的细致观察，导致古人表达红色时所使用的颜色字比今天丰富很多，赪是今天人们不常用、但是古人很常用的字。《诗经·周南·汝坟》曰："鲂鱼赪尾，王室如毁。"传说鲂鱼游动过多时尾巴会变成赪色，赪尾就用来形容鲂鱼之劳苦，比喻乱世里的君子之劳苦，后来人们在忧劳困苦的境地就会说"鲂鱼赪尾"。南朝齐的谢朓观察到霞光的红色变化，在《望三湖诗》里，他说："积水照赪霞，高台望归翼。"赪和纁都是古人描写霞光的红色，其区别之微妙，从上面染色流程就看得很清楚了。

中国传统绘画的设色，确实没有注意到不同光线下色彩的微妙变化，"随类赋彩"是画家对色彩的总结和记忆，而不是严格意义上的写实，离开对光线的把握、对色感的研究，径自走向一种"写意的写实"，这是中国传统绘画的设色特征。

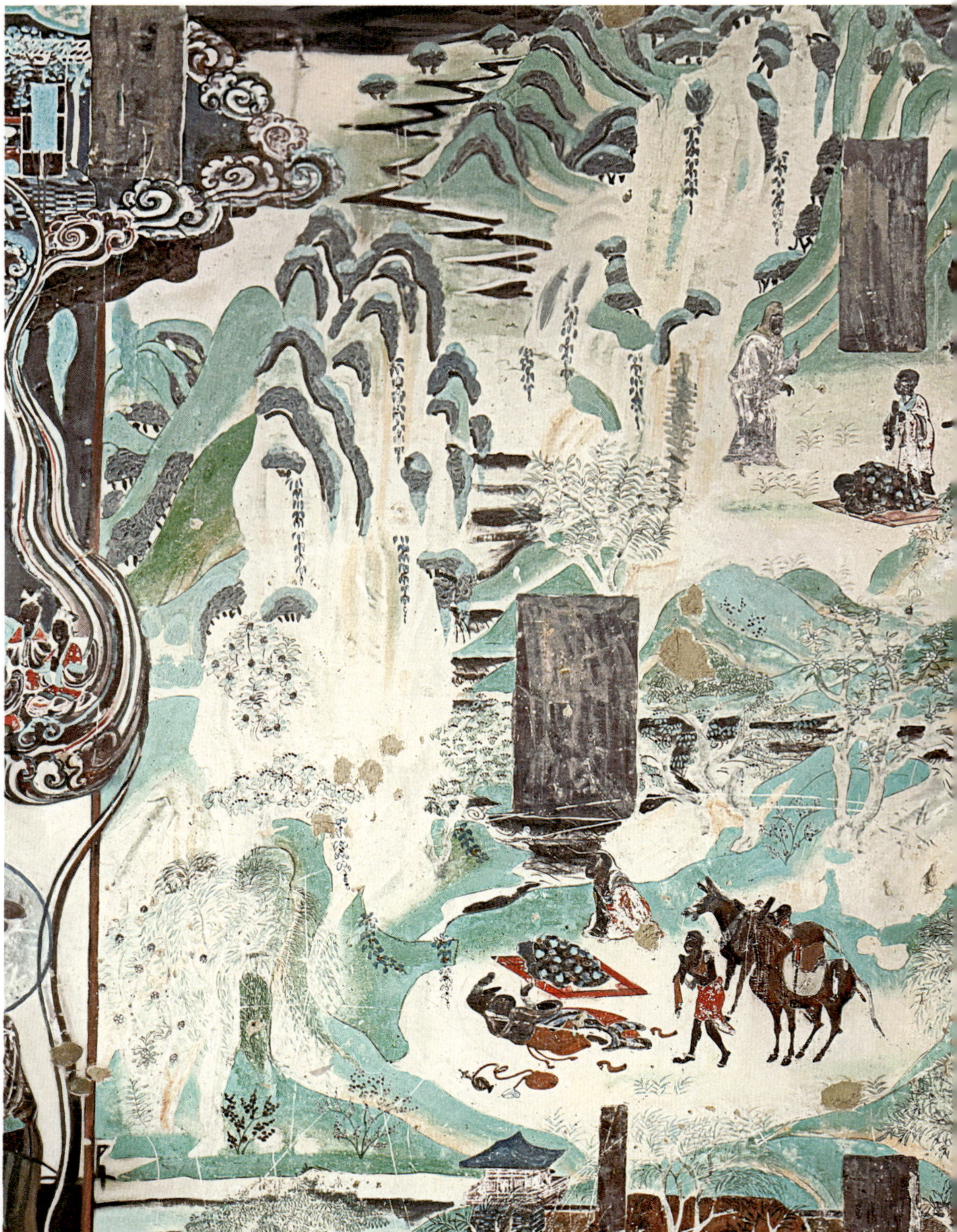

但古人对"不同光线下色彩的微妙变化"是有观察的,至少在文人的字词中,赪和纁是不同光线下的红色霞光。中国传统绘画的设色,并不逊于文人的字词斟酌,从青绿、浅绛,发展到墨分五色,"写意的写实"最终摆脱五颜六色而走向色感的意会。南朝梁的萧绎在《山水松石格》里说:"高墨犹绿,下墨犹赪",山的高处用墨摹仿石绿色,山的低处用墨摹仿赪色,对照217窟的石绿色、赪色,其"高绿下赪"的设色技巧同出一炉,而萧绎却只用墨的颜色,"运墨而五色具",于墨色浓淡中敏锐感知到色的存在,此乃水墨设色之先声。

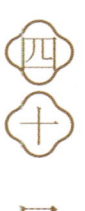

盛唐 莫高窟第217窟西壁龛外南侧大势至菩萨

四十 异彩奇文

美国学者薛爱华在他的名著《撒马尔罕的金桃》里说："唐朝在当时是世界上最华美的纺织品和最精致的编织品的原产地和生产中心。"在隋代427窟，我们讲过塑像所呈现纺织品的绮彩之美，在盛唐217窟，我们继续讲壁画所呈现纺织品的异彩之美。

唐代宗在大历六年（771年）下诏，禁止生产复杂纹样的高级纺织品："其绫锦花文，所织蟠龙对凤、麒麟狮子、天马辟邪、孔雀仙鹤芝草、万字双胜及诸织造差样文字等，亦宜禁断。"蟠龙、麒麟、狮子、天马、孔雀、仙鹤这些纹样都在禁止之列，他批评说："耗缣缯之本，资锦绮之奢，异彩奇文，恣其夸竞。"禁止铺张奢华，净化社会风气。

西壁龛外南侧的菩萨所着上衣算得上"异彩奇文"，但似乎不在上述禁止之列：在粉绿的整幅底色上，中间斜行是白双箭头交叉纹样，左右斜行分别是红框白连珠纹（中心绿宝珠）和绿框白连珠纹（中心红宝珠）。因为纹样图案的奇特，简单的"红绿配"却呈现出颜色华美的异彩，加之五彩璎珞挂垂，菩萨的大度形象与盛唐的大方气象相映成辉。

红绿配，而出现"颜色华美的异彩"，是隋唐之际上层社会的服饰色彩风尚。《唐六典》卷三记载："恒州贡春罗、孔雀等罗。"恒州在唐代属河北道，就是今天的山西大同。孔雀罗的描述，隋代的丁六娘所写《十索四首·其一》里说："裙裁孔雀罗，红绿相参对。映以蛟龙锦，分明奇可爱。"红绿配，摹仿孔雀羽毛纹样的孔雀罗，不仅奇特，而且可爱。

实际上，唐代对上层社会的服饰色彩是明文规定很清楚的，这种规定是基于天然植物染色所

提供的色彩体系。《唐六典》卷二十二记载："练染之作有六：一曰青，二曰绛，三曰黄，四曰白，五曰皂，六曰紫。凡染大抵以草木而成，有以花、叶，有以茎、实，有以根、皮，出有方土，采以时月，皆率其属而修其职焉。"主要服务于皇家的织染署，提供的六种颜色是青、绛、黄、白、皂、紫，在特定时间、从特定地点采集染色植物的花、叶、茎、实、根、皮，不同的染色植物提供了不同的颜色。

青、赤、黄、白、黑是中华传统五色，而紫色是唐代上层社会的服饰色彩焦点。敦煌洞窟的主要色彩体系里并没有紫色，紫色到底在敦煌存在不存在，我怀着浓厚的兴趣探访每一处洞窟，后面有所记叙。

六大色系，渲染出盛美的大唐。我们今天的配色理念受到一个启示：未必六大色系一起用力，简单的色彩与奇特的纹样相结合，就可以凸显异彩效果，菩萨上衣纹样的红绿配呈现"异彩奇文"，孔雀罗羽毛纹样的"红绿相参对"却也"分明奇可爱"。

四一 彩芒辉熠

盛唐 莫高窟第217窟北壁东侧《十六观》局部

小乘佛教认为只有释迦牟尼才是佛，大乘佛教认为有无数佛，无数佛的佛像基本还是依从释迦牟尼的佛像，形象大同小异。释迦牟尼形象化的过程，逐渐形成形象的具体要求，称为"三十二相"与"八十种好"，合称"相好"。

《大智度论》里说："十五者、丈光相，四边皆

有一丈光，佛在是光中端严第一，如诸天诸王宝光明净。"这就是"三十二相"的第十五相，佛陀的背光照耀四面，各有一丈远。背光分为头光、身光，一般说来，佛陀和高等级的菩萨才是头光和身光齐备，级别低的菩萨、罗汉、诸天都只有头光而无身光。莫高窟第217窟北壁的壁画是《观无量寿经变》，壁画东侧"十六观"的无量寿佛，头光、身光是圆形光环，呈现绿、蓝、铅丹（变黑后）、赤、白各色，而比较特别的是头光，自佛的面门放射出彩色光芒。

呈放射状的头光，源自古印度犍陀罗，这是释迦牟尼形象化的早期特征。《大般涅槃经》里说："尔时世尊，于晨朝时从其面门放种种光，其明杂色，青、黄、赤、白、颇梨、马瑙光。"这是佛像出现佛光的原始记载。《大智度论》里说："有人见佛无量身放大光明，心信清净恭敬故，知非常人。复次佛欲现智慧，光明神相故，先出身光，众生知佛身光既现，智慧光明亦应当出。复次一切众生常着欲乐，五欲中第一者色，见此妙光心必爱着，舍本所乐令其心渐离欲。然后为说智慧。"为什么佛像必须有佛光？佛陀发出大光明，其一大家知道佛陀并非常人，算是"装

饰"；其二大家知道佛陀发光随后就是宣讲智慧，算是"预告"；其三大家都爱好五颜六色，佛光吸引注意力，好好听讲，算是"代入"。

如果非要按照原始记载去分辨佛光的颜色，这里的头光、身光、彩芒中，绿、蓝可归为青，铅丹（变黑前）可归为黄，青、黄、赤、白在佛经里称作"四本色"，本色的意思是颜色的真实本在，四色外的其他颜色都是借由这四色演化而来的，譬如佛经里提到"颇梨""马瑙""紫磨金"这些颜色。

放射状的彩色光芒，让我联想到一句诗："大地一冶金，彩芒相辉熠。"这句诗出自《宿望日亭》，作者是清代康熙年间编纂《缙云县志》的曹懋极。我曾去过重庆北碚的缙云寺——太虚大师办的"世界佛学苑汉藏教理院"旧址，当时寺庙正在修缮，不得缘而入，但这句诗却是记住了。

佛经里的颜色，如彩芒辉熠，五彩缤纷。《大方广佛华严经》里还提到"阎浮檀金色""瑠璃色""白银色""玫瑰色""胜宝藏色""赤真珠色""妙香色""清净水色"，等等，五欲中第一者色，佛陀是知道的。

四二 五色氤氲

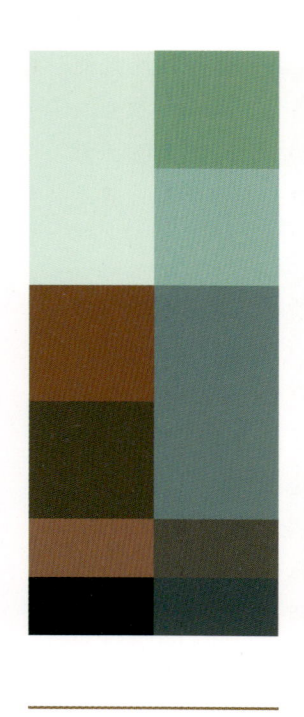

盛唐 莫高窟第217窟南壁东侧经变局部

说起佛陀的装饰，除了佛光，还有华盖和祥云，这都是佛陀出场的烘托。莫高窟第217窟南壁经变东侧，释迦坐于华盖下、莲座上，左侧一主二从驾五彩祥云而下，右侧又有人物驾五彩祥云而去。日本学者下野玲子认为南壁经变是《佛顶尊胜陀罗尼经变》，这组画面说的是礼拜

佛陀，持诵经咒。

南壁的经变，到底是什么，学术有争议。洞窟壁画的定名，学术上的探索很正常，前面提到过的321窟南壁《十轮经变》，也是经过早期《法华经变》《宝雨经变》的命名演变，后来在《十轮经》里检索到"无量璎珞云，雨种种璎珞雨"这句经文，经文与画面高度契合，从而定名《十轮经变》。说起来，璎珞云、璎珞雨，与佛光、华盖、祥云一样，都是佛陀的场景烘托。

佛陀头顶的五色华盖，色彩缤纷，璎珞摇曳。古印度的华盖源于王权威仪，在佛教进入中国时，华盖是白色的，与古印度的王室传统是一致的。古中国的华盖可以上溯到黄帝时代，晋代的崔豹在他的《古今注》里说："华盖，黄帝所作也。与蚩尤战于涿鹿之野，常有五色云气、金枝玉叶止于帝上，有花葩之象，故因而作华盖。"黄帝的华盖是五色的云气，华盖由白色而演变成为五色，应该与佛教进入中国后逐渐受到中原文化的影响有关。

佛陀左右的五色祥云，也与中原文化有很大关系。《史记·天官书》里说："若烟非烟，若云非云，郁郁纷纷，萧索轮囷，是谓卿云。"祥云，称为卿云，如云如烟，上下缭绕。卿云的色彩是怎样的，唐代的李淳风在《乙巳占》里详细解释过："云含五色，润泽和缓，见于城上，景云也。一曰庆云。非气非烟，五色氤氲，一曰卿云。景云者，太平之应也。五色为庆云，三色为矞云。一云外赤内青为矞。"卿云，又称为景云、庆云，如云如烟的五种颜色，即所谓"五色氤氲"。如果是三种颜色，或者外层赤内层青，就称为矞云。

彩云飘飘，无论是五色，还是三色、两色，都是祥瑞之兆，放在佛陀左右加强烘托场景，这是佛陀的瑞相。如果在世间见到五彩祥云，那是太平盛世的吉兆，就像唐太宗之子李恽曾经写下《五色卿云赋》，歌功颂德，并夸赞彩云之色："惟帝德之动天，谅卿云之飞吐。光浮碧落，夺虹彩于太虚；影下清潭，照锦色于曲浦。"云之五彩，夺彩虹，映彩锦。

细辨这组画面的祥云，赤、绿、赭、蓝、白，诸色分明，如烟流淌而下，如云升腾而上。"天人交感，上气下垂，下气上升，故五色征于云，而祯祥见于天下。猗欤盛哉！"这是名字相似的《五色云赋》，虽出自清代才子佳人小说《平山冷燕》，但气势丝毫不减。

四二 白色肉髻

盛唐 莫高窟第45窟西壁释迦佛

佛顶的肉髻螺发，在释迦牟尼形象的"三十二相"中，比佛光还要重要，其颜色通常是绀色，例如《方广大庄严经》里说："三十二相者，一者顶有肉髻，二者螺发右旋，其色青绀。"

莫高窟第45窟西壁主尊释迦佛的佛顶是纯白色

的肉髻螺发，这在敦煌洞窟中少见。榆林窟第33窟北壁《降魔变》里释迦佛也是白色的肉髻螺发，后面我们会讲这个事情。要讲这个事情，先要讲讲肉髻和螺发的生理结构。《佛说观佛三昧海经》里说："佛告父王：云何名观如来顶？如来顶骨团圆犹如合卷，其色正白。若见薄皮则为红色，或见厚皮则金刚色。"肉髻不是肉球，而是释迦佛的头顶骨形成的凸起，"顶骨涌起，自然成髻"，骨头是白色的，骨头外面包裹的是皮肤，皮肤薄的地方是肉红色，皮肤厚的地方是金刚的肉黄色。所以，除非露出骨头，肉髻本应是肉红色或者肉黄色。

螺发前面已经讲到"其色青绀"，向右螺旋的佛发是绀色。如果螺发的生长覆盖了肉髻，那么肉髻螺发的整体颜色是绀色的才对，实际上敦煌洞窟的绝大多数情况都是这样的绀色，出现白色是罕见的。

榆林窟第33窟的释迦佛也是白色的肉髻螺发，但不是纯白，而是灰白色，这个灰白色并不是灰尘沾染的脏污，因为灰白色佛发的中心出现了一个纯白色的珠子。与灰白色形成印照，纯白色的这颗珠子很醒目，其名曰髻珠，本是古印度王者头发中的宝珠，显示至高无上的王权威仪，如同其他显示威仪的装饰一样，宝珠出现在释迦佛的佛发中间。

回到莫高窟第45窟的释迦佛，谜一样的白色肉髻螺发，显示的不是佛发颜色，也不是佛的肌肤颜色，莫非是佛骨的颜色？清代的弘赞辑录的《观音慈林集》中讲了一个故事：道翊禅师先是得到一方不寻常的木材，他将其雕刻成了观音的塑像，而后禅师在梦里得到三颗佛骨舍利，他放在了观音像的肉髻里，于是神迹出现了，"舍利常现于顶冠肉髻，白光焕发，自是灵异大著"。先说一下，观音菩萨也是有肉髻的，高等级的菩萨与佛陀的形象和装饰是近似的。那么是否可以这么推论：佛骨舍利的灵异来自佛骨，佛骨的白色是能够焕发为白光的，白色表明神异大增，45窟释迦佛的白色肉髻螺发莫非是表明主尊的神异？

因为关注敦煌洞窟的色彩，我确实观察了他人所不注意的色彩细节，白色肉髻螺发的探究是其一，这个色彩问题的蛛丝马迹是找到了，真正的答案还是一个谜。

该不是当初的画匠遗漏了这里的上色吧？

盛唐 莫高窟第45窟西壁阿难

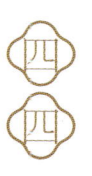

四四 赐紫风云

紫色到底在敦煌存在不存在,我归之为敦煌洞窟的"紫色问题",为此我在电脑里设置了一个文件夹,凡是看到有关的资料统统放进去。在《盛世和光——敦煌艺术》这本书里,描述莫高窟第45窟西壁的塑像时说:"佛像右侧的弟子阿难,上身后倾,腰胯微向上侧斜挫,两手相交置于腹前，头部右倾微俯。举止闲适潇洒，面目英俊秀朗，神情聪明，又含有恭顺、腼腆的神态，犹如现实生活中有情有欲的世俗少年后生。明亮华丽的锦绣裙襦和色彩热烈的紫袈裟，更为青年僧人的俊秀之美增色。"

这本书是中国美术馆举办的敦煌艺术大展图册，文字说明写得很精彩。阿难是跟随释迦佛的口述记录者，45窟塑像记录了他的样貌神采，这段文字记录了45窟塑像的样貌神采。其中提到"紫袈裟"，热衷探究"紫色问题"的我眼前一亮。然而当我奔赴45窟，身临其境去验证时，我失望了，紫袈裟并不存在，阿难的袈裟分明是赤色，而不是紫色。

展览的文字说明不像学术的论文著述，撰稿人稍加发挥是能够理解的。当发现"紫袈裟"是虚构的发挥，我分析原因可能有几个：其一，在实地看，赤色袈裟蒙尘，赤色加重，撰稿人疑似其为红紫；其二，从图片看，如果电脑偏色或者印刷校正颜色不准，红色会发生偏紫，实际上我们看到的印刷画册从来无法跟洞窟的本来颜色一致，这涉及印刷工艺的诸多环节的诸多问题，研究颜色的我是非常清楚的；其三，观念的诱导，因为"赐紫"的存在。

"赐紫"始于武则天，她将三品以上官员的紫服赏赐给僧人。《旧唐书》里说："故则天革命称周，怀义与法明等九人并封县公，赐物有差，皆赐紫袈裟、银龟袋。"武则天以后，从朝廷获得紫袈裟就成了僧人显赫地位的标志，不仅本土的僧人接二连三，连来自日本、波斯、天竺的僧人也获赐紫袈裟。

如果撰稿人熟悉"赐紫"的历史背景，在观念为先、色相偏离的情况下，可能判定为：阿难地位显赫，以唐代塑像的服饰观念，"色彩热烈的紫袈裟"自然可以有。错误的判定并不奇怪。虽然得出了阿难没有紫色存在的结论，然而，我的探寻并非劳而无功，45窟的后面有新的发现。

"紫袈裟"是世俗观念侵入佛国世界的非正常事物，以佛教的正念而言，紫色并不是戒律里的规定色。《佛制比丘六物图》里就说："轻纱紫染，体色俱非，佛判俗服，全乖道相，何善之有？"朝廷赐紫是笼络、管理的手段，僧人服紫是迷失于名声、权威，这哪里比得上佛国世界的本来清净啊。

四五 福田彩衣

盛唐 莫高窟第45窟西壁迦叶

莫高窟第45窟西壁的塑像，释迦佛为主尊，右侧是弟子阿难，左侧是弟子迦叶。阿难讲了不少，迦叶的情况是什么？《释门正统》里说："今殿中设释迦、文殊、普贤、阿难、迦叶、梵王、金刚者，此土之像也。阿难合掌，是佛堂弟，理非异仪；迦叶擎拳，本外道种，且附本习，以威来象。盖若以声闻入辅，则迦叶居左，阿难居右。"这段话讲了阿难、迦叶的来历，迦叶是归附佛教、服侍佛祖的外道人，大智大勇。确实，离开迦叶的智勇，释迦涅槃后的佛教大会就不会那么顺利。传说迦叶最后到云南的鸡足山，入定在洞窟里，多年前我曾跟随西藏佛学院前院长波米活佛去过传说中的洞窟，洞在深山不见人处，我入洞中，在睡袋里宿了一夜，头顶是成群结队飞来飞去的蝙蝠。

《盛世和光——敦煌艺术》里说："佛像左侧的弟子迦叶，内着锦襦，外披田相山水衲衣，胸部半袒，俯首直立，面貌清癯，嘴唇抿合，嘴角深陷，浓眉纠结，双眼下视，眸子半露，目光有神，神情老成练达，沉毅矜持。"文字很精彩，也很传神，其中提到"田相山水衲衣"，我注意到45窟迦叶的山水衲衣，青色、绿色呈田块交错分布，宛如青绿山水画卷的配色，成熟而大气，念及天下苍生，踏遍千山万水，智勇担当的气势扑面而来。

青绿山水衲衣，不是想象，来自真实。《大唐大慈恩寺三藏法师传》里说："又施法师纳袈裟一领，价直百金，观其作制，都不知针线出入所从。帝库内多有前代诸衲，咸无好者，故自教后宫造此，将为称意，营之数岁方成。"后宫需要几年时间才能织成这样一件衲衣，织造工艺高超到看不出针线纹路，唐太宗赐予了玄奘。羡慕的大有人在，与玄奘同时代的僧人道恭和慧宣都向太宗表示过羡慕，道恭的诗里描述这件衲衣："福田资象德，圣种理幽薰。不持金作缕，还用彩成文。朱青自掩映，翠绮相氤氲。独有离离叶，恒向稻畦分。"田块交错的色彩，如同福德广生的田地，朱色、青色、翠色编织成这样的彩衣，羡慕啊，赐给我吧。最后一句"赐给我吧"，不是我编的，慧宣当场说过，结果是："帝并不与，各施绢五十匹。即此衲也，传其丽绝，岂常人所宜服用，唯法师盛德当之矣。"太宗不同意，只给了五十匹绢安抚一下，因为这件山水衲衣唯有玄奘的威望才配得上。

山水衲衣的色彩不止青、绿二色，玄奘的衲衣上还有朱色。山水衲衣的纹样也不止田块交错的抽象色块，而是有山有水，譬如晚唐第196窟的迦叶，身上衲衣的画面比45窟的迦叶这件更写实，赭色的山、绿色的水，宛如青绿山水画卷的复刻。

四六　丹青彩邈

中唐　莫高窟第45窟西壁龛外北侧地藏菩萨

莫高窟第45窟西壁的北侧是地藏菩萨的壁画，这幅画是中唐的作品，我因为是逐窟记叙，就随着盛唐在这里写了。壁画上的地藏菩萨慈眉善目，左手拇指和食指结印，右手托摩尼宝珠，清俊恬静，如出家佛弟子。菩萨身上的山水衲衣是朱、青色块相间，田相写意。类比中唐第154窟前室东壁南侧的地藏菩萨，山水衲衣的朱青色块和写意纹样是一致的。

《地藏十轮经》里说："安忍不动犹如大地，静虑深藏犹如秘藏"，这是地藏菩萨名号的来历。大而化之绘制服饰，写意大地山川，这是担山挑水的隐忍；细而聚之绘制肖像，写实神态样貌，这是事无巨细的精虑。这幅肖像惟妙惟肖，写真如生，让人不禁对背后的画师产生了兴趣，到底是什么人在描画丹青？敦煌研究院的马德对敦煌洞窟的画匠做过总结，他们的称谓分为四类：通称为"良工""巧匠"，专称为"丹青""画人"，尊称为"匠伯""画师"，官称为"知画手""都画匠""画院使"。

敦煌文书P.4660中的一篇，撰于870年的《前沙州释门故索法律智岳邈真赞》里说："贸丹青兮彩邈，笔毫记兮功镌。"我们今天说的"写真"，在敦煌文书里就用来定义敦煌画师的写真肖像，同含义的词汇定义还有"彩邈""邈影""彩真""真影""真形""真仪"，等等。写真作品的词汇定义丰富，侧面反映了写真艺术的卓越成就。

赞赏敦煌洞窟的艺术，就不能不赞赏敦煌画师的艺术水准，无论是青绿山水，还是丹青彩邈，都有其孜孜以求的境界，也正是这些画师，为我们今天的敦煌色彩美学奠定了基础。出于感谢敦煌色彩美学创造者的目的，我花了些气力，

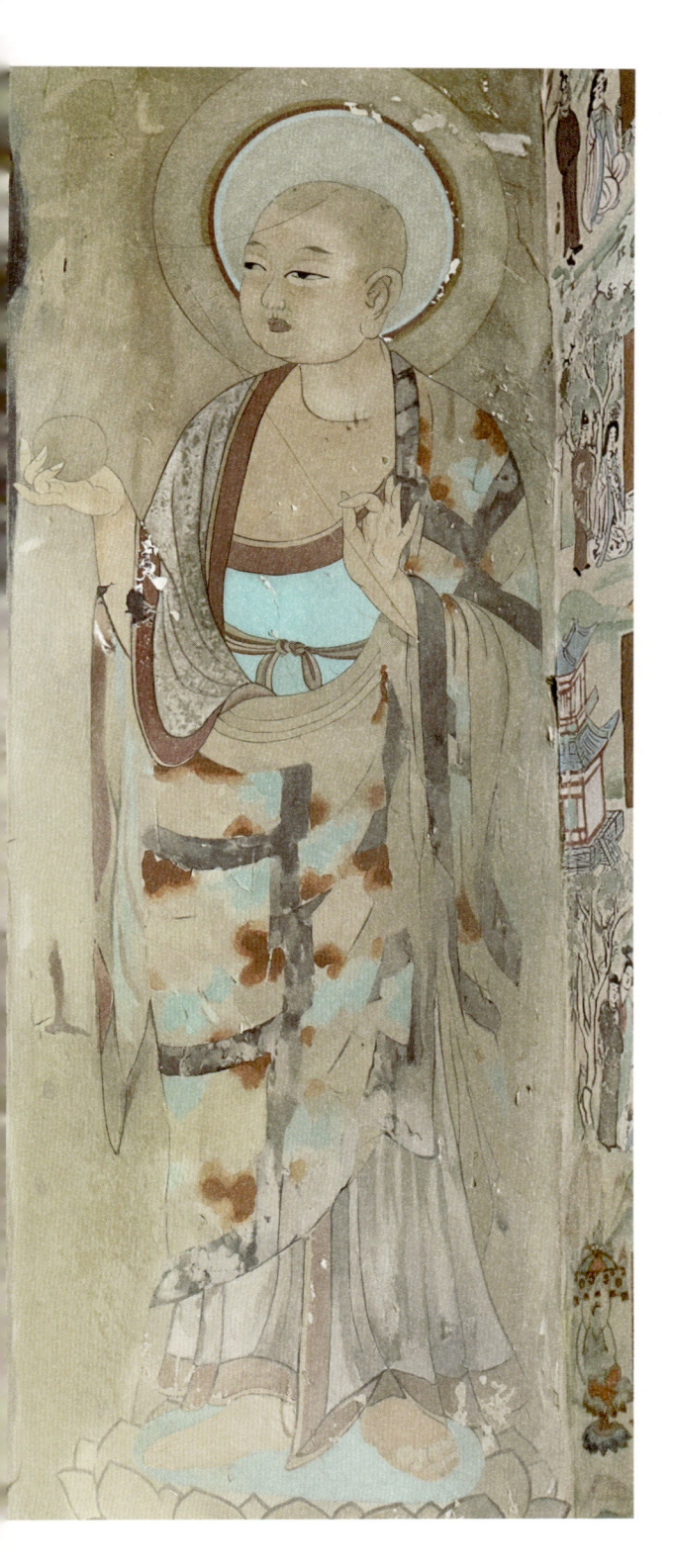

从洞窟字迹和文献遗存来搜集敦煌画师的姓名,在本书附录的前面,特意留了一个"敦煌画师名录"单独页面,致敬他们,致敬他们笔下的色彩。

敦煌文书S.3929《节度押衙董保德建造兰若功德颂》里说:"厥有节度押衙知画行都料董保德等,谦和作志,温雅为怀,守君子之清风,蕴淑人之励节,故得丹青增妙,粉墨希奇。手迹及于僧繇,笔势邻于曹氏。画蝇如活,佛铺妙越于前贤;邈影如生,圣会雅超于后哲。而又经文粗晓,礼乐兼精,实佐代之良工,乃明时之膺世。"这个记载提到"董保德"这个名字,董画师跻身"节度押衙""知画行都料"的职位,凭借"丹青增妙""粉墨希奇"的画技,抵达"画蝇如活""邈影如生"的高度,尤为难得的是"经文粗晓""礼乐兼精",用当下的话说是:艺术功底和文化功底都很扎实。

四七 绀发翠眉

盛唐 莫高窟第45窟南壁《观音经变》局部

莫高窟第45窟的阿难身上没有紫袈裟，"紫色问题"的答案没有找到，当时我对于马上找到答案不抱希望了。我正在凝神端详南壁的观音菩萨时，眼神无意间瞟向菩萨的右侧，也就是南壁观音经变的西侧，于纷杂人物中，赫然出现外着紫色宽大披帛，内穿红色广袖襦衫的唐代丰盈女子，她是观音菩萨的三十三个化身之一。这里，紫色分明得不容怀疑，紫与红的相互参照更加证实紫色的真实存在。"紫色问题"的答案就这么找到了。

太容易获得的答案并没有满足我的好奇心，走进后来的每一个洞窟，"紫色问题"萦绕在我心里，在幽幽暗暗反反复复中，没有消散。紫色在敦煌的存在，眼见为实，耳听为虚。"虚"的记载，我也饶有兴趣，敦煌文书P.3644中《店铺招徕叫卖口号二首》里说："市上买取新袄，街头易得紫绫衫。""易得"二字，道出紫色服饰在敦煌的流行，色彩流行趋势反映到壁画艺术创作中，文书与壁画互为佐证。

紫衣女子的东侧，南壁中心的观音菩萨，端庄慈祥，面容白皙，丹唇吐焰，翠眉入鬓，绀发垂肩，青、红二色搭配天衣披帛，明艳而不俗气。观音菩萨有翠眉，这是佛教东传后的中原化遗产，始于六朝，而同时代的道教经典《太上大道玉清经》描述大王重光出世："坐立如山，行如龙步，侧卧东首，四肢半伸，绀发翠眉，目开日角，光含紫映。"翠眉和绀发，俨然成了神异相貌的通用符号。

天宝八年（749年），诗人岑参前往西域都护府，途经沙州，就是今天的敦煌，他写下《敦煌太守后庭歌》，表达他接受太守宴请的欢乐："城头月出星满天，曲房置酒张锦筵。美人红妆色正鲜，侧垂高髻插金钿。"至德元年（756年），他途经沙州以西的玉门关，写下《玉门关盖将军歌》，他不仅夸赞河西兵马健盖庭伦将军的威猛，也再次记录了将军宴请中当地女子的妆容："美人一双闲且都，朱唇翠眉映明眸。"贤淑美好的女子啊，红唇、翠眉衬托她们明亮的眼睛。从这个记录看，翠眉是当时敦煌女性的真实妆容。

观音菩萨也有绀发，但不是螺旋状，而是波浪式，垂肩披散两旁。绀色源自青金石的颜色，高等级的神灵出现绀发，应该从中原追溯到古印度，古印度是受到古希腊的影响，这是亚历山大东征后的希腊化遗产。在古希腊的《荷马史诗》里，天神宙斯和天后赫拉的眉毛，酒神狄俄尼索斯和海神波塞冬的头发，都是这种颜色。无独有偶，在古埃及的文献、壁画、雕塑中，冥王奥里西斯、太阳神拉、鹰头神荷鲁斯的头发也是这种颜色，而且他们在人世间的追随者，像法老图坦卡蒙和他的王后，直接用青金石色来绘制面具的头巾、眉毛、眼线、胡须部分。

天衣披帛的配色选择青、红二色，并不止于45窟的观音菩萨，敦煌洞窟的唐代观音多是这两种亮色，甚至更加缤纷和明艳，而到了元代，观音基本都是"白衣大士"了。中原地区的观音服色，正是在唐代以后开始转成白色，宋代的《宣和画谱》里记录宋徽宗收藏的五代画家杜子瑰所绘佛教图像，其中有"白色观音像一"。从世俗化的亮色，走到神圣化的白色，这是观音菩萨走向高等级的接受过程。《妙法莲华经·观世音菩萨普门品》里说："佛告无尽意菩萨：'善男子，若有无量百千万亿众生受诸苦恼，闻是观世音菩萨，一心称名，观世音菩萨即时观其音声，皆得解脱。'"《普门品》里还说："受持观世音菩萨名号，得如是无量无边福德之利。"

不读佛经，就无法更好地理解敦煌洞窟的存在本质，包括它的色彩。然而，我并不是佛教徒，在读佛经的时候，我更关心其中透露出的人类心智，人类如何在心智层面自我成长，如何突破自然法则。自然法则带给人类生老病死，也带给人类爱恨情仇，佛经正是挑战了这一系列的天赋的法则，训导众生，做到无视生老病死、爱恨情仇，与其说这是教义原旨，不如说这是心理建设。美国普林斯顿大学的罗伯特·赖特（Robert Wright）是这么认为的，他有一堂著名的公开课《佛学与现代心理学》，当我通过网络学习这个7小时的课程时，我住在普林斯顿大学门外一街之隔的一家老旅馆里。前面的15节文字也是在这家老旅馆里完成的，本来是旅行途中的偶然，但罗伯特·赖特建立了我跟对面大学的"紧密联系"，或许这就是佛经里讲的"因缘和合"。

四八 大小青绿

盛唐 莫高窟第103窟南壁西侧《法华经变》局部

其实，普林斯顿大学与敦煌有很深的渊源。1943年，时任国民政府中央通讯社摄影部主任的罗寄梅前往敦煌，历时18个月拍摄莫高窟、榆林窟，获得了3000余张高品质的石窟照片，这批照片被称为"罗氏档案"，普林斯顿大学收藏了这批珍贵的敦煌影像资料。

我去普林斯顿的时候，"罗氏档案"正好编辑完成，以极高品质的印刷标准出版了，中文译名是《观象敦煌》。这套9本的图册价格不菲，又因为照片是黑白的，我没入手，但我知道敦煌研究院的赵声良访学过普林斯顿大学，与这批影像资料的编目工作相关。

赵声良对敦煌美学颇有造诣，他说："唐代山水画基本上是绘于墙壁的，以青绿重色为主，风格华丽灿烂，中晚唐开始出现水墨山水，但并非主流。"青绿山水，发轫于六朝，成熟于隋唐，复兴于宋元，所以我们知道的展子虔《游春图》、李思训《江帆楼阁图》是青绿山水的成熟期，王希孟《千里江山图》是复兴期。同样是青绿山水，莫高窟第217窟南壁西侧经变的"高绿下赭"，可看作同时期李思训的设色技法在壁画材质上的表现；103窟南壁西侧经变，则呈现大青绿向小青绿的过渡趋势。

什么是"大小青绿"？唐代画论里并没有"青绿山水"这个词，因为主流山水画就是青绿，没必要再去强调这两个字。作为主流的青绿山水，繁复而工整，重彩而浓艳，这就是"大青绿"。如果画家试图直抒胸臆地表达"闲适"或者淋漓尽致地表达"愉悦"，大青绿的技法就显得过于规矩、有点碍事了。王维开始尝试以水墨入山水画之后，山水画发生了变化，这个变化并不是水墨马上代替青绿成为山水画的主流，而是青绿和水墨的色彩发生了调和，青绿设色趋向水墨的审美诉求和艺术准则，像我们今天看到王维的《辋川图》摹本或者《山阴图》藏本，色彩由浓艳转而淡雅，这就是"小青绿"。

103窟南壁西侧经变，技法在大青绿、小青绿之间，色彩在浓艳、淡雅之间，只能说有小青绿的眉眼，却还没长成小青绿。在小青绿成熟之前，青绿山水大概是这种模样。在小青

绿之后，山水画还有"浅绛"接续。小青绿、浅绛各自代表了宋、元两代山水画的色彩观念。

色彩是跟着观念走的，之所以出现大青绿、小青绿、浅绛、水墨的色彩趋势，就是观念发生了变化。对此，李泽厚在他的《从"有"的实像到"无"的空灵》里说："经过佛学、玄学的浸染，中国艺术的哲学意味有了一个极

大的转变：由满实而为空灵，由繁复而为简淡，由火热的情感奔流而为幽静、抽象的哲学沉思。"空灵、简淡、幽静，在王维的《山中》表现为若有若无的色彩观察："荆溪白石出，天寒红叶稀。山路元无雨，空翠湿人衣。"如果将此诗奉作小青绿的设色技法，亦不为过。

四九 靛光紫气

中唐 莫高窟第23窟西壁龛内北侧天王、菩萨

在莫高窟第23窟，我又发现了"紫色问题"的新线索。西壁龛内的七身塑像均是清代重塑的，色彩俗艳，我是不情愿注目的。眼神慌忙望向塑像背后，视线隔碍，光线幽暗，却在北侧壁面上撞见三张"紫色大脸"，因为其肤色比较突兀，与服饰色格格不入，所以颇为惊骇，反反复复辨认了一番，方才断定自己没有看错。

当时出了23窟，我急忙奔回住处，为了"上洞子"方便，那次我住在研究院的招待所"莫高山庄"，离洞窟不过千米之遥。急奔是为了找我行李里随身携带的一本"宝典"，这是本破旧的

老书：1982年出版，敦煌研究院编写的《敦煌石窟内容总录》。这本老书是我心目中的圣物，因为每一个洞窟的内容在书里写得清清楚楚。果然，23窟的这三张"紫色大脸"也有记录："北壁存中唐画天王一身、菩萨二身（近代重描）。"这是说，三张大脸是一位天王和两位菩萨，画像是中唐时期追加的（尽管23窟是盛唐时期的洞窟），但他们的色彩在近代重新描绘过一遍。

色彩重描的话，为什么脸部有不一样的颜色？又为什么使用紫色？接踵而来的问题憋了我挺长时间，查找僵化的书面资料是找不到这种答案的。直到"挺长时间"之后，遇到敦煌研究院的摄影家和研究员孙志军，我才豁然开朗。孙志军数十年坚守在洞窟一线拍摄图像，我们看到的很多敦煌图片都出自他手，某种程度上他宛如"行走的敦煌图像数据库"。当我跟他提出上面的问题，他回答："这应该与捻纸有关。在莫高窟未进入正规管理之前，许多壁画被涂色，或以颜色描边，目的是获取画稿，那时对壁画破坏的认识没那么深刻。"

孙说的"捻纸"，实际上是敦煌画师使用的纸质复制模板，模板的目的不是复制画面的色彩，而是复制画面的线条，复制线条到纸质模板上，就意味着画师可以方便、准确地将画面从一个空间重现到另一个空间，这种模板又称作"粉本"。为了便于保存粉本，通常是多层纸张制成厚一点的纸板。有关粉本的著述和论文，并不稀罕，其中粉本的使用方法都讲得很清楚，譬如日本学者井上豪说："沿着白描画的描线开了许多的小洞，把这个板覆盖到壁面上，然后从上面涂上黑色或者红色的话，壁面上就有了图像的点描临摹。"这样做的好处是"不需要特地去临摹轮廓，只需将粉本覆盖上，用墨水一甩，一瞬间就能再现复杂难画的眼睛或嘴巴的形状"。

著述和论文里没有说清楚的是：粉本是怎么来的？拿来一张白纸，丹青妙手直接勾画形象，遂成世代流传的复制模板，这当然是成立的。孙的说法提醒我：存在另一种粉本的制作方法，那就是"粉本本身也是复制出来的"。这恰恰也解释了色彩重描"为什么脸部有不一样的颜色"，因为画师需要将"复杂难画的眼睛或嘴巴的形状"复制下来。这个复制的方法是画师将可以在纸上着色的颜料涂抹在壁画上，但要留出眼睛或嘴巴形状的空白线条，当纸张覆盖到壁画上去拓印时，就可以得到颜料间的轮廓白线，这种精确复刻就从既有的壁画上提取到新的粉本。

千年积淀，敦煌洞窟里绘画的精妙甚多，毕竟，提取比原创更容易。至于"为什么使用紫色"，我个人的看法是使用了蓝靛，蓝靛来自蓝草，蓝草里不仅有蓝靛色素，还有靛玉红色素，不同的制作工艺中，红色素的显色不一样，这也是蓝靛通常会隐隐带着红色的原因，蓝里透红，看起来像是紫。如果仔细观察"紫色大脸"，确实可以发现局部红色比较明显。对此，孙的看法似乎更有见地："这是一种植物染料，类似蓝靛，来源可能是当地的植物，譬如敦煌有桑树，桑葚也可能制出这种颜色的颜料。"蓝靛是中原的物产，敦煌可能有自己因地制宜的法子，这是孙的见地。在有机会对"紫色大脸"进行实地检测之前，颜料的来源都只能是推测，孙和我最后达成一致的认知是："这三张脸是蓝色，不是紫色。即使看起来像紫色，也不过是蓝里透红的视觉错觉。"

真正存在的证据是"紫色染料"的存在，前面提过的敦煌文书 P.3644 中《店铺招徕叫卖口号二首》，其中记载某乙铺上的货物有"白矾皂矾，紫草苏芳"。从文献里看，紫草应该是贩运自陇西或西域，苏芳则来自更远的扶南、林邑。关于它们二者染紫的工艺，宋代的赵彦卫在《云麓漫钞》里说："先染作青，徐以紫草加染，谓之油紫。"先以蓝靛染底色，再以紫草套染，就可以得到暗紫色。明代的宋应星在《天工开物》里说："紫色，苏木为地，青矾尚之。"苏木就是苏芳，青矾就是皂矾，以苏木作染液，再以青矾作媒染剂，就可以得到紫色染料。紫色染料如果用于壁画，也就成了紫色颜料。紫色从来不易得，紫色问题的答案也不是容易究底的。

五十 敷绿填黄

中唐 莫高窟第158窟东壁南侧
《思益梵天问经变》局部

色彩是跟着观念走的,观念是跟着时代走的。705年,中宗李显即位,复"武周"回"李唐",敦煌进入了76年的盛唐时期;781年,吐蕃攻占敦煌,敦煌进入了66年的中唐时期。

武则天之后的盛唐,标志是"开元盛世"。《资治通鉴》里说:"自(长安)安远门西尽唐境万二千里……闾阎相望,桑麻翳野,天下称富庶者无如陇右。"从长安到四镇,繁荣富庶,陇右尤盛。提起盛唐的盛世,我们通常说物质基础的强盛,那么思想基础是不是也同样强盛呢?

探讨这个"思想观念"问题,我们不妨回顾一下武则天的

如是我见

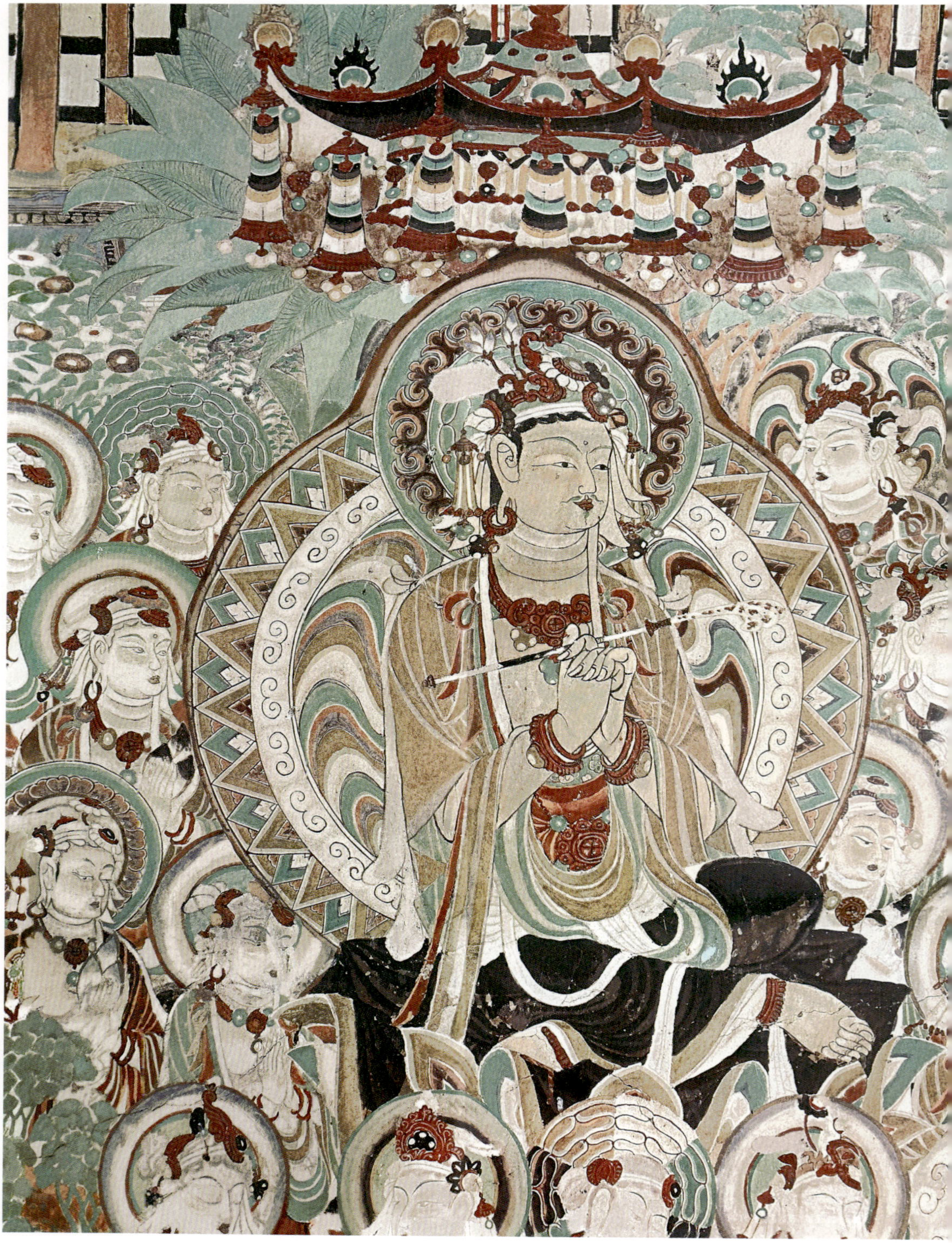

"遗产"。武则天是大唐历史的异数，历史有偶然性，但统治者的施政却有其必然性。作为异数，为了抗衡传统精英政治，武则天选择了佛教作为国家意识形态的基石。传统精英政治是基于关中军阀集团、门阀贵族集团的，所以武则天大力倡导"众生平等"的佛教，来对抗"精英至上"。在统治者的庇护和推行下，佛教的大流行、大流动带来两大成果：其一，佛教深入触及世俗生活；其二，帝国和平接纳西域文明。因此，武周时代的思想观念是开放的、张扬的，所以，我们看到初唐，乃至盛唐的色彩是彩芒辉熠、五色氤氲。

玄宗伊始，权力中枢回到传统精英阶层，"去武则天化"的结果，就是思想观念从开放逐渐转向封闭，大唐从一个世界性的帝国逐渐转向区域性的帝国。755年爆发的安史之乱，终结了盛唐气象，同时推动了佛教与武人阶层的融合，这种融合是以禅宗为代表的。所以，色彩由盛唐的王维初试小青绿，彻底转入中唐的朴实无华、清新淡雅。

莫高窟第158窟东壁南侧经变，主色彩是石绿、土黄，略施朱赭，敷彩洗练，填色简洁，平平稳稳地托出一幅梵天、菩萨请问佛法的场面。这个画面描述的《思益梵天问经》，讲思益梵天在王舍城竹林，与迦叶、舍利弗、帝释天、网明菩萨等向释迦佛提出种种疑问，佛一一予以解答。《思益经》里说："诸法平等，无有往来，无出生死，无入涅槃。"世界的本来面目就是迁流无常、空空如也。禅宗在树立自己的法理时，充分吸收了《思益经》的这种思想观念。

禅宗以前，佛教更多与文人阶层、平民阶层结合，安史之乱后武人崛起，佛教开始与武人阶层融合，武人知生死无常，武人重直截了当，武人甚至粗鲁无文，这些特质统统融入了禅宗。中唐的敦煌，蕃汉两族共创新格局，禅宗的影响力有增无减，表现在色彩上，敷色填彩去掉了之前的浮华，而变得平铺直叙，色调轻快。

五一 素面朝天

盛唐 榆林窟第25窟北壁东侧《弥勒下生经变》局部

榆林窟位于安西的西南山谷里,洞窟开凿在踏实河的东西两岸,始于初唐,兴盛于吐蕃占领时期,终于元代,前后历时750年左右。目前榆林窟归属敦煌研究院管理,可以看作敦煌的重要分支。

通史的分期,755年安史之乱,就进入了中唐;敦煌的分期,略有不同,781年吐蕃攻占敦煌,才算进入了中唐。吐蕃的进攻,沿着河西走

廊从东往西，甘州（张掖）、肃州（酒泉）、瓜州（安西）、沙州（敦煌）是依次陷落的。榆林窟第25窟的营造是在瓜州陷落到沙州陷落之间，大约776年到781年，所以，按敦煌的分期算，25窟是盛唐的洞窟，而不是中唐。尽管分期如此，25窟是吐蕃占领时期营造的，是蕃汉两族共创敦煌艺术的代表，所以我心目中还是把它当作偏近中唐的洞窟来看的，至少说是盛唐的吐蕃时期洞窟。

25窟的色彩，不似盛唐的金碧辉煌，从北壁东侧经变看，粉白作墙壁底色，石绿作画面主色，色彩偏向清雅。这个画面是《弥勒下生经变》中的"弥勒三会"，居中蓝色顶发的弥勒佛着矢色袈裟，左右胁侍的法苑林菩萨、大妙相菩萨着蓝绿色袈裟，后面端立托塔的毗沙门天王、执枪的毗琉璃天王和龙王。我特别注意到佛、菩萨、天王、龙王的面部色彩，佛的面部大部已经变色发黑，菩萨和天王是素面朝天，龙王的面部色彩如初。

敦煌研究院李最雄讲过："莫高窟唐代壁画和彩塑的红色颜料，在初唐、盛唐和中唐时期，都以朱砂为主。但是，从初唐到中唐，铅丹的应用逐渐增多，初唐时期铅丹的使用非常少，盛唐、中唐时期，铅丹的使用明显增多，而且较多地使用了铅丹和朱砂、铅丹和土红的混合红色颜料。"佛、龙王的面部色彩比较接近于"铅丹和朱砂、铅丹和土红的混合红色颜料"。佛的面部和颈部未变色部分，橘红色比较深，说明颜料里的铅丹含量比较大，所以面部的大部分发生了变色。龙王的面部，大部分呈现比较浅的橘红色，高光处呈现浅肉色，深浅过渡自然逼真，这是很典型的中原晕染法。少量铅丹的混入，并不会导致变色发黑，这在龙王的面部上得到了印证。

相比于佛和龙王的面部橘红色晕染，菩萨和天王都是素面不加晕饰，素面朝天已经成为这个时期的主要面部色彩特征，面部洁白如玉，更似天国人物。粉壁、白面，其颜料大多来自石膏、白垩、方解石、滑石等白色物质。在莫高窟第112窟，白色颜料出现过云母粉，云母粉的晶亮，对于面部肌肤的增亮和莹润有明显效果，这是素肌美颜的高级应用。

五二 三如法色

盛唐 榆林窟第25窟北壁东侧《弥勒下生经变》局部

榆林窟第25窟北壁经变是《弥勒下生经变》，东侧下部为"弥勒三会"，这个画面也是"三会"的组成部分，四位高僧身披袈裟趺坐于桌案后，其右就是侧向高坐的弥勒佛。"三会"讲的是梵摩越王女领悟人生无常，率领宫娥彩女削发为尼，四位高僧是见证人。

四位高僧是"尊证阿阇梨"，就是见证比丘和比丘尼们受戒仪式的人。此处讲的是古印度的故事，画的却是大唐的场景，四僧素面如玉，圆阔朗润，仪表不俗，而身上袈裟更是缤纷而素雅，质地高贵。

我在25窟的时候，眼神是被吸引过去的，当时就想看清楚四僧的服饰配搭。右一的僧人着蓝

色田相山水衲衣，右二着朱、墨色衲衣，左二着褐、绿色衲衣，左一着碧、朱色衲衣。色相杂错，是为缤纷；色调稳重，是为素雅。缤纷、素雅，本是对立，放在一起，却正好是四僧袈裟的配色感受。

道理上，既然四僧是辈分高的尊证，四僧袈裟的色彩应该不出律法的规定，那么这些色彩是符合规定的吗？前面我们讲过，青、黑、木兰是律法的三种规定色。木兰色是红褐色，青是铜青色，黑是泥色，统称为"三种坏色"。坏色的意思是"颜色不正，不美而浊"，四僧袈裟的色调确是稳重而暗浊。如果比对"三种坏色"，左二的泛红褐色即是木兰色，左一、右一出现蓝、碧二色，当是摹仿铜青色，右二的不净墨色即是泥色——缤纷不出"三如法色"，素雅才入"正法眼藏"。

25窟是"蕃汉两族共创"，这里场景说是大唐的，为何不是吐蕃的？答案是从服饰得出的，唐风还是蕃风，看袈裟的式样和质地便知。实际上，吐蕃远远达不到大唐的织物质地。727年，吐蕃曾攻陷过一次瓜州，这个事件记录在敦煌的藏文文献P.T.1287《吐蕃赞普传记》里，墀德赞普带走了大批瓜州僧人，回到吐蕃的札玛地方，照着瓜州寺院仿建了一个"瓜州寺"，这批瓜州僧人充塞到"瓜州寺"，由此汉地与藏地多了一重纽带。文献里说："彼时唐朝国威远震，北境突厥等亦归聚于唐，（西）直至大食国以下，均为唐廷辖土。唐地财富丰饶，于西部各地聚集之财宝，贮之于瓜州者，均在吐蕃攻陷之后截获。"727年吐蕃的进攻，劫掠人口和财物是主要目标，当时吐蕃还没有长期占领的能力。这些财物当中，特别值得注意的是："赞普得以获大量财物，民庶、黔首普遍均能穿着唐人上好绢帛矣。"大唐的织物是吐蕃人平时得不到、穿不上的好东西。

五二 骍牛幽牛

盛唐 榆林窟第 25 窟北壁西侧《弥勒下生经变》局部

榆林窟第 25 窟北壁《弥勒下生经变》的主体画"弥勒三会"西侧，穿插着想象的弥勒世界的种和美好事物。《佛说弥勒下生成佛经》里说："果树香树，充满国内。尔时阎浮提中，常有好香，譬如香山，流水美好，味甘除患，雨泽随时，谷稼滋茂，不生草秽，一种七获，用功甚少，所收甚多，食之香美，气力充实。"这个画面就是根据上述经文绘制的"一种七收"，在弥勒世界，播种一次，收获七次，人民安居乐业、衣食无忧。

画面中，一绿衣男子头戴斗笠，双手扶犁，正在犁地。两头健硕的耕牛，其一赤黄，其一幽黑，拉犁前行，采用的是汉代以来"二牛抬杠"的农作方式，唐人延续了前人的经验。因为我之前关注过"上古的人们怎么定义牛的毛色"，

所以，这两头牛的毛色让我有所联想。

学者汪涛写过一本《颜色与祭祀：中国古代文化中颜色涵义探幽》，其中整理了商代在祭祀和重大场合所使用的各种牛，从甲骨文中提取了"骍""戠""黄""幽""黑"等文字，这都是牛的毛色。黄牛出现在祭祀方社（土地神）的场合，骍牛、戠牛、幽牛、黑牛出现在祭祀祖先的场合，对于不同毛色的牛，上古的人们有如此细致的观察、如此讲究的使用，这是蛮有意思的。

如果按照甲骨文的文字，画面上两头牛的毛色，其一应该是"骍"，其一应该是"幽"。"骍"在甲骨文里写作 ᛘ。这个字形，上部代表"羊"，下部代表"牛"，这都是商代祭祀中常见的牺牲，"骍"主要指赤黄色的牛，也有指赤黄色的马。甲骨卜辞的记录说："丙午卜，贞：康祖丁礿，其牢，骍。""登骍牛，大乙白牛，叀元。""幽"在甲骨文里写作 ᛘ。这个字形，上部代表"两条纽结的丝线"，下部代表"火"。甲骨文中也出现没有下部的火，而仅是上部一条丝线的字形，释读为"玄"；还出现没有下部的火，而仅是上部两条丝线的字形，释读为"兹"。"玄"和"兹"在后世词典中都有幽黑的意思，其源头和"幽"是一致的。我们知道"玄"并不是纯粹的黑，而是黑色透出一点红，同样，"幽"的色相是黑中透点红。甲骨卜辞的记录说："卜，小乙卯，叀幽牛，王受祐，吉。""叀幽牛，又黄牛。"

我睁大眼睛去辨认过两头牛的颜色，幽黑的那头牛还真是"黑色透出一点红"，说它是幽牛，色相是高度吻合的。我并不认为画师知道"骍牛""幽牛"，这是偶然巧合，探究这种因缘和合里的玄妙，也让我开心。

五四 涵碧沧浪

盛唐 榆林窟第25窟东壁北侧药师佛

开成三年（838年），日本和尚圆仁从博多湾上船，跟随第19次遣唐使团，入唐求法，这是日本最后一次向大唐派出使团。大中元年（847年），圆仁返回日本。在大唐的十年，他写了日记体的《入唐求法巡礼行记》，这里面记载了中唐时期的许多珍贵史料。

圆仁在路过山东邹平的醴泉寺时，当天他记录了："礼拜志公和尚影，在琉璃殿内安置。户柱阶砌皆用碧石构作，宝幡奇彩，尽世珍奇，铺列殿里。"当我看到这个记录时，吸引我的是琉璃殿"皆用碧石构作"，碧石琉璃殿，这是何等尊崇的建筑色彩奇观。

对琉璃的尊崇，出自佛国极乐世界的想象。从现实世界挣脱，出路有三个：一个是弥勒世界，主持人是弥勒佛；一个是西方净土世界，主持人是阿弥陀佛；另一个是东方琉璃世界，主持人是药师佛。药师佛是"药师琉璃光如来"的简称，《药师琉璃光七佛本愿功德经》里说："彼药师琉璃光如来得菩提时，由本愿力观诸有情遇众病苦——瘦疟、干消、黄热等病，或被魇魅蛊道所中，或复短命，或时横死，欲令是等病苦消除，所求愿满，时彼世尊入三摩地，名曰灭除一切众生苦恼。"手中药钵，成为药师佛的符号，消除病苦是他的崇高使命。《药师经》里说他的形象是"身如琉璃内外清彻"，佛身到底是一种什么颜色呢？

遍查诸经，终于找到明证。《净琉璃净土摽》里说："药师琉璃光如来，通身浅碧色。"榆林窟第25窟东壁北侧的药师佛，其头光、佛发的配色安排正是出于此。药师佛的头光内侧圆使用很标准的浅碧色，这个配色绝对不是出于无心，而是熟悉上述经文的画师所为；头光外侧圆，

佛发使用偏黄的绿色。浅碧色和黄绿色的配色安排，使用了"类似色"技巧，一是烘托内侧光圈的浅碧色亮度，使其形成聚焦，二是调和佛像头部的配色，使其达到协调。不同色相、不同亮度的类似色组合，正是产生"平和之美"的配色技巧，画师可谓有心。之所以是头光的浅碧色，而不是身体的浅碧色，我猜测画师还是顾虑了世俗所能接受的色彩观念，佛身的肤色采用了当时通行的粉白。

回日本后，圆仁成为京都附近比睿山延历寺的第三代座主，发扬光大了日本天台宗，日本天台宗的密教修行就是奉药师佛为尊。入唐求法的日本高僧，无一不经历了海上旅程的惊涛骇浪，圆仁到山东就是遇风浪而被迫登陆。怒涛颠簸中，圆仁的心里一定存有药师佛的身影，碧色的佛身与碧波万顷的大海所幻化的东方琉璃世界的光影，安抚过圆仁的内心吧。最好的修行是经历，圆仁的内心后来应该波澜不惊，在比睿山的林海里禅坐静观，所谓骇浪，所谓怒涛，回首看作"水轩涵碧真沧浪，松阴坐展千琳琅"。

晚唐 莫高窟第156窟南壁西侧《张议潮统军出行》局部

五五 碧波逐水

敦煌的吐蕃占领时期，持续到大中二年（848年），这一年沙州土豪张议潮率众起义，收复了沙州，敦煌进入了日暮西山的晚唐时期。

起义军一鼓作气，接连收复失地，河西走廊的吐蕃势力被清除了。大中五年（851年），张议潮向唐朝中央政府派出使节，《新唐书》记载："沙州人张义潮以瓜、沙、伊、肃、鄯、甘、河、西、兰、岷、廓十一州归于有司。"中央政府对此是持欢迎态度的。《唐会要》记载："至十一月，除义潮检校吏部尚书兼金吾大将军，充归义节度，河、沙、甘、肃、伊、西等十一州管内观察使，仍许于京中置邸舍。"张议潮被封为"归义军节度使"，管理包括敦煌在内的11个州。

无疑，张议潮是位英雄人物。敦煌文书P.3620中的一篇《无名歌》出自16岁的"学生张议

潮"之手，此诗中云："去去如同不系舟，随波逐水泛长流。漂泊已经千里外，谁人不带两乡愁。"少年壮志的张议潮，怒火在燃烧，怒斥严苛的统治者使得百姓离乡背井、漂泊无依。

莫高窟第156窟南壁西侧的《张议潮统军出行》，描绘的是他作为归义军节度使的盛大出行，仪仗队的大幅场景从右往左展开，这个画面在右端起首。领头是击鼓手、吹角手各二人，他们是行军乐队成员，其中身着团花碧蓝底色衣的吹角手很惹眼。紧接是举旗持槊的轻装骑兵五人，均身着海蓝色横条饰铠甲。再后是苍苍衣导引官。仪仗队行走的地面，以碧蓝色勾画，显得与众不同。

当时，站在这个画面前，我几乎无法凝神去辨别内容，这些碧蓝、苍蓝、海蓝，搞得我心神不定。也许是我对颜色太敏感了，我恍惚觉得他们不是行走在坚实的大地，而是漂浮在逐浪的大海，海蓝色横条饰铠甲甚至让我想起了海魂衫。我知道这些只是我的错觉，事实并非如此。

事实上，归义军节度使张议潮的攻势不减，咸通二年（861年）收复凉州，至此他的势力已经扩张到河西走廊的东口。这次，中央政府并没有把凉州节度使授予张议潮，毕竟他驱逐吐蕃和势力东扩是喜忧参半，尽管张议潮占据了凉州，但他的"名义势力范围"被限制在凉州以西的归义军领地。《资治通鉴》记载："归义节度使张义潮入朝，以为右神武统军，命其族子淮深守归义。"这是咸通八年（867年）的事情，张议潮入长安做人质，其侄子张淮深接管了归义军领地。出生在沙州的他，这次也是"漂泊已经千里外"，直到咸通十三年（872年），张议潮在长安溘然长逝，再也没有回过沙州。

谁的人生不是"去去如同不系舟"呢？开始想的是"碧波逐水"，最后却是无奈付与长流。

五六 黄面瞿昙

晚唐 莫高窟第156窟南壁西侧《思益梵天问经变》局部

《张议潮统军出行》的上方，就是《思益梵天问经变》，这个画面是经变中的伎乐场景。敦煌洞窟里的伎乐场景，始于隋代，兴于唐代，中唐时期达到高峰。以佛教信仰为主题的敦煌洞窟，为什么会出现这么多的伎乐？这个问题，不仅咱们会问，连古印度的修行者也会问。《大智度论》里说："问曰：诸佛贤圣是离欲人，则不须音乐歌舞，何以伎乐供养？答曰：诸佛虽于一切法中心无所著，于世间法尽无所须；诸佛怜愍众生故出世，应随供养者，令随愿得福故受。"龙树菩萨的回答是：诸佛享受伎乐是与众生共情，众生有意供养伎乐，就随大家的意愿吧。

可能是怕这个回答不能令提问者满意，后面还有补充："是菩萨欲净佛土故，求好音声，欲使国土中众生闻好音声，其心柔软，心柔软故，易可受化，是故以音声因缘而供养佛。"这就更

有说服力了：伎乐好声音，柔化众生心，信仰之路更好走。这样以理服人，伎乐也是顺理成章。

好色彩比好声音更能激发我的兴趣。这个画面的色彩，最强烈的视觉来自大面积的土黄色，乐师、舞伎的面孔、皮肤都是土黄色的。土黄的颜色来自黄赭石，学名称作"褐铁矿"的黄赭石可以制作土黄色颜料。相对于莫高窟前面宕泉河里的澄板土，黄赭石的色相偏黄一些，澄板土的色相偏灰一些，这两者在敦煌都是基本的矿物颜料。

说起"黄面孔"，佛经里的专有词叫"黄面瞿昙"。释迦牟尼在出家苦修之前是乔达摩·悉达多王子，乔达摩是他的姓氏，也译作"瞿昙"。佛祖被称作黄面孔是怎么回事？《萨遮迦大经》里说："时有诸人见我如是，有作斯念：沙门瞿昙是黑色。有作斯念：沙门瞿昙非黑色，乃是褐色。有作斯念：沙门瞿昙非黑色，亦非褐色，沙门瞿昙是黄金色。"悉达多王子连夜出城后，经历了六年的苦修，这使得他面黄肌瘦，以至于见到他的人，吃不准他是黑皮肤还是褐皮肤，出于尊敬，还是说他的皮肤是金子的黄色吧。

伎乐中的乐师，20人的规模，够得上宫廷乐队了；伎乐中的舞伎，舞姿曼妙，若以宫廷舞蹈论，服饰还可以更讲究。《通典》里介绍唐代宫廷音乐，说到排名第一的作品《燕乐》，第一曲《景云乐》舞伎要穿花锦袍，第二曲《庆善乐》穿紫绫袍，第三曲《破阵乐》穿绯绫袍，第四曲《承天乐》穿紫袍，服色的规矩无处不在。

谈论色彩是我的偏执，宋代的释师范批评我这种人，他说："黄面瞿昙徒自说黄道黑，胡须达磨何须历魏游梁。长忆江南二三月，鹧鸪啼处百花香。"总想着佛祖的肤色是黄是黑，不如想想百花香鹧鸪飞，师范先生所言极是。

五七 千佛名色

晚唐 莫高窟第196窟窟顶北披千佛

在北魏、隋代、初唐都讲到了千佛，到了晚唐继续讲千佛，因为这是一以贯之的敦煌图像符号。如果要给色彩这个事情归纳个学科类别，归属到美学或者图像学，都是成立的，所以我是紧盯着图像符号的。

莫高窟第196窟的千佛是个图像符号的典型，不仅有幻色光阵，而且有名号榜题。千佛的名号出自《过去庄严劫千佛名经》《现在贤劫千佛名经》《未来星宿劫千佛名经》等经书，这些名号的意义是什么？《大智度论》里说："如过去诸佛，亦但有名字，用是名字可说""复次，众微尘法和合故，有粗法生""是粗法和合有名字生。如能照、能烧，有火名字生"。佛的名号，如同大千世界的各种名号，皆是来自一个认识规律：不可见的微粒子组成可见事物，可见的事物聚合成名号，譬如能照明、能燃烧是可见的事物，聚合成"火"这个名号。

接上面更深入，"名色有故为人，名色是法，人是假名"。聚合成"人"这个名号，更复杂一些，既包含事物的聚合，也包含观念的聚合，可见的事物和可知的观念叫做"名色"，不真实。如此抽象地说了这些，无非想让大家明白：千佛的名号，不过是可见

和可知而成的"名色"，这并不是世界的真相，不信的话可以研究一下不可见的粒子。

说千道万，我不是研究粒子真相的，而是研究色彩真相的。没有哪个洞窟，比196窟的色彩真相更精微，这个结论源于敦煌研究院王旭东辅导的一篇硕士论文《莫高窟196窟壁画保存现状研究》，作者是张亚旭。论文里的精彩在于196窟的色彩样本，检测点位置记录的精微，非其他论文可比，由此，我在"千佛名色"之外更准确地理解了千佛的色相与颜料。这是X射线荧光无损伤的检测结论：检测点2#，位置在"主室北披第三行第八身千佛莲花座"，莲花座的红色颜料为朱砂；检测点3#在"北披南无甘露声佛衣服"，佛衣的红色颜料为土红或铁红；检测点12#在"北披南无龙吼佛衣服"，佛衣的蓝绿色颜料为氯铜矿、蓝铜矾。

查到以上检测结论时，我快乐的心情溢于言表。如果每个洞窟的颜料检测点位置都能如此记录，敦煌色彩的研究可能会进步一大截。检测点3#的土红或铁红是我追加的，因为检测显示的"铁""钙"两种元素指向是赤铁矿（土红），通常赤铁矿的三氧化二铁含量在50%~60%，其

他为含钙、硅的物质，赤铁矿的红色不是很鲜明，以佛衣的红色鲜明度来推测，也有可能是人工合成的绛矾（铁红），绛矾的三氧化二铁含量更高，不含硅，色彩浓。

既然说到"矾"，这里不妨说几句"白矾""胆矾""绛矾""绿矾""黄矾"。这些"矾"与传统色彩息息相关，一方面它们含有不同的金属元素，自古就是植物染色所使用的不同媒染剂，其中的变化，非染色高手不能详尽；另一方面，无色的白矾（明矾）不能作矿物颜料，胆矾、绛矾直接就作为矿物颜料，绿矾、黄矾经过炼制后作矿物颜料。像检测点12#的蓝铜矾，就是胆矾（蓝矾）直接作为颜料，因为含铜，所以显色为蓝色或蓝绿色。宋代的苏颂在《图经本草》里说："色青，见风久则绿，击破其中亦青也。"绛矾，由绿矾（青矾、皂矾、黑矾）炼制而成的人工合成颜料，后面我们会细说，这里先跳过去。黄矾，就是玉门矾石，敦煌出产的这种黄色矾石最有名，五代南唐独孤滔的《丹方鉴源》里说："可制硫黄"，唐代苏敬的《新修本草》里说：可以"染皮"。

宋代苏颂的《图经本草》里说："初生皆石也，采得碎之，煎炼乃成矾。凡有五种，其色各异，白矾、绿矾、黄矾、黑矾、绛矾也。"这话先作为这些"矾"的小总结，矾的故事还会继续。

千佛的故事到此结束，"离诸名色相，实见如来藏"。

五代 莫高窟第61窟背屏南侧上部飞天

五八 红消绿冷

天祐四年（907年），大唐王朝黯然落幕，朱温建立后梁，敦煌进入五代时期。大唐的故事结束了，张议潮创建的归义军的故事却远远没有结束。同光二年（924年），曹议金成为归义军节度使，曹氏五代的归义军后人又统治了敦煌100多年。

此处又有飞天，飞天也是一以贯之的敦煌图像符号。莫高窟第61窟的主室现存内容保持了五代时期的原貌，背屏南侧上部是红、绿主色的飞天。很多的研究都是在琢磨飞天的动作特征，天人的飞翔并没有翅膀的配合，完全凭借上下肢的动作来表现飞行。人间的常识提醒我们，仅靠肢体是无法飞起来的，这是清醒的真实；洞窟的画面唤醒我们，天人的肢体脱离了地心引力，这是奇妙的虚构。在真实与虚构之间，飞天创造了超越现实之美，当我们看到熟悉的肢体在空中自由舞蹈，熟悉的事物发生变化，心理上产生的审美愉悦是带着安全感、带

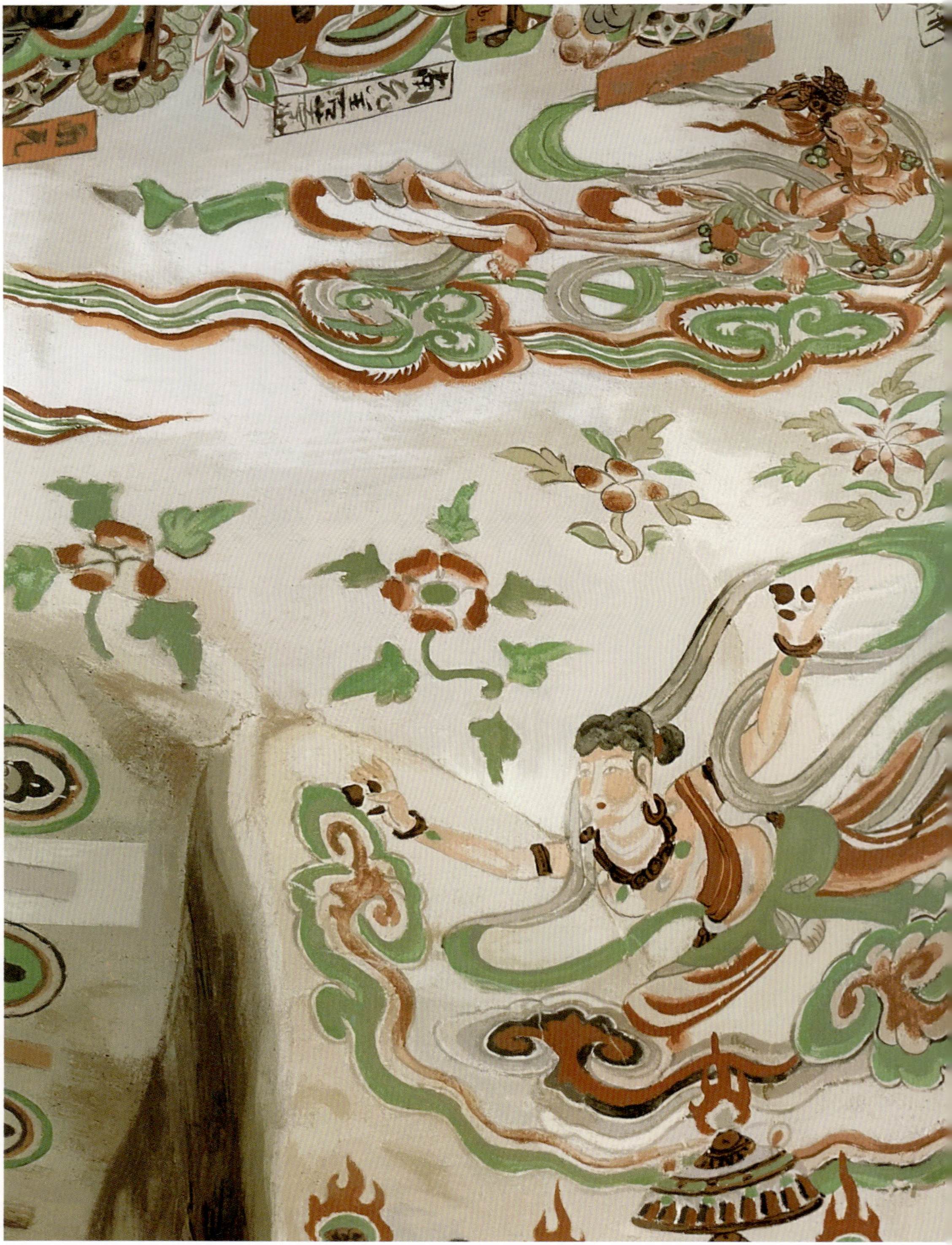

着好奇心的。

以这种审美体验来看飞天的色彩特征，同样可以发现有趣的地方。飞天的主色是明度不高的红、绿二色，我推测它们来自赤铁矿的土红、氯铜矿的铜绿。红和绿，色调一个暖一个冷，无疑是色相的对立，德国的歌德曾经制作过一个色相环，就把这两种颜色放在了180度的直径两端，以表示色相的绝对对立。他在《色彩论》里说："这个色相环在整体上是顺应自然的力量制作而成的，在此具有很高的应用价值。这是因为，其直径上相对应的色彩，正是人眼中相互需求的色彩。黄需要紫，橙需要蓝，深红需要绿，反过来也是同样的。如此这般，各种色调要求相互聚合，单独的色彩需要复杂的色彩，复杂的色彩需要单纯的色彩。"色相的绝对对立，就是我们熟知却说不太清楚的"互补色"。这里的飞天，红、绿都降低了明度，这又涉及这两种互补色的明度趋同。绝对对立的色彩，因为明度趋同而消解了对立，带来了和谐，同样是熟悉的事物发生变化。

无独有偶，美国美学协会前主席鲁道夫·阿恩海姆（Rudolf Arnheim）也写过《色彩论》，他说："对于任何颜色的刺激，眼睛好像是在主观地唤起它的相应的对立面以求得满足。经验似乎表明，互补色的并置所引起的是一种平衡和满足的经验。"还是"不太清楚"？他讲的是互补色带来和谐，而不是对立。我还是觉得中国人的意境可以更清楚地解释复杂事物，清代的沈鹤坪在《行香子·枝寄鹪鹩》里说："红消菡萏，绿冷芭蕉。问谁来、同醉松醪。"荷花的红、芭蕉的绿，在思乡人的眼里，却有"红消""绿冷"的色感和谐，寂寥的心所以有寂寥的眼，寂寥的眼所以有明度趋同的互补色。

五九 布色有无

五代 榆林窟第32窟东壁南侧《文殊变》局部

榆林窟第32窟、第33窟，在踏实河的西岸，西崖的洞窟平时人迹罕至，相关图像、论著的发布都不丰富，这就增加了色彩研究的难度。当看到32窟东壁南侧《文殊变》时，我是先被画面中的"白狮子"吸引住，而后我发现不少地方都是没有填色的"留白"，所以整个画面呈现

"留白的神仙气"。

第一种留白，本身就是晕染的技法，白色集中在眉眼、鼻梁、下颊、脖颈等处，人体的局部提亮，这是晕染所预先设定的效果。第二种留白，大概是画师工作流程的事故，璎珞、狮子的白描勾线都在，却没有颜色，这是因为某种中断而没有完成布色。画师工作流程，每一步骤都有分工。前面我们讲过捻纸、粉本，这是画师在起稿时的模板，如果不使用模板复写，那么工作流程是白描勾线、填空布色。

白描和布色，通常是老师和弟子分工来做，因为所需要的技术显然是难易有别。《历代名画记》里说："翟琰者，吴生弟子也。吴生每画，落笔便去，多使琰与张藏布色，浓淡无不得其所。"画圣吴道子和弟子翟琰、张藏就是这样的分工，老师白描，弟子布色，神韵活现于老师，浓淡相宜于弟子。

弟子的布色，可能是自己的经验积累、熟练操作，也可能是老师的明确指示。莫高窟第421窟西壁龛内南侧的五身弟子像，在人像的头部和上身位置，标有八处字样，分别是"紫""青""朱""禄（绿）"等，这是老师给弟子明确指示的布色记号，这种记号称为"色标"。

敦煌的洞窟和绢本中，色标很少见，可能是弟子在布色时以色彩覆盖了色标，更有可能是弟子的经验积累达到熟练操作，知道什么图像该使用什么配色，而不需要老师一一注明色彩。

色标仅是标明了色相，至于明度、饱和度，则不在色标的指示范畴。以今天的色彩学知识，我们知道任何一种特定的色彩，都取决于色相、明度、饱和度三要素，如果这三个要素都准确指示出来，就不是色标那么简单了，而是色卡或者色谱的范畴了，我们是多么期待一套敦煌色谱啊。

中国美术学院的王伯敏曾有过一套手工制作、个人使用的敦煌色卡，他会在敦煌的临摹白描稿上标注不同的字样，譬如"红25"，这意味着他通过记录洞窟的真实颜色而建立了一套系统，按照不同的色相去归类敦煌的颜色，每个色相下都有一组不同明度、饱和度的颜色，以数字排序。

在本书的附录部分，我提供了敦煌色谱，每个敦煌的时代都有一个配色体系，而其中的每种颜色都以色相和数字排序，算是对王老先生手制敦煌色卡的呼应。

六十 炭黑佛祖

五代 榆林窟第33窟北壁西侧《降魔变》局部

因为这本书的缘故，我把敦煌研究院的院刊《敦煌研究》，从创刊号到写作结束前的最近一期，全部通读了一遍，大概190本论文集，早期文章多是浑金璞玉，近期文章又有龙骧豹变，每日如入宝山，展卷如对故人，神爽心悦。

1983年《敦煌研究》的创刊号刊登论文《莫高窟壁画、彩塑无机颜料的X射线剖析报告》，作者是徐位业、周国信、李云鹤，这算得上敦煌色彩科学研究的先声。这篇论文提到："黑色颜料分为两种情况：一是原黑色，是用墨（或称炭黑）或铁黑（Fe_3O_4）作颜料；一是变色颜料，色彩为棕黑，色彩为棕黑，尤其唐代为最多。"变色颜料的棕黑，来自铅丹的变色，前面我们讨论过很多；原黑色的颜料，前面没有讲过。

1991年《敦煌研究》的总第28期又刊登论文《莫高窟232、35窟壁画颜料的分析和讨论》，作者是段修业、李军、李铁朝、郭宏，其中提到："35窟前室西壁的天王头发处的黑色分析结果是炭黑，可判定为用的是墨。"我在榆林窟第33窟北壁西侧看到《降魔变》中的释迦佛身穿黑色袈裟，马上联想到了前面论文的结论，莫高窟第35窟的前室是五代时期所绘，榆林窟第33窟也是五代时期所绘，同一个时代所使用的颜料大致相同，黑色袈裟所使用的颜料可能是炭黑。

如果说《敦煌研究》的论文可以当连续剧看，那么其他学刊的论文可以当番外剧看，串来串去，故事线就捋顺到了连珠合璧。兰州大学敦煌学研究所的《敦煌学辑刊》2006年第4期刊登论文《晚唐五代敦煌地区所用颜料研究》，作者是徐勇，其中披露了敦煌文书中几处炭黑颜料的买卖记载，譬如：P.2032《后晋时代净土寺诸色入破历算会稿》记载净土寺为画讲堂，"粟五斗，邓住子边买炭用""麦贰斗，粟贰斗，付都师卖（买）炭用。……麦叁斗，付都师炭价用"。

炭黑的频繁买卖和使用，是五代时期敦煌色彩变迁的一个信号，敦煌研究院的刘玉权分析说："由于河西走廊中段党项与甘、凉地区回鹘、吐蕃人的频繁战斗，中西交通受阻，颜料来源困难，艺术风格上也发生了转变，反映在敦煌壁画上，颜料品种相应减少，常用的仅有铁朱（赭红）、石绿、石青、白、黑等寥寥数种。"所以"除少数洞窟敷彩比较浓重以外，多数趋于单薄，有一定的透明度，加上部分颜料的变色，致使现存的壁画多为偏冷的青绿色调"。或许，正是颜料输入的不顺畅，画师才选择以比较容易获得的炭黑来绘制释迦佛的袈裟；也或许，前面榆林窟第32窟的未完工涂色，同样是颜料输入的不顺畅造成的。

炭黑佛祖的出现，并未违背佛家服饰的规定。我特意上前仔细辨认黑色袈裟的色相，黑色中是明显杂有微红色的，不是纯正的黑，而是仿效了"泥色"。

六一 铁红佛祖

五代 榆林窟第33窟窟顶东披《说法图》局部

五代时期炭黑佛祖的出现,以及炭黑颜料的频繁使用,我在榆林窟第35窟也有发现,东壁西侧的《五智如来曼荼罗》就是大面积使用炭黑,中央的大日如来佛身穿黑色袈裟。这种色彩现象与颜料输入的不顺畅有关系,同时,我还注意到另外一种色彩现象,可能与颜料的就地取材有关系。

榆林窟第33窟窟顶东披,千佛环绕的是《说法图》,居于中央的佛像身穿红色袈裟,红色的亮度和饱和度偏高,差不多是朱砂的红色。然而,这颜料不是朱砂,而是铁红。铁红,因为三氧化二铁的含量高而得名,又称绛矾。绛矾是人工合成颜料,合成的方法有两种:其一,由绿矾炼制而成;其二,由铜石炼制合成。

将绿矾烧制成绛矾的记载,多见于宋代。北宋唐慎微原撰,曹孝忠等人校勘,金代张存惠增

补的《重修政和经史证类备急本草》里说："其绛矾，本来绿色，新出窟未见风者，正如瑠璃陶，及今人谓之石胆，烧之赤色，故名绛矾矣，出瓜州。"这里说的瓜州，就是安西，榆林窟的所在地。北宋苏颂的《图经本草》里说："绿矾形似朴硝而绿色，取此一物置于铁板上，聚炭封之，囊袋吹令火炽，其矾即沸流出，色赤如融金汁者是真也。看沸定汁尽，去火待冷，取出按为末，色似黄丹。"

由铜石烧制合成绛矾，工艺更加复杂一些。明代方以智的《物理小识》里说："樟树矾场取煤炭之石，石有铜色，谓之铜石。即以细煤烧而围之，以矾场水淋其碱，入釜重煮，冷则成矾。它处水不能成。或以皂角水淋之，又升为矾红，曰罐中红。"这里说的铜石，学名是黄铁矿。最终炼制成的绛矾，又多了一种俗称：罐中红。

绛矾的颜色，与黄丹只是近似，但并不相同，其色可以作为朱砂的颜料替代品，这也就为红色袈裟找到了就地取材的颜料。我住在"莫高山庄"的时候，起得早，那时游客还没上来，院区清冷孤寂，我常常一个人到处闲逛。有一次，我往三危山的方向走，走了不远，就发现路边有拳头大小的棕红色石块，还不少，我捡回来洗干净，发现红色鲜明起来，这是三氧化二铁含量比较高的赤铁矿，由此看在敦煌就地取材土红颜料是原料充足的。黄铁矿在安西地区发现过小泉东铁矿、半坡子铁铜矿、金钩子铁矿、古堡泉铁矿、乌龙泉铁矿等储备，这证明制作绛矾的原料矿石也同样是很充足的。

土红、铁红的名称很科学，尽管它们的化学成分相同，但铁红的三氧化二铁含量高于土红。当三氧化二铁的含量高于70%就可以称为铁红，铁红的红色更鲜明，着色更牢固。

六二 绿壁乌龙

西夏 莫高窟第234窟窟顶五龙藻井井心

宋仁宗景祐三年（1036年），党项族建立的西夏政权攻陷瓜（安西）、沙（敦煌）二州，敦煌进入了长达190年的西夏时期。西夏统治者笃信佛教，同时充分吸收汉、吐蕃、回鹘、契丹等民族的文化，洞窟的色彩风格和内容题材都有了新的时代特征。色彩风格上，洞窟壁画延续并光大了中、晚唐开始流行的大面积绿色调；内容题材上，装饰图案大量使用龙凤纹样。

莫高窟第234窟的窟顶五龙，天池绿水荡漾，池中心游龙戏水妖娆，龙首龙尾环绕火焰宝珠，围着这条中心游龙，池外四龙驾云吐珠。五龙本都是金色，由于烟熏，团龙的身躯似乎是金光透乌麟，金色若隐若现，四龙的通体已经完全黑化，金光仿佛被乌黑的鳞片吞噬。

烟熏是怎么回事？这跟吐蕃统治时期传入敦煌的密教有关系，密教中的烧施仪式就是要在洞窟里生火烧供品来求得诸佛菩萨护佑加持。这种仪式随着密教在敦煌的传播而延续，西夏统治时期亦是如此操作，所以洞窟就会由于烟熏而变得乌黑。

绿壁、乌龙、金光，当下的234窟窟顶不失色彩的典雅和神秘，但我们知道这不是当初的色彩。当初的色彩如果要还原，说起来也是有法子的。我在故宫的资料中读到过类似的情况，20世纪50年代，故宫的慈宁宫有一座赤金宝塔，由于长期烟熏火燎，表面覆盖了一层黑色的污垢，当时的院长吴仲超就想尝试污垢清理、色彩还原的工作。

吴院长请了青铜器修复专家赵振茂来做这个工作，赵老先生可不得了。行内人知道晚清的青铜器修复行业分四大流派：北京派、苏州派、潍坊派、西安派，北京派始于清宫造办处"歪嘴于"，于师傅的高徒是"古铜张"，张师傅的高徒是"小古铜张"，赵振茂是"小古铜张"张济卿传下来的，著名的"马踏飞燕"铜奔马就是他出手修复的。

赤金宝塔是贴金箔的，234窟的金龙也是贴金箔，变乌黑是覆盖了烟熏的污垢，并不是金箔变色。那么，赵振茂怎么修复慈宁宫的赤金宝塔呢？我把他当初的方子抄下来了：刷洗赤金佛塔用的原料是柴杏干（就是山上长的土杏，晒成干，不能吃，在中药铺里可以买到）。在锅里放进1斤柴杏干，注入3斤清水煮熟。柴杏干煮熟后变软，锅中的水也变稠了，成了柴杏干汤。随即趁热用鬃刷子蘸着柴杏干汤刷洗赤金佛塔。汤慢慢变成黑色，一共刷洗了两次，赤金佛塔上黑色的污垢被刷下来了。然后用清水冲干净，这座被污垢覆盖的赤金佛塔又再现了它那金光灿灿、造型精美、纹饰华丽的原貌。

修复234窟，乌龙变金龙，出于现状保护，这事儿大概不好做。但是说不定，何时何地又有了需要修复的烟熏金箔，这方子用得上。

六三 美人青绛

西夏 莫高窟第328窟东壁门北侧供养菩萨

莫高窟第234窟是中唐时期的洞窟，西夏、清都重修过，前面的五龙藻井是西夏重修时留下的。同样，莫高窟第328窟是初唐时期的洞窟，五代、西夏都重修过，东壁门北的四身供养菩萨是西夏重修时留下的，这个画面曾经出现在1996年《敦煌壁画（第六组）》邮票中。

这个画面的色彩，淑雅而明快，蓝、绿、白的冷色和红的暖色，冷暖相生，雅俗共赏，代表国家审美的邮票选它是有道理的。菩萨的颜面以赭红来绘制定稿线，赭红线烘托朱唇翠眉，显得菩萨面容雍容华美，这是中原画风的影响。

西夏早期的壁画，完全接受中原的审美，其画风与归义军时期相衔接，党项族向汉族这样的

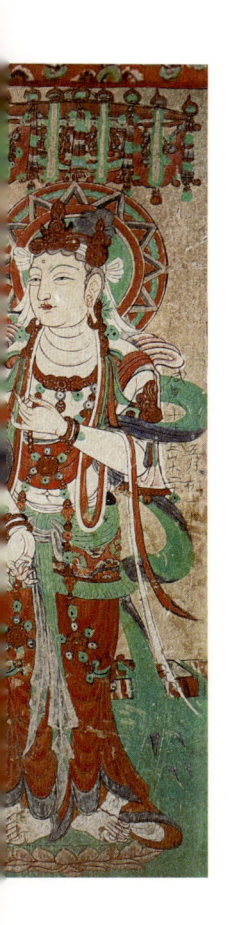

先进文明学习。1039年，西夏王元昊曾经上表中原王朝，《宋史》里记载元昊的小国寡君姿态："臣偶以狂斐，制小蕃文字，改大汉衣冠。衣冠既就，文字既行，礼乐既张，器用既备。"西夏中期，逐渐吸收回鹘画风的艺术特点，初步形成西夏风格。328窟供养菩萨的面部有明显的汉族特征，但在鹰钩鼻、宽下巴的局部又有党项族特征，因此这应该是西夏早期或中期之初的壁画。西夏晚期，继续吸收吐蕃画风的艺术特点，服饰完全西夏化，西夏风格自成一家，后面我们会讲到具体的晚期壁画。

从供养菩萨的服饰看，蓝绿之青、红朱之绛，主色青绛决定了画面的色调。《修行道地经》里说："当时日灾、风雨失度有变星出，美人青绛，别于男女、牛马、鸡羊之相。""美人青绛"是彩虹的代指，这个典故出自南朝刘敬叔的《异苑》："古者，有夫妻荒年菜食而死，俱化成青绛，故俗呼美人虹。"第一次看到供养菩萨的这个画面时，我脑子就跳出来"美人青绛"，仿佛这四个字就是为此而生的。

主色青绛的菩萨服饰是否反映了西夏社会的服饰配色？我认为，西夏早期学习中原画风是很用心的，服饰配色也是照搬的，并未反映西夏社会的服饰配色。后来到了天盛年间，夏仁宗颁布过西夏的王朝法典《天盛改旧新定律令》，这个律令的原件在黑水城出土，其中有服饰色彩的规定："一律敕禁男女穿戴乌足黄、乌足赤、杏黄……"原件是西夏文，这是翻译过来的汉文，乌足黄是矿物颜料中的石黄，乌足赤是铁红。如果违反这条禁令，处罚是很严厉的："倘若违律时，徒二年，举告赏当给十缗现钱。"

黑水城出土了很多重要文献，其中西夏的识字蒙书《杂集时用要字》中的"颜色部"反映了西夏社会的色彩状况，即使不许用"乌足黄"也还有"淡黄""鹅黄"，不许用"乌足赤"也还有"梅红""柿红"，智慧的百姓从不会因为一纸禁令就失去生活的光彩。

六四 翔凤雌黄

西夏 榆林窟第10窟甬道平顶圆形双凤追翔

前面说过，西夏的装饰图案大量使用龙凤纹样，龙和凤是中原传统吉祥图案，西夏画风的形成离不开西夏对中原文化的接受。榆林窟第10窟甬道平顶的双凤追翔，蓝、绿波纹的圆环中，展翅盘旋飞翔的黑、黄双凤，凤尾拖曳如气流涌动，黑如铁，黄如金，仿佛听到上空传来"鏦鏦铮铮，金铁皆鸣"。

翔凤的黄是亮黄色，这在敦煌洞窟并不多见，它的颜料来自石黄。我们讲过土黄，土黄来自学名称作"褐铁矿"的黄赭石。我们也讲到过石黄，石黄在西夏文献中还有"鸟足黄"的趣名，石黄到底是什么？石黄就是雌黄，雌黄和雄黄都是砷和硫的化合物，它们形影相随地伴生在一起，这种伴生矿石俗称"鸡冠石"。两者分离后，雌黄呈现黄色相，雄黄呈现红色相。

英国艺术史学家保罗·泰勒（Paul Taylor）写过一本《艺术品的衰老：藏在艺术史中的科学故事》，其中提到："如果把银朱和铅丹比作一对双胞胎，那雄黄和雌黄则是关系不错的姊妹兄弟，它们不仅外观相似，成分也极为接近，均为硫化砷类化合物。当暴露在强光或高温下时，雄黄还可以与雌黄互相转化，且反应可逆。这两种颜料都存在于自然界中，也都可以被人工合成。雌黄是明亮的金黄色，雄黄是浓郁的红橙色。"

宋代乐史的《太平寰宇记》里说：陇右道的炖煌县（敦煌）有"雌黄州"，"雌黄州其土出雌黄、丹砂极为妙，因产物以为名焉"。这个记录，证实敦煌地区的雌黄、朱砂原料矿石是上好且充足的。不仅榆林窟第10窟，莫高窟第285窟、榆林窟第27窟、西千佛洞第15窟、东千佛洞第2窟中的颜料分析都发现过雌黄。雄黄也发现过，莫高窟第310窟有雄黄和铅丹调成的红色。

雌黄在传统色的历史上有独特的位置。它的应用，一则在防止虫蛀的纸张上，谓之"黄卷"，在黄卷上涂抹错字还要用到雌黄，涂涂改改就有了"信口雌黄"的典故；二则在防止失火的厅堂里，谓之"黄堂"，宋代王楙的《野客丛书》里说："郡治之黄堂，由春申君在郡涂雌黄以厌火灾，遂为黄堂故事外，臣下室庐鲜有谓黄者。然服饰犹未之禁，往往臣下亦通用之。自唐高祖武德初用隋制，天子常服黄袍，遂禁士庶不得服，而服黄有禁自此始。"战国的春申君黄歇，为了防火就用雌黄涂了自己的宫殿，这样臣下众人就不好跟着这么做，"黄堂"成为显赫人物的建筑色彩标识。后来，隋唐的天子又将黄色定为皇家的服饰色彩标识，其他人不能跟着显赫的皇家穿黄色衣服了。这种皇家黄是今天说的柘黄，其亮度和饱和度与雌黄差异不很大，确有一脉相承的色相。

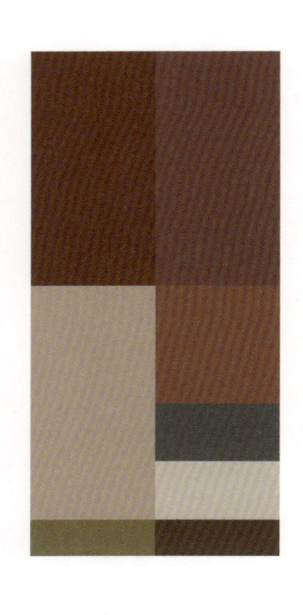

前面提到西夏王元昊上表:"臣偶以狂斐,制小蕃文字,改大汉衣冠。"他为西夏所改制的衣冠,《宋史·夏国传》记录着:"文资则幞头、靴、笏、紫衣、绯衣;武职则冠金帖起云镂冠、银帖间金镂冠、黑漆冠,衣紫旋襕、金涂银束带,垂蹀躞,佩解结锥、短刀、弓矢韣,马乘鲵皮鞍,垂红缨,打跨钹拂。"

武职"衣紫旋襕",穿着紫色的圆领长袍,这是西夏武官的制式朝服。榆林窟第29窟南壁东侧的男供养人中,"沙州监军使赵麻玉"和身后武官均穿着圆领长袍,却不是紫色,而是红色。南壁西侧的女供养人中,下排第二身名曰"宝金"者,穿着紫色交领右衽窄袖开衩长袍。

我尽可能不露声色地记录紫色的再次发现,在前面的幽暗反复中,尽管我已经知道紫色问题的答案不是容易究底的,这次发现仍然让我在宝金女面前痴痴地立了许久。她的衣领、袖口,乃至联珠纹团花地,都是鲜明的红色,正是红色的对比印证,才让我确凿地认定她的长袍底色是紫色的。

29窟在踏实河东岸的隐秘高处,这次发现要感谢《西夏佛教艺术中的"家窟"和"公共窟"——瓜州榆林窟第29窟供养人的构成再探》论文作者宁强,他引领我实地探访了29窟的每个幽暗角落。宁强是拥有哈佛大学博士学位的艺术史大家,早先在敦煌研究院工作,到现在我的耳畔还回响着他四川乐山口音的现场讲解:"29窟是作为一个活的宗教场所来运用的。"

宝金女的长袍既有红色又有紫色,说明画师对于红、紫颜料的使用是有分寸的。而穿着红色长袍的那些武官供养人,确定无疑是红色,为什么不是《宋史》记载的紫色长袍呢?要么是

六五 衣紫旋襕

西夏 榆林窟第29窟南壁西侧女供养人

画师不够写实，要么是文献不够准确，我只能这么推测。

即使在现场发现了确凿的紫色，却又陷入该出现在现场而没有出现的紫色困惑，这种恼人的心绪让我心神不定，不止一次在梦里，我梦见29窟里的祈福仪式活灵活现，熏烟缭绕，而壁立于侧的长袍男子却看不清穿红还是穿紫。

反复在文献中检索"紫旋襕"，于北宋曾巩的《隆平集校证》里查到："其文人服靴、笏、幞头；武臣金帖镂冠，衣绯衣，金涂银黑束带，佩䩞韂，穿靴，余皆秃发，耳重环，衣紫旋襕，六垂束带，佩解锥、刀、弓矢，乘鲵皮鞍，马带缨。"原来，戴金帖镂冠的场合，西夏武官并不"衣紫旋襕"，而是穿"绯衣"，29窟武官供养人的红色长袍来历清楚了。

然而，威武的西夏人穿过的"紫旋襕"呢？我在29窟是无法找到这件神秘的紫色长袍了。后来，我也没有梦到过穿红还是穿紫的长袍男子，这让我觉得心满意足，又怅然若失。

六六 绿袍金甲

西夏 榆林窟第29窟东壁中间《文殊变》局部

在榆林窟第29窟，有幸得遇宁强的现场讲解，他倾囊以授，偏偏我好色，一旦某个特别的颜色吸引了我，我的脑子就走神开小差了。所谓特别的颜色，往往是没探究明白的色彩，或者没看见过的色彩。

当时，东壁中间《文殊变》的这个画面吸引我凝神去看，因为绿袍的这种绿、金甲的这种金，都没看见过。宁强提醒我，29窟的祈福仪式烟熏火燎后，很多颜色是变色了的。他说得对！没看见过的颜色，并不见得出于新的颜料，而是混色或变色，这是敦煌石窟的色彩通识。

回来后，我读到敦煌研究院娄婕的论文《敦煌壁画临摹的新探索——以榆林窟第29窟整窟抢救性整理临摹为例》，其中提到："探寻古代画师的绘制技巧，揭示出尘封在油烟之下古代绘画材料的真实面貌，是29窟临摹的重要课题……经过分析后得知：该窟主要画材为铜绿、朱砂、朱丹、雌黄。其中铜绿、雌黄为此窟特有的颜料。"娄婕说的铜绿，就是氯铜矿。敦煌研究院的颜料研究专家王进玉写过论文《敦煌石窟铜绿颜料的应用与来源》，特别提到29窟的铜绿就是氯铜矿，而且他说："凡单独使用的氯铜矿，颜色较明亮。"

更准确地说，铜绿、雌黄为29窟"特别"的颜料，而不是"特有"的。感谢娄婕以艺术家的眼睛记录了她的颜色观察："第29窟壁画的变色使颜色成分变得复杂起来，主宰洞窟主色调的铜绿变为橄榄绿色，有些局部呈现出黄褐色，朱砂、朱丹变成了类似铁锈红倾向的深红色，雌黄变成了褐色，画面中还出现了大面积色彩倾向微妙的灰色。"

我认为绿袍当初是明亮的绿，金甲当初是明亮

的黄，西夏时期使用雌黄来表现金色是经常的。对色相和色名很敏感的我，宁愿说"铜绿变成了油绿色，雌黄变成了橄榄色"。敦煌研究院院长苏伯民说过："雌黄等颜料性质不稳定，易发生变色，是黄色无机颜料鉴定数据较少的主要原因。"

天神的侍卫穿着绿袍，这是画师向大宋的学习。《宋史·夏国传》里说："民庶青绿，以别贵贱。"西夏改大汉衣冠，蓝色和绿色都是老百姓的服色。而大宋的服色不一样，特别是绿袍。太平兴国二年（977年），宋太宗取进士，"凡五百人，皆先赐绿袍靴笏，锡宴开宝寺，上自为诗二章赐之"。这是《宋史全文》的记载，宋代王栐、王铚的《燕翼诒谋录》里说得更详细："太宗皇帝以郡县阙官颇多，放进士几五百人，比旧二十倍。正月己巳，宴新进士吕蒙正等于开宝寺……诏赐新进士并诸科人绿袍、靴、笏。"绿袍是进士的服色，这是何等尊贵的颜色。

宋太宗决定的进士绿袍，大宋历朝都没有改过。《燕翼诒谋录》还讲到宋真宗时西夏来朝拜的事情。我想象：西夏人仰望大宋，文以绿袍为尊，武以金甲为威，转身回去打造了文武双全的绿袍金甲。

六七 净渌虚白

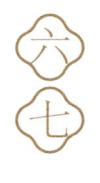

西夏 榆林窟第2窟西壁南侧水月观音

释迦佛在普陀洛珈山集会时,特意让观音菩萨宣讲《千手经》,洛珈山是观音菩萨的道场,天池澄澈,大河周流,上下俱水,流入南海,这是《大唐西域记》的描述。中唐画家周昉根据这样的描述,艺术性地创作新样观音,这就有了"水月观音"。

榆林窟第2窟西壁南侧所见水月观音,深入我的心,人在其境,仿佛听到白居易的叹息:"净渌水上,虚白光中,一睹其相,万缘皆空。"石绿主色,净绿为水、为光、为流苏、为修竹;石青渲染,青绿为璎珞、为假山;贴金为体肤,堆金为饰物;朱砂为帔,青金石为发,头饰诸色烂漫,观之欢喜,心生庄严。

周昉的水月观音没了,但他的创作理念延续了下来,信仰的神圣庄严一旦融入世俗的艺术烂漫,这个主题的生命力必然会超级强大,一次又一次地再创作,不断递进,此时的设色技巧到了让人兴叹的地步。最最兴叹之处,不在净绿水上,而在虚白光中,石绿色的大光圈环绕菩萨,此为身光,亦是月光,光圈的石绿设色是通透的薄色,若有若无,若实若虚,如月之虚白映入水中,一下子就把"水中月"的意象造出来了,此为圣心圣手所为。

明代高濂的《燕闲清赏笺》里说他见到过吴道子画的水月观音："其满幅一月，月光若黄若白，中坐大士，上下俱水，鹄首以望，恍若万水滂湃，人月动摇，所谓神生画外者，此也。"盛唐画家吴道子的画圣名气太大，高濂所见很可能是晚唐的托名伪作，见的画存疑，但高濂的这段话是"以文入画"的真言，他描述的月是远近幻影的黄白迷离，他描述的水是上下虚空的碧波澎湃，乃至于看画的人觉得画中"人月动摇"，诸相非相，动摇即是虚妄，文字说出了设色的道理，设色承载了佛法的道理。"水中月"的石绿通透和吴道子的黄白迷离没有两样，都是高明之极。

色彩带给我的愉悦，如何传递给大家，我很难，高濂是帮了我的，白居易也是帮了我的。前面白居易的叹息出自他的《画水月菩萨赞》，隐居在龙门香山，他对这个世界看得越来越明白："人生处一世，其道难两全。贱即苦冻馁，贵则多忧患。唯此中隐士，致身吉且安。穷通与丰约，正在四者间。"白居易的与世无争，乃是在进退之间的中庸之道。说得再明白一点："进不趋要路，退不入深山"，既不与权贵争胜，也不跟自己为难，对于有良知的人来说，这不失为存活之道。

白居易称自己的活法为"中隐"，活在世俗与信仰的中间。我们对白居易的喜欢，和对李白、李商隐的喜欢不一样，不一样就在这里。同样地，我们对水月观音的欢喜，和对白衣佛、药师佛的欢喜不一样，这种欢喜在诸色烂漫与石绿通透、黄白迷离的中间，在菩萨低首——凝神若有所思与出神若无所思的中间。

榆林窟第2窟的南北两壁，分别有三铺《说法图》，我看到南壁西侧这铺的颜色保存比较好。颜色保存好的前提下，颜色的配搭在蓝、白、红、绿、黄五色之间跳跃，释迦佛和弟子、菩萨、天龙八部的头光看起来是明艳的，五色十光，像阳光下缤纷的肥皂泡，再加上铅丹变色后的棕黑，让人觉得这次释迦佛不是在说法，而是在组织一场梦幻的神秘聚会。

这种色彩的体验很特殊，其实挺难想象在敦煌洞窟里存在这么明艳、这么活力的配色，这到底是为什么？西夏的绘画不止留存在敦煌洞窟，还有前面提过的黑水城考古出土，黑水城遗址在今天内蒙古额济纳旗境内，曾经是西夏的重要城镇，1227年成吉思汗的军队摧毁了黑水城，所以黑水城出土的所有绘画作品都产生在1227年之前的西夏时期。我记得看过其中的几幅，与这里《说法图》的色彩近似，譬如俄罗斯冬宫博物馆收藏的《阿弥陀佛净土图》、艾尔米塔什博物馆收藏的《西方三圣接引图》。

每当在敦煌发现不常见的色彩，我的第一反应都是捋一下历史背景，看看当时是否有民族互动和文化交流。黑水城绘画是很好的佐证，画风的形成不仅学习了大宋，而且还学习了吐蕃，汉、藏两种不同的艺术风格在西夏人的画作上第一次水乳交融。《说法图》也是很好的佐证，众神的服饰明显是中原的，而"五色十光"则很可能是西藏的。

明艳、活力的色彩来自西藏？这种色彩印象在现场就有，因为我当时想到了西藏的经幡。西藏经幡是五色的，颜色固定，上下顺序也固定：最顶端是蓝色，象征蓝天，代表"空"；蓝色下面是白色，象征白云，代表"风"；白色下面是红色，象征火焰，代表"火"；红色下面是绿色，象征绿水，代表"水"；最底端是黄色，象征大地，代表"土"。空、风、火、水、土，五大元素构成了世界，这是西藏先民对这个世界的认识，先民信奉的原始宗教是苯教，后来苯教让位给了理论体系更为强大的佛教，但是，苯教的世界观和色彩观被藏传佛教继承了。

对应五大元素的五色，是苯教特有的色彩观，蓝、白、红、

西夏 榆林窟第2窟南壁西侧《说法图》局部

六八 五色十光

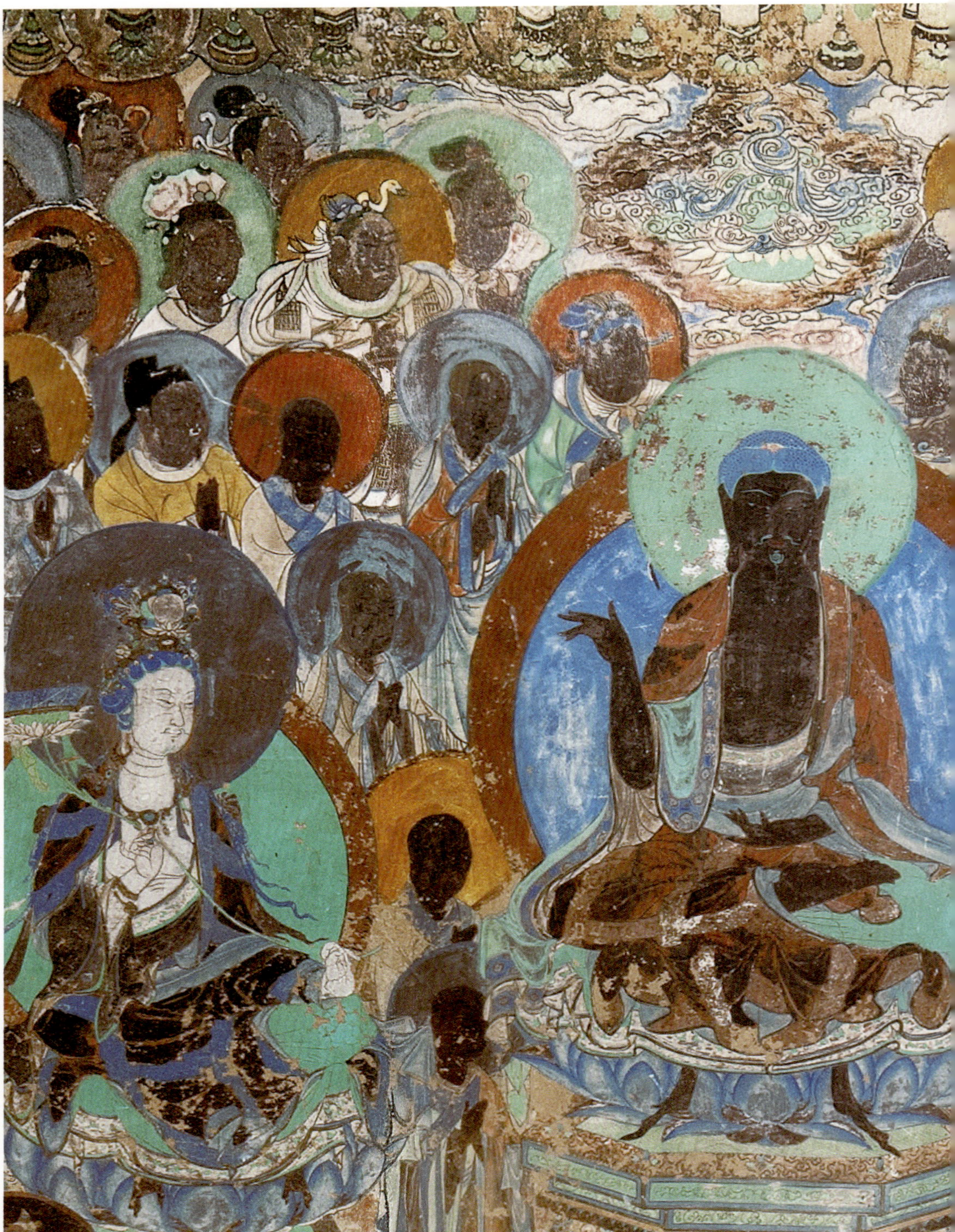

绿、黄是世界的秩序，正如大自然的物质存在形式，五大元素就是这么个上下立体顺序，天地不能颠倒，所以五色不能错位。五色的继承，一个例证是藏传佛教的五方佛：中央是大日如来的白色，东方不动如来的蓝色、南方宝生如来的黄色、西方阿弥陀佛的红色、北方不空成就佛的绿色，它们是世界的另一个秩序。

来自西藏先民的世界观和色彩观，蹑手蹑脚地进入了西夏画师的观念，这或许是他们创作出如此明艳、具有活力的色彩的底层意识。

六九 吴生设色

西夏 榆林窟第3窟西壁门南侧《普贤变》局部

色彩与画风的流变息息相关，画风又与历史的走向息息相关，色彩的愉悦，在艺术、历史的流转当中，在人物、故事的转合当中，这是敦煌色彩美学的要义。敦煌色彩美学，跟随中国画走过同样的道路，既有色彩的昂扬，也有色彩的失落，中国画对于落墨、留白的意趣就是

色彩的失落，这也是敦煌色彩美学的必经之路。

榆林窟第3窟西壁门南侧的普贤菩萨，落墨细腻，线走龙蛇，衣带当风，而留白无声，更突出墨线精神、画功神韵。仅有的些许颜色，轻敷淡彩，略施薄色，头光以青蓝向内微微晕染出绿碧的渐变，外圈之细微色晕反衬圈内之大光明，身光以青蓝为圆心向外逐渐虚化至留白，"盖鸿蒙之象初升，乃严凝之寒未退"，身光仿佛菩萨的觉心和决心。

宋代刘道醇的《圣朝名画评》里说："观益之画，色轻而墨重，变通应手，不拘一态，其丹青之功者欤？"这是评价宋代画家高益，他懂得少用色而突出墨，因此他的画作被列入评价最高的"神品"，第3窟的西夏画师也是学习到大宋画风的精髓了。"色轻而墨重"的画风从何而来，这又得说回到盛唐画家吴道子，吴道子称圣绝不是虚名，而是大家的共识，"吴生设色"是共识的核心。宋代郭若虚的《图画见闻志》里说："尝观所画墙壁、卷轴，落笔雄劲，而傅彩简淡。"郭若虚是见过吴道子真迹的。元代汤垕的《画鉴》里说："其傅采于焦墨痕中，略施微染"，用色至简承载着大道至简。

吴生设色的色彩印象，历久弥新，到了清代，张庚的《国朝画征录》里说："唐吴生设色极淡，而神气自然，精湛发越，其妙全在墨骨数笔所以横绝千古。"早前我讲过吴道子和弟子们的分工，老师白描，弟子布色，重墨而轻色，吴老师的色彩观可见一斑。

宋代沈括讲过趣事，佛的身光，有的画师画成扁圆的扇形，理由是佛祖侧身那么侧面看光圈理应是个扁圆，还有的画师画成拖尾的彗星形，理由是佛祖行走那么光圈该像火光一样顺风拖曳。应该说这些画师是有想法的，问题是沈括气不过了，他说懂不懂佛光是什么，"佛光乃定果之光，虽劫风不可动，岂常风能摇哉？"。画佛光，就老老实实画个圆好了。对于画圆，沈括的正面例证就是吴老师，他说："《名画录》：'吴道子尝画佛，留其圆光，当大会中，对万众，举手一挥，圆中运规，观者莫不惊呼。'画家为之，自有法，但以肩倚壁，尽臂挥之，自然中规。"我猜想，现在在黑板上画圆圈的网络红人老师肯定都读过吴老师的这段儿，单臂大挥的技法传承有序。沈括后面说：这谁不会啊，吴老师的本事比画圈大。比画圈大的本事，自然是画颜色，前面已经讲完了。

七十 色不碍墨

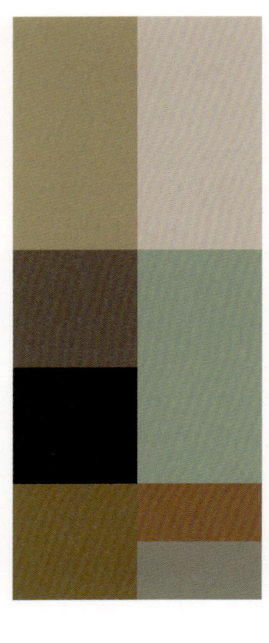

元 莫高窟第95窟南壁长眉罗汉

1225年，成吉思汗起兵亲征西夏。1227年，蒙古人攻陷沙州，敦煌进入了元代。西夏灭亡后的敦煌，由于元代打通了北方欧亚草原的商路，失去了西域交通要冲的地理优势，逐渐衰落下去。

莫高窟第95窟的《十六罗汉像》，现存11身，这个画面是南壁的长眉罗汉。说到十六罗汉，接着吴道子的话题絮叨两句。吴道子的弟子卢楞伽，其绘画功力直追老师，宋代赵希鹄的《洞天清录》里说："唐卢楞伽笔，世人罕见。予于道州见所作罗汉十六，衣纹真如铁线。"吴道子和弟子们的足迹所至，吴门画风传布天下，甚至到了宋代时偏僻的道州，也就是今天的湖南永州，也能见到卢楞伽的十六罗汉。又到了元代时偏僻的敦煌，画长眉罗汉的画师无疑是吴门画风的追随者。如何在色彩的有和无之间、在色和墨之间实现更高艺术境界的表达，这是中国画设色的终极命题，显然敦煌画师在元代也并没有脱离中国画的影响。

中国画设色，无论怎么探讨，似乎都逃不脱"随类赋彩"四个字的魔咒，画师们追求的是色彩的总结和记忆，而不是色彩的客观写实，这种总结和记忆越来越高深，才有了色和墨的升华。在清代的《溪山卧游录》里，盛大士和王原祁之间有一场跨越时空的高手对话："麓台夫子尝论设色画云：色不碍墨，墨不碍色。又须色中有墨，墨中有色。余起而对曰：作水墨画，墨不碍墨；作没骨法，色不碍色。自然色中有色，墨中有墨。夫子曰：如是如是。"这场对话是相隔百年的孤独想象，盛大士把自己摆在了王原祁的对等位置，而王原祁早已经以一句"色不碍墨，墨不碍色"名闻天下。

王原祁最推崇元代画家黄公望，他在《麓台题画稿》里说："画中设色之法与用墨无异，全论火候，不在取色而在取气。故墨中有色，色中有墨。古人眼光直透纸背，大约在此。今人但取傅彩悦目，不问节腠，不入窍要，宜其浮而不实也。"总结和记忆绝不能停留在写实的取色阶段，而是愈高愈深，走向"写意的写实"的取气阶段，取气取的是气韵，成的是观念，色和墨不过是表达观念的两种色彩工具，并无二致，何来妨碍。

取气之所以鄙视取色，在于艺术抓取现实要有"直透纸背"的观察力，观念高于现实，才有"观念的色彩"。因为出自画师的观念，反映艺术家的内心，观念的色彩反而比空洞的写实更震撼。说到这里，王原祁几乎可以成为西方印象派的祖师爷了。他的总结是："至设色更深一层，不在取色而在取气，点染精神，皆借用也。"从长眉罗汉的吴生设色，到麓台夫子的取色取气，内心之波涛，无异身处华山论剑，取色比于剑宗，取气比于气宗，高下立见。

七一 红绿火气

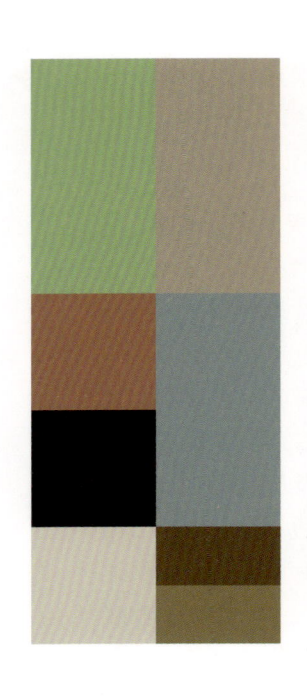

元 榆林窟第4窟东壁中间《曼荼罗》局部

我提出"观念的色彩",定义为"写意的写实",一方面试图区隔于西方绘画色彩的"写实",另一方面不想混同于中国绘画色彩的"装饰"。之所以不想将"观念的色彩"和"装饰的色彩"混为一谈,是因为它们二者之间的艺术追求不在一条路上,不能因为它们的色彩都不写实,就当成了一家人。

这里特意拿出榆林窟第4窟《曼荼罗》中的天

王，与前面长眉罗汉有个对比参照。天王的红绿主色和青蓝辅色，看起来很热闹，即使拿来做家里的门神也是好的。天王很喜气，长眉罗汉很古雅，后者似乎更高级。我在美学里引入"高级"这个词，到底是什么会让我们觉得高级呢？

清代布颜图的《画法心学问答》里说："如绘染山川，林木丛秀，岩嶂奇丽，令观者瞻恋不已，亦意使然也。如画无斯意则无神气，即成刻板舆图，照描行乐，虽形体不移，久视之则索然矣。故学之者必先意而后笔，意为笔之体，笔为意之用，务要笔意相倚而不疑。"要学会气韵流淌，要学会观念升华，要学会意在笔先，否则，山水画就成了地图，索然无味。没有愉悦感，就是索然，除了军事家和政治家，大多数人很难从地图里获得愉悦。

我们觉得高级，来自共情而后激赏的愉悦，这是美学想传递的。如果天王完全不"高级"，我就不会选这个画面了，看到这种红和绿而后躁动，是为"喜气"，这是愉悦的一种，多数人直接感受到，且经常感受到。如果说罗汉比天王"更高级"，那是因为罗汉的吴生设色是不躁动的，不躁动就无法直接激发感受，感受只能慢慢生成，很多人不能感受到，且不经常感受到，稀缺情形下的共情而后激赏，这也是愉悦的一种。所谓更高级，往往来自稀缺性。如同表达爱情，迎面说出"我爱你"是一种，落笔写下"所谓伊人"也是一种，较少的人选择后者而已。

同样背离了西方的色彩写实，装饰的色彩追求的是感受的大众性，观念的色彩追求的是感受的稀缺性，这是它们二者艺术追求的不同，也是它们二者色彩表达的不同。清代王原祁的《雨窗漫笔》里说："不合山水之势，不入绢素之骨，惟见红绿火气，可憎可厌而已。惟不重取色，专重取气，于阴阳向背处，逐渐醒出，则色由气发，不浮不滞，自然成文。"气宗的画师，讲究的是辨阴阳而施色，慢慢生成色彩的调性，而不是以躁动的色彩去直接激发感受，忌讳"红绿火气"。

中国画形成的共识，"火气"二字是避之不及的，简单粗暴的红绿躁动，固然"喜气"，却也是可憎可厌的"红绿火气"。

七二 萦青缭白

元 榆林窟第4窟西壁门北侧《文殊变》局部

《溪山卧游录》里，盛大士接着还说了很重要的一句话："至于阴晴显晦、朝光暮霭、岚容树色，须乎时留意。澹妆浓抹，触处相宜，是在心得，非成法之可定也。"道理很重要，却也很简单，画师们观察大自然所形成的总结和记忆，凝聚为艺术心得，应该是个性化的，而不应该是程式化的"成法"。

非但装饰的色彩容易落入程式化的窠臼，观念的色彩也会落入俗套，能否有效地收获观察自然的艺术心得，并不是由谁的色彩追求更稀缺、更高级来决定。榆林窟第4窟西壁门北侧的《文殊变》青绿山水，山体色彩是上石青、中石绿、下赭石，无疑画师是将"高绿下赭"的成法当作了施色的不二口诀。敦煌画师的第一工作要义是否从观察自然的艺术心得出发，这个探讨的根据无从获得，实际上，很难要求画师

在中国画的色彩上忘掉成法。

在成法上有所创新,熟悉的东西变一变,观念的色彩才没有死气沉沉。元代黄公望在《写山水诀》里说:"画石之妙,用藤黄水侵入墨笔,自然润色。不可用多,多则要滞笔。间用螺青入墨亦妙。吴妆容易入眼,使墨士气。"以墨色画山体时,加入藤黄或螺青,这是黄公望的艺术心得和成法创新,他遵循的成法是"吴妆",也就是吴道子的成法。清代钱杜在《松壶画忆》里说:"赭色染山石,其石里皴擦处,或用汁绿澹澹加染一层,此大痴法也。"以赭色画山体时,再薄染以藤黄和花青的混色,钱杜说这是"大痴法",也就是黄公望的成法。

藤黄、螺青和汁绿,都是植物色,中国画称之为"水色",以其染色薄透如水而名,相对石青、石绿和赭石,都是矿物色,中国画称之为"石色"。山水的青绿设色,在石色的传统领域介入以水色,这是更细腻更入微的艺术心得,也是观念的色彩没有停滞,向前创造。这里《文殊变》的青绿,也并不是完全的"成法",石青、石绿、赭石中加入了墨的皴法,墨色的加入不仅增强了山体的脉络纹理表现,而且活化了山体的色彩浓淡布局,这是显而易见的"在成法上有所创新"。

不止如此,在林木的猬集间留白,即使画面的残损也不能掩盖画师善于把握色彩的失落,在青绿成法中使用留白创新,白色的视觉穿透,实现了青绿堆砌的逸出,"萦青缭白,外与天际,四望如一"。上句出自唐代柳宗元的《永州八记》,接下来:"然后知是山之特立,不与培塿为类,悠悠乎与颢气俱,而莫得其涯;洋洋乎与造物者游,而不知其所穷。"《文殊变》的留白与柳宗元的白云,都是视觉空间的扩大法,见悠悠洋洋之无涯,才不为青绿遮障眼。

收笔在"峰腰犹抹青绿",这是我对敦煌色彩的总结和记忆。后面是我对敦煌色彩的复古和想象,与千年前、百年前的敦煌色彩在此相遇。72节有字之图后缀以36幅无字之画,无非是意犹未尽,"自远而至,至无所见,而犹不欲归"。

西魏　莫高窟第249窟北壁中央《说法图》

如是我闻
——色彩回溯

敦煌里的色彩美学

The Color Aesthetics of Dunhuang

年華流舜世界空吾

流年一擲梭　舜華半登車　世界微尘里　吾寧頌與歌

梭鄭一
車登半
裡塵微
歌與頌

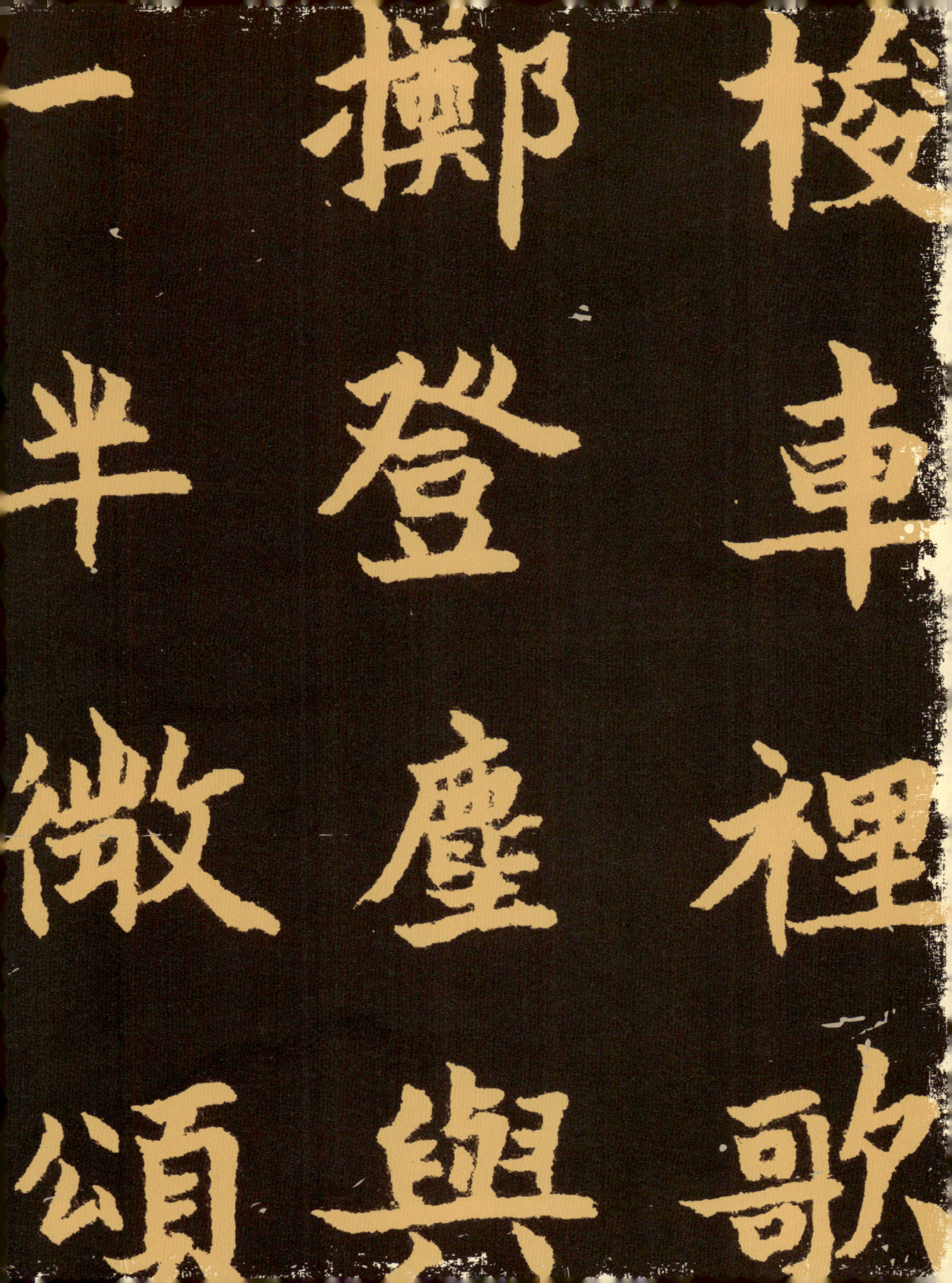

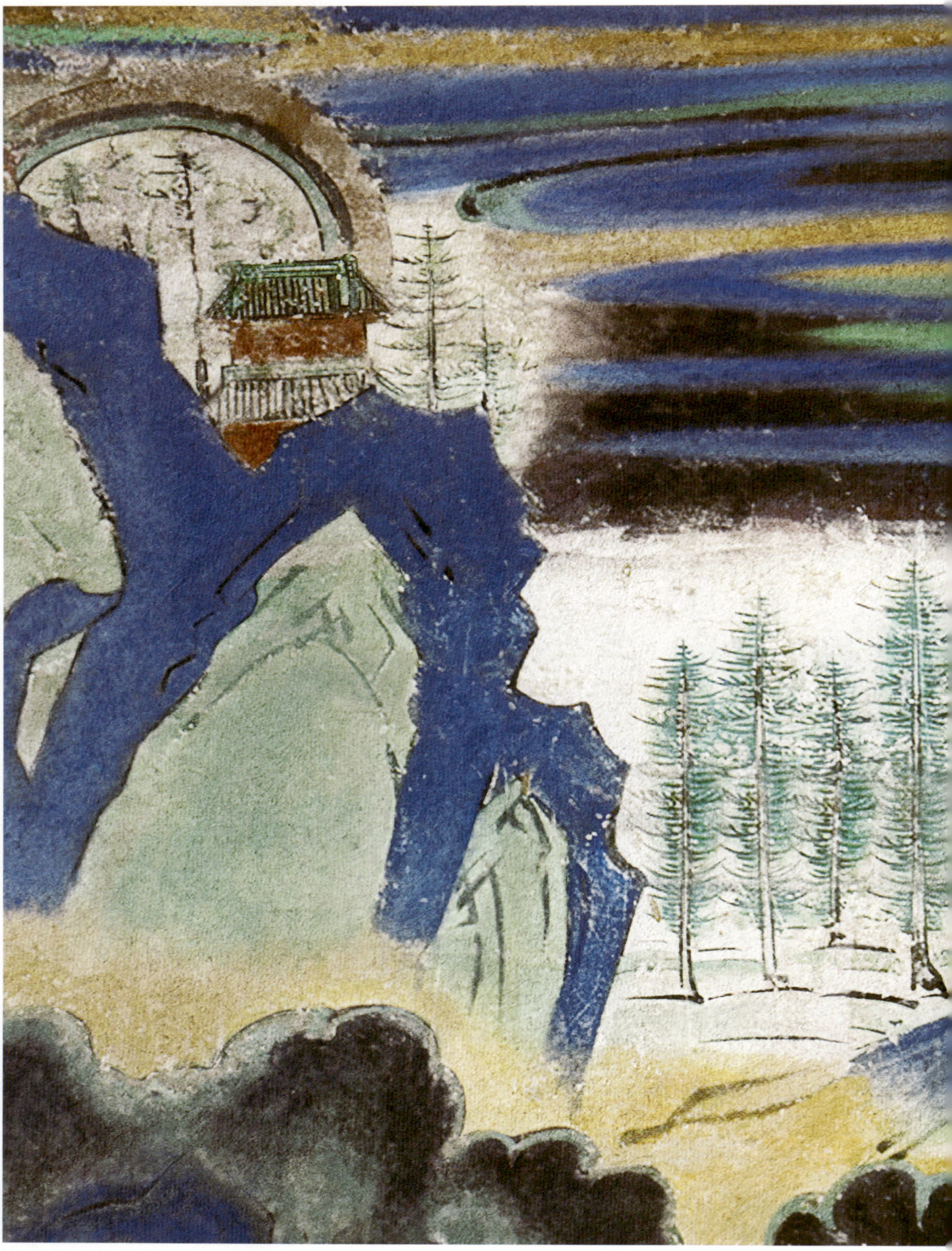

如是我闻——色彩回溯

(一) 元 榆林窟第4窟西壁门北侧《文殊变》局部

170 / 171

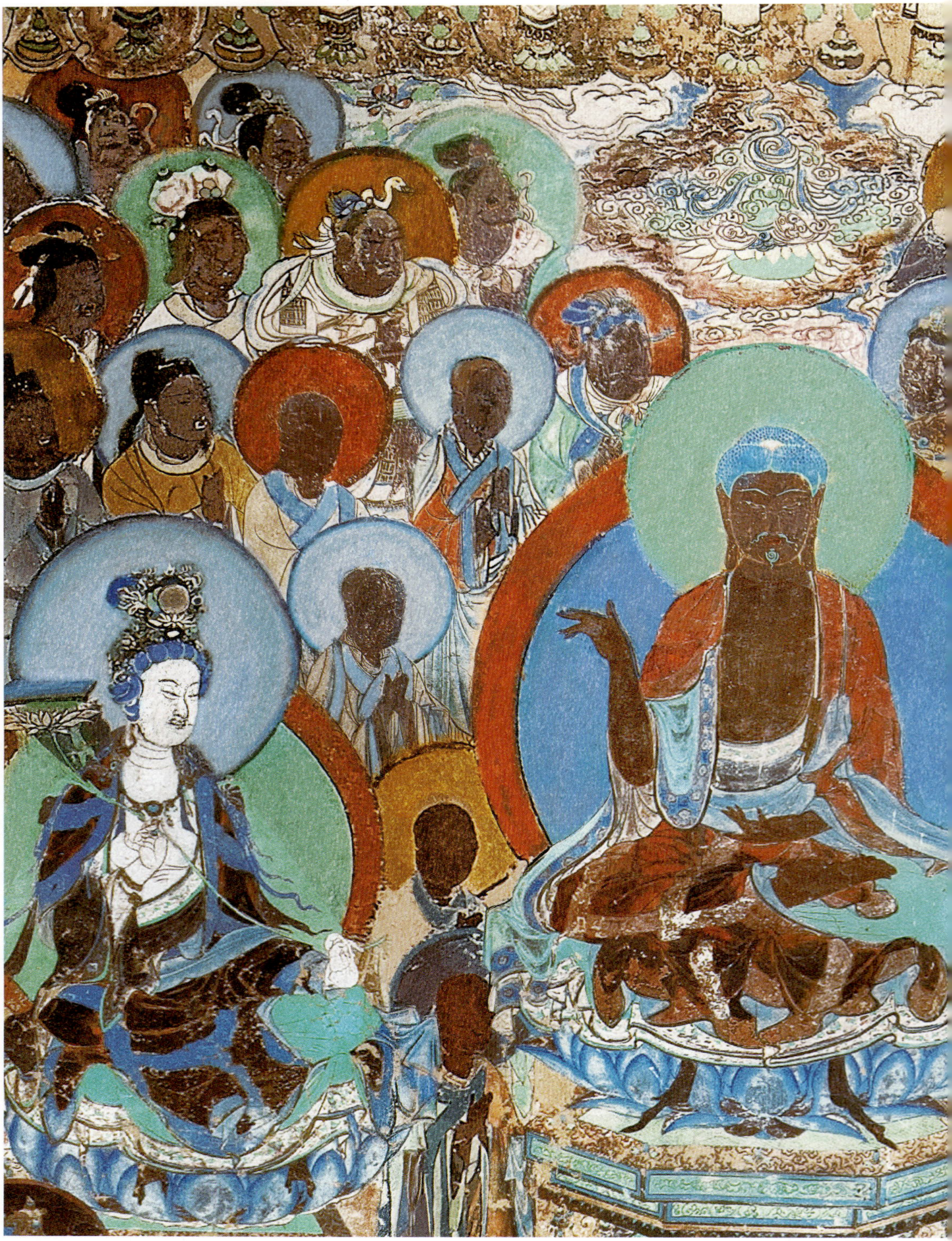

如是我闻——色彩回溯

(二) 西夏 榆林窟第2窟南壁西侧《说法图》局部

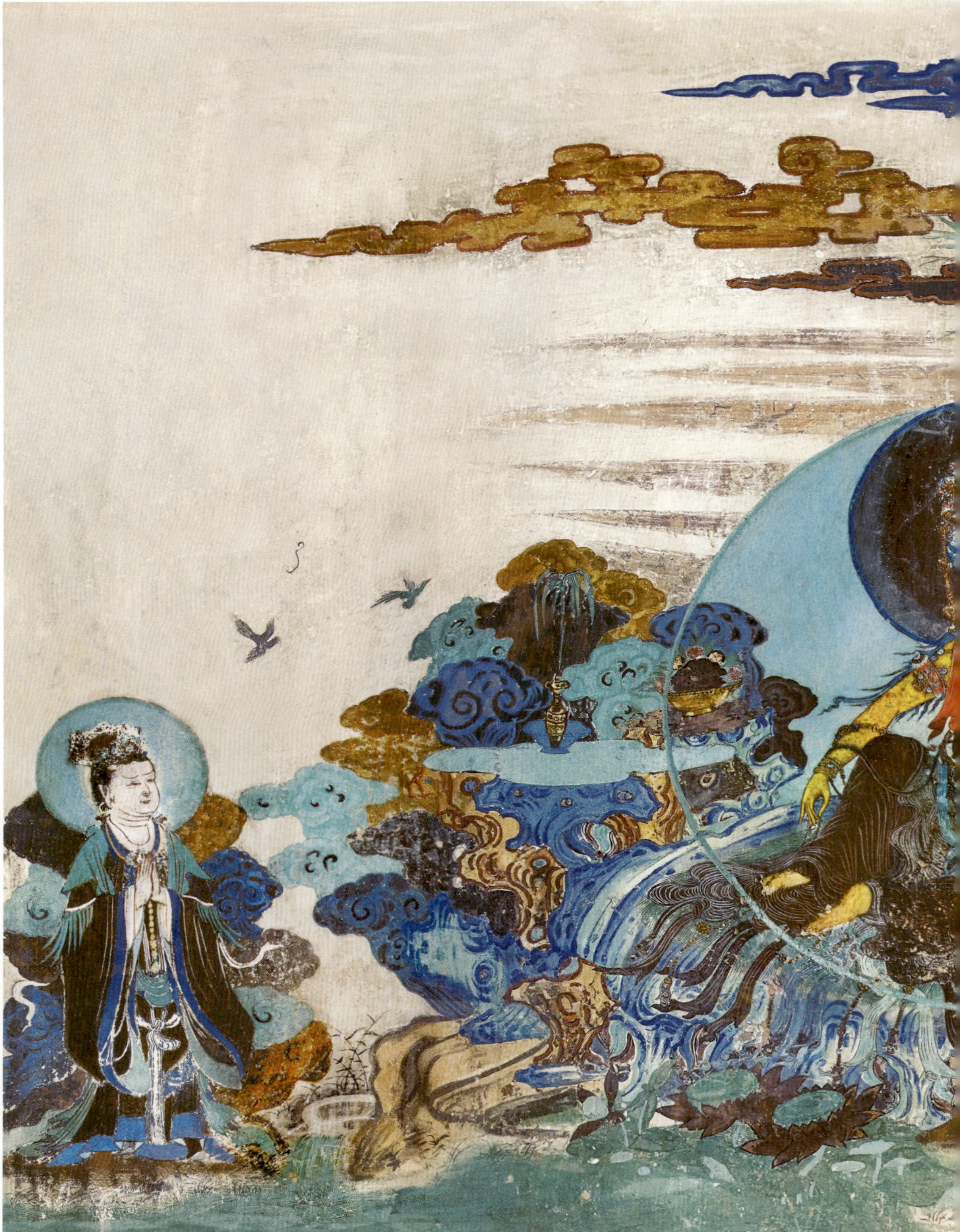

如是我闻——色彩回溯

(二) 西夏 榆林窟第2窟西壁南侧水月观音

（四）西夏 榆林窟第29窟南壁西侧女供养人

如是我闻——色彩回溯

（五）西夏 榆林窟第10窟甬道平顶圆形双凤追翔

176 / 177

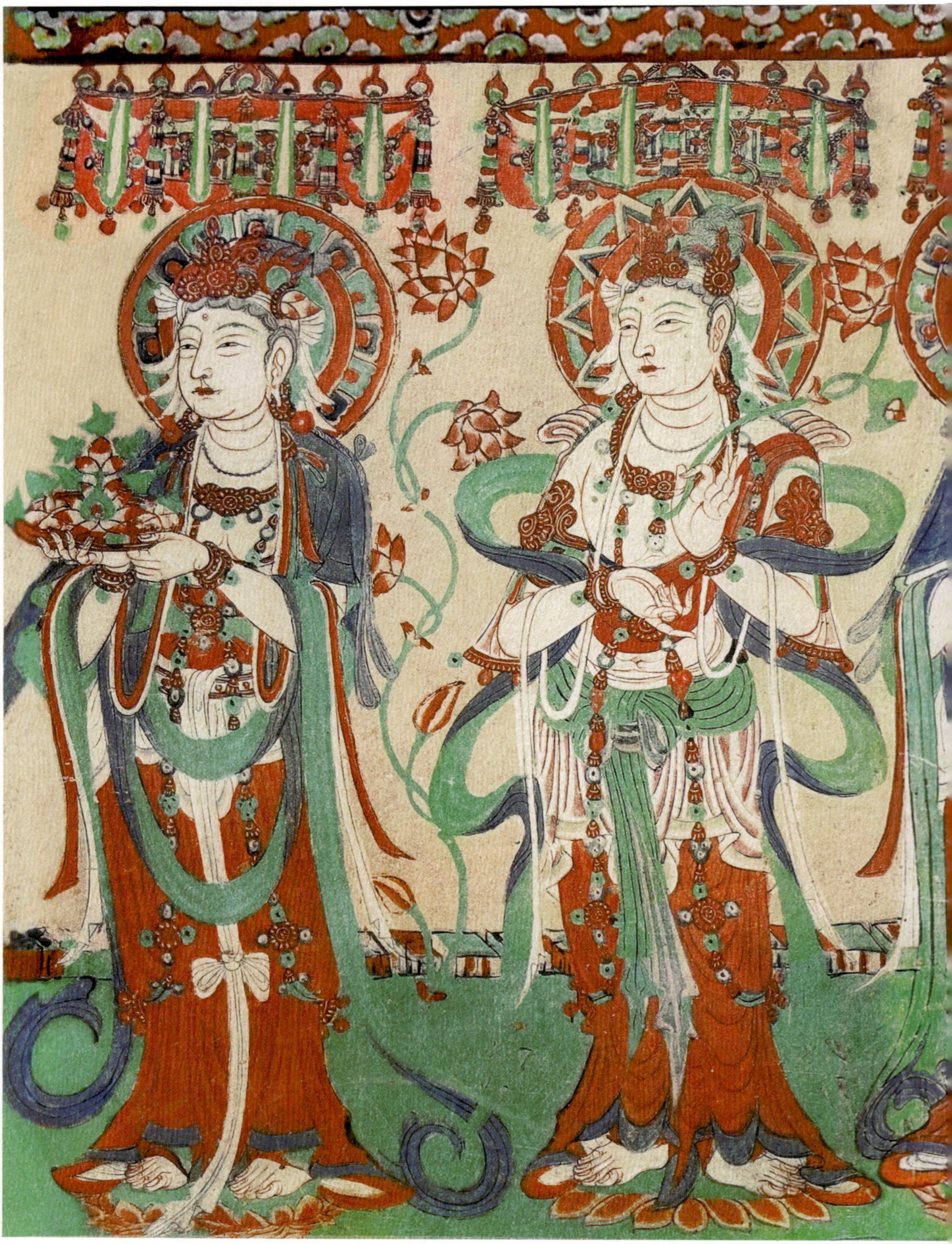

如是我闻——色彩回溯

(六) 西夏 莫高窟第328窟东壁门北侧供养菩萨

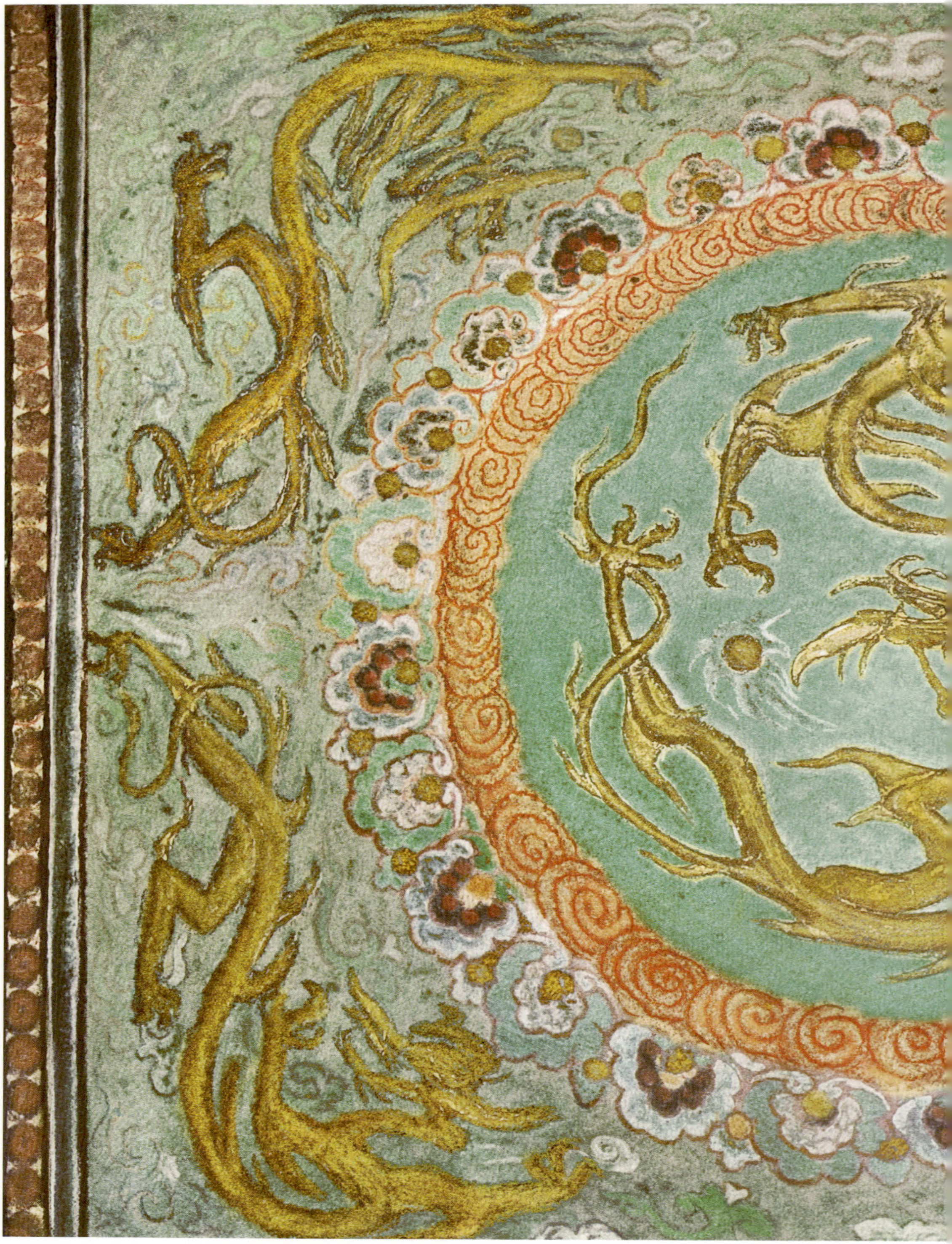

如是我闻——色彩回溯

七 西夏 莫高窟第234窟窟顶五龙藻井井心

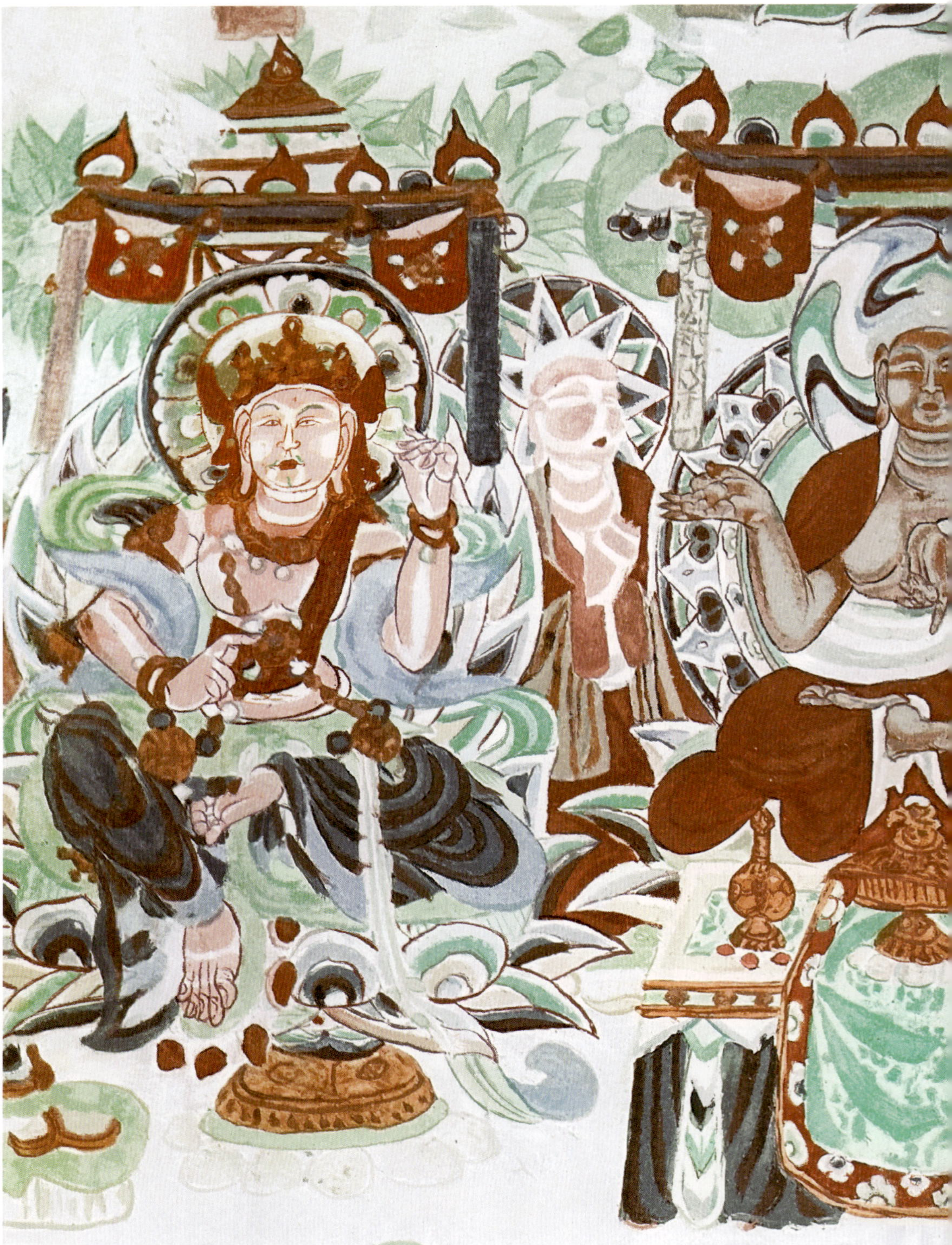

(八) 五代 榆林窟第33窟窟顶东披《说法图》局部

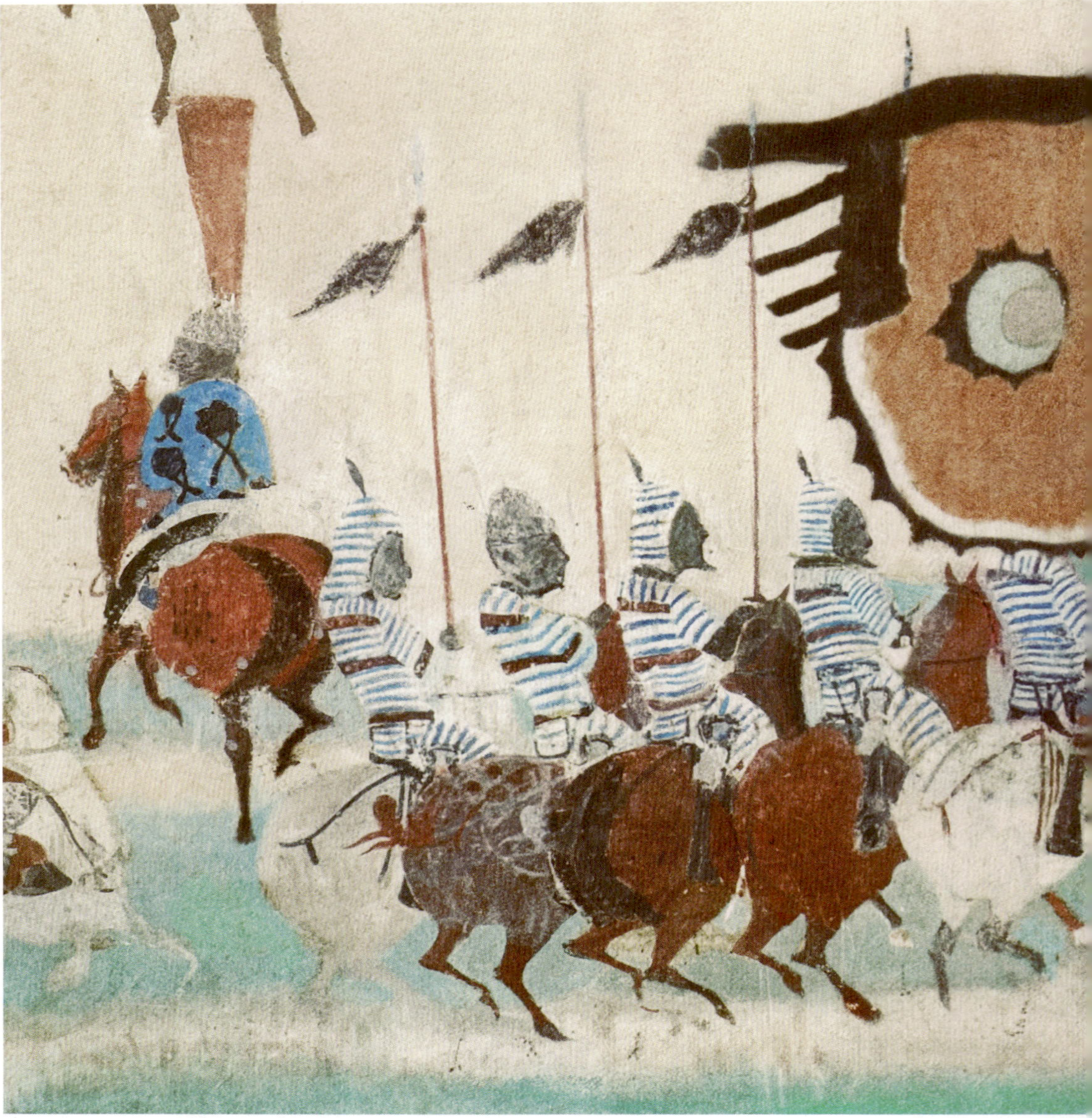

九　晚唐　莫高窟第156窟南壁西侧《张议潮统军出行》局部

十 盛唐 榆林窟第25窟东壁北侧药师佛

十一 盛唐 榆林窟第25窟北壁东侧《弥勒下生经变》局部

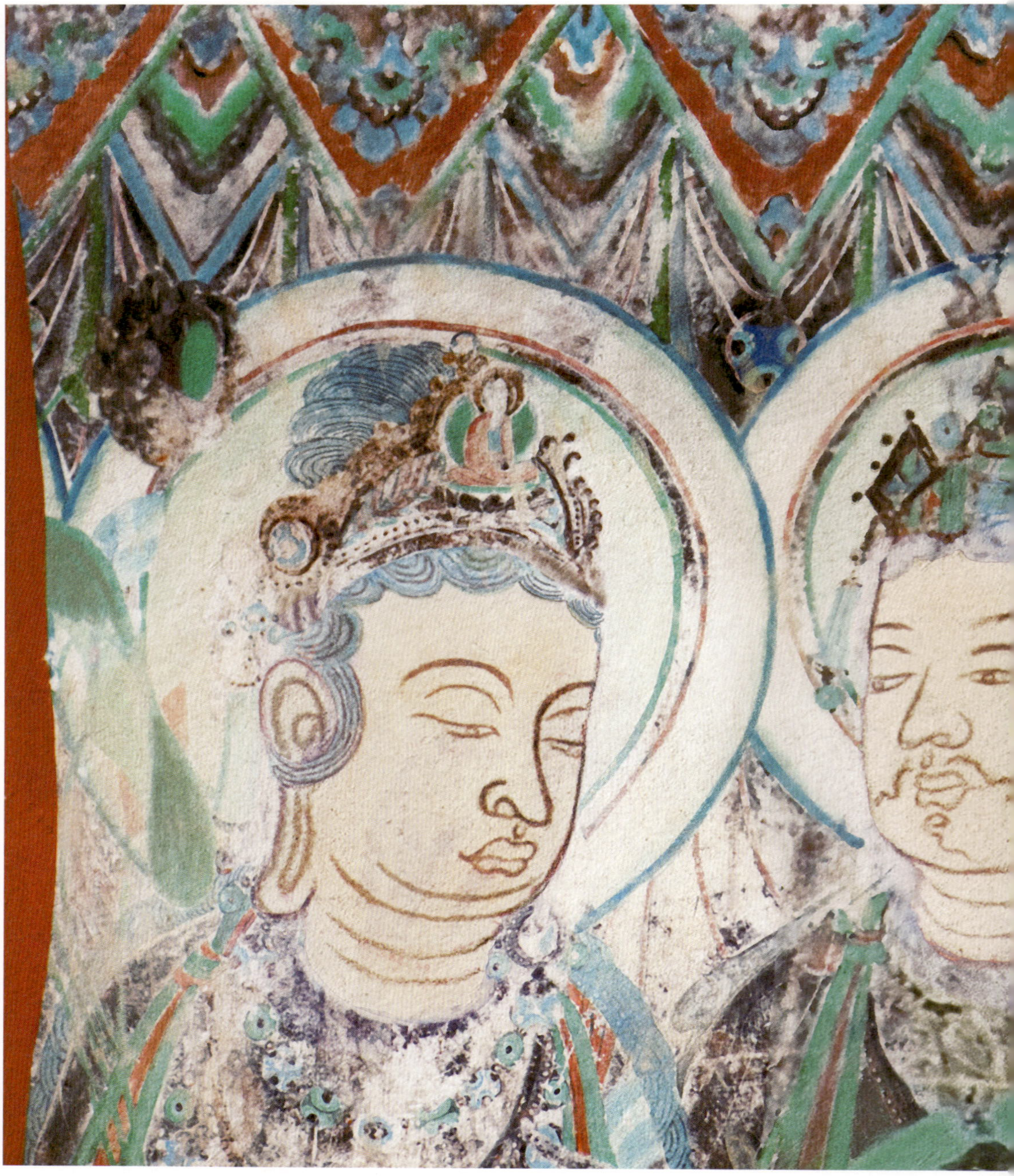

如是我闻──色彩回溯

(十二) 中唐 莫高窟第23窟西壁龛内北侧天王、菩萨

十二　中唐　莫高窟第45窟西壁龛外北侧地藏菩萨

如是我闻——色彩回溯

十四 盛唐 莫高窟第45窟西壁迦叶

如是我闻——色彩回溯

十五 盛唐 莫高窟第45窟西壁阿难

192 / 193

十六　盛唐　莫高窟第217窟西壁龛外南侧　大势至菩萨

如是我闻——色彩回溯

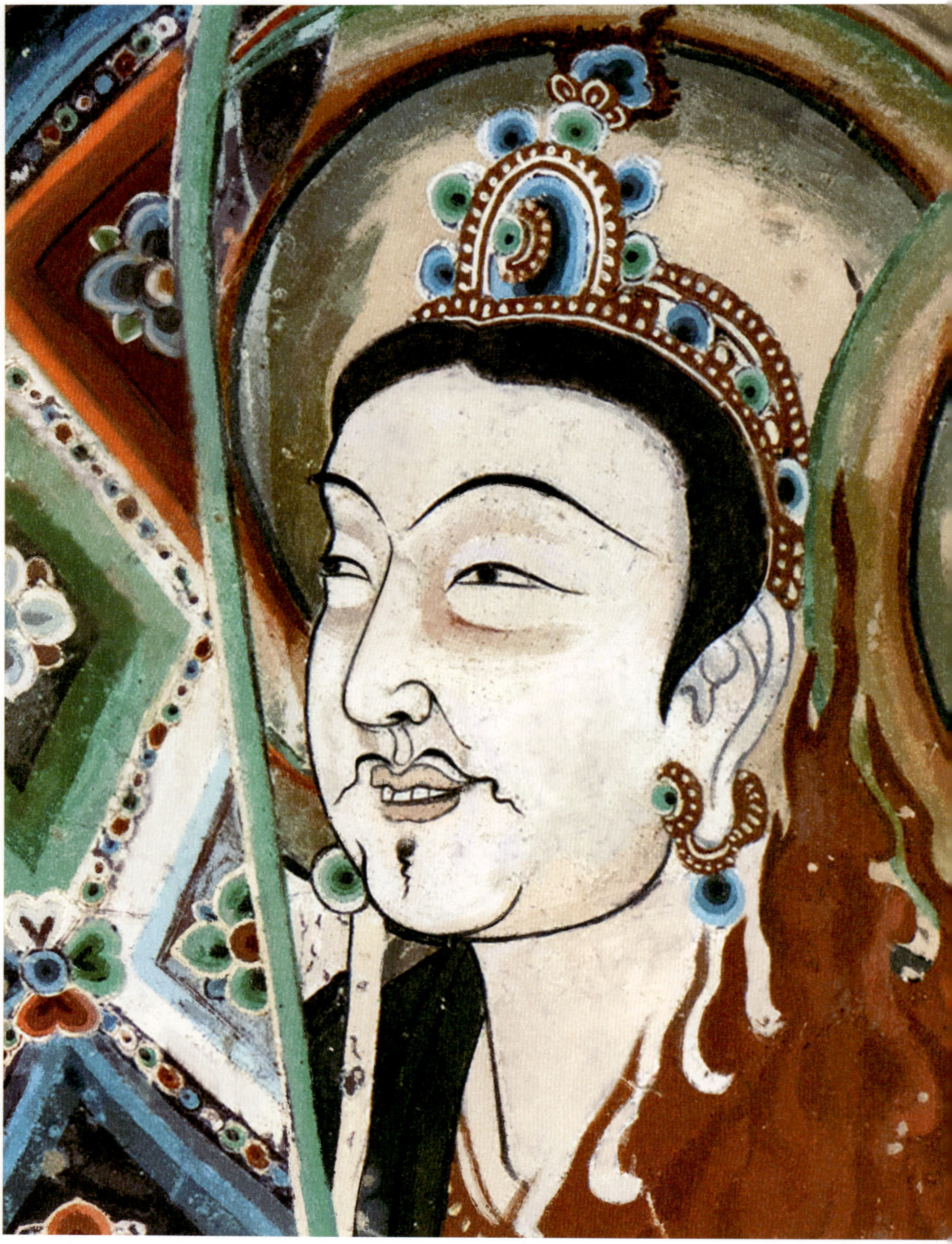

如是我闻——色彩回溯

十七 盛唐 莫高窟第217窟西壁龛内南侧菩萨

196 / 197

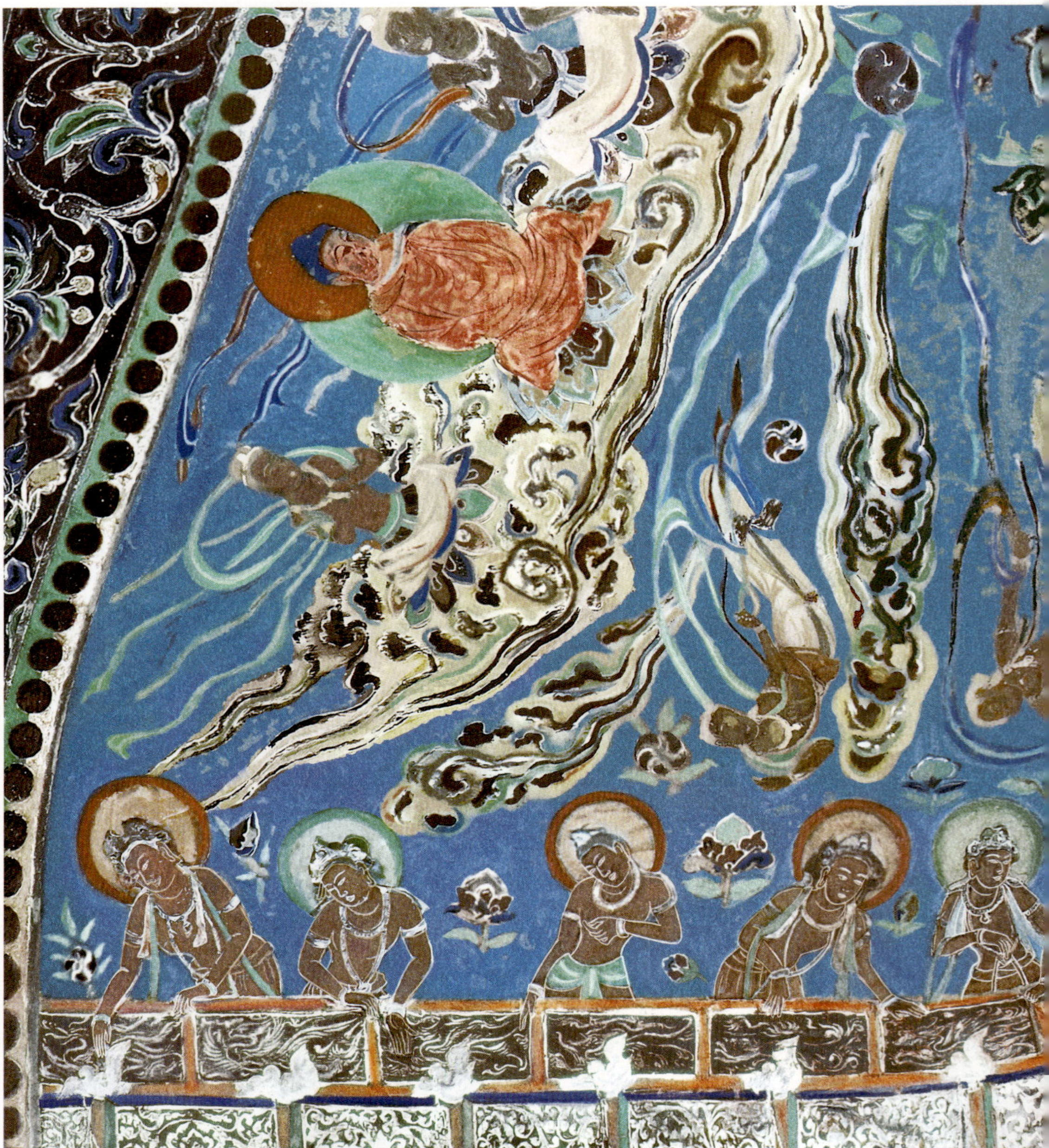

如是我闻──色彩回溯

(十八) 初唐 莫高窟第321窟西壁龛顶南侧赴会佛、天人、飞天

(十九) 五代 莫高窟第220窟甬道北壁《新样文殊》局部

198/199

(二十) 初唐 莫高窟第57窟北壁中央《说法图》局部

如是我闻——色彩回溯

(二一) 初唐 莫高窟第57窟西壁龛外北侧供养菩萨

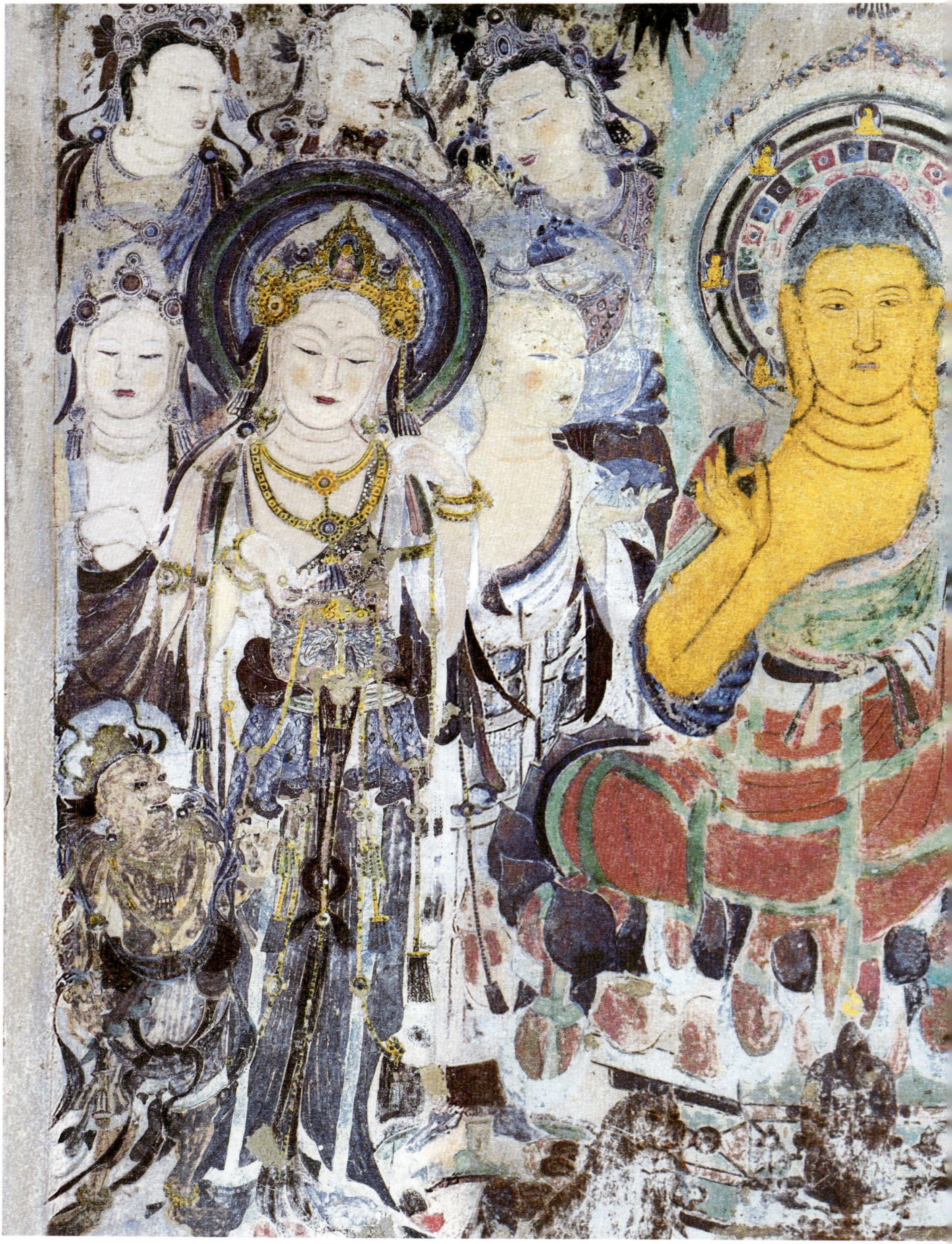

初唐 莫高窟第57窟南壁中央《说法图》

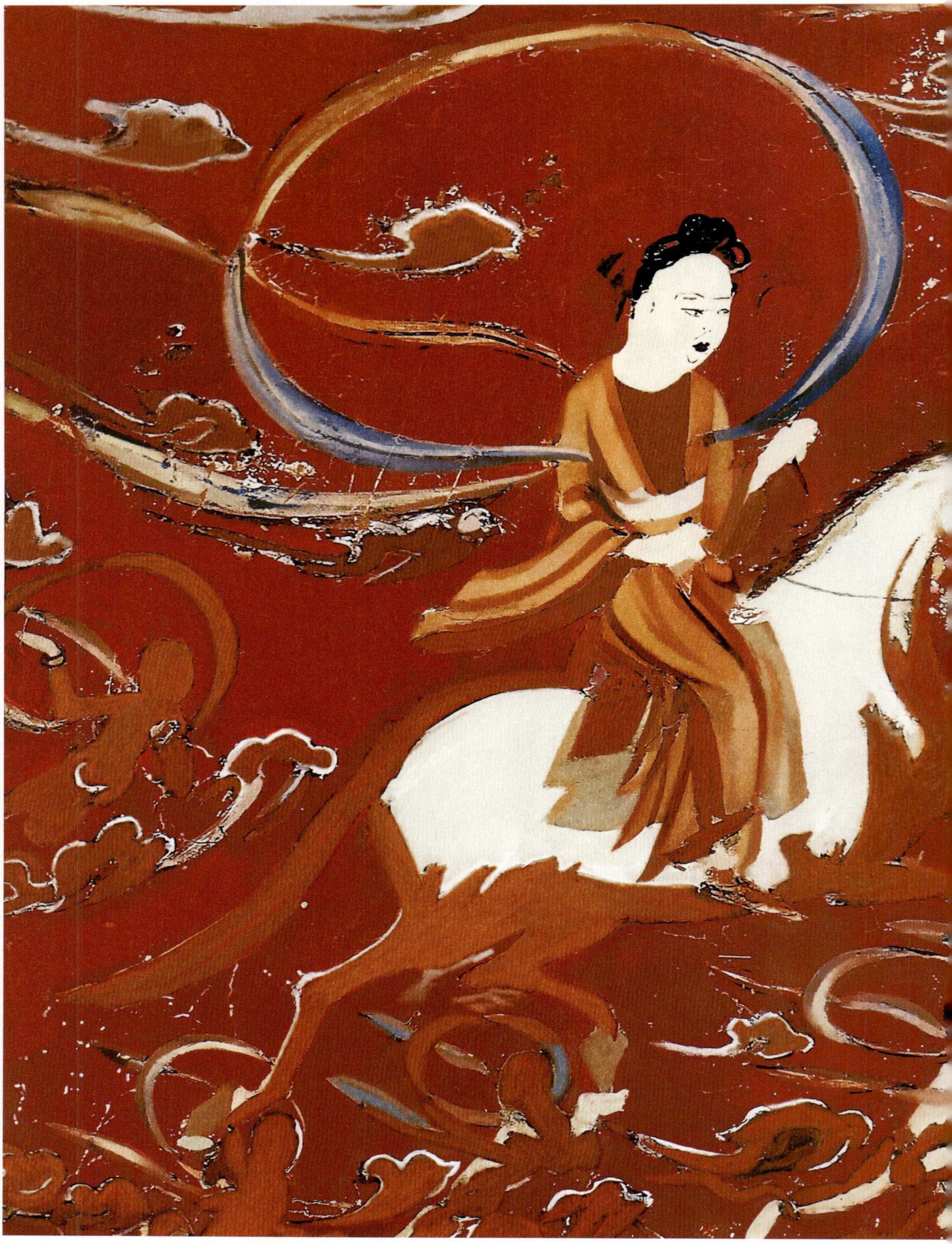

如是我闻——色彩回溯

二四 隋 莫高窟第278窟西壁龛外南侧《夜半逾城》局部

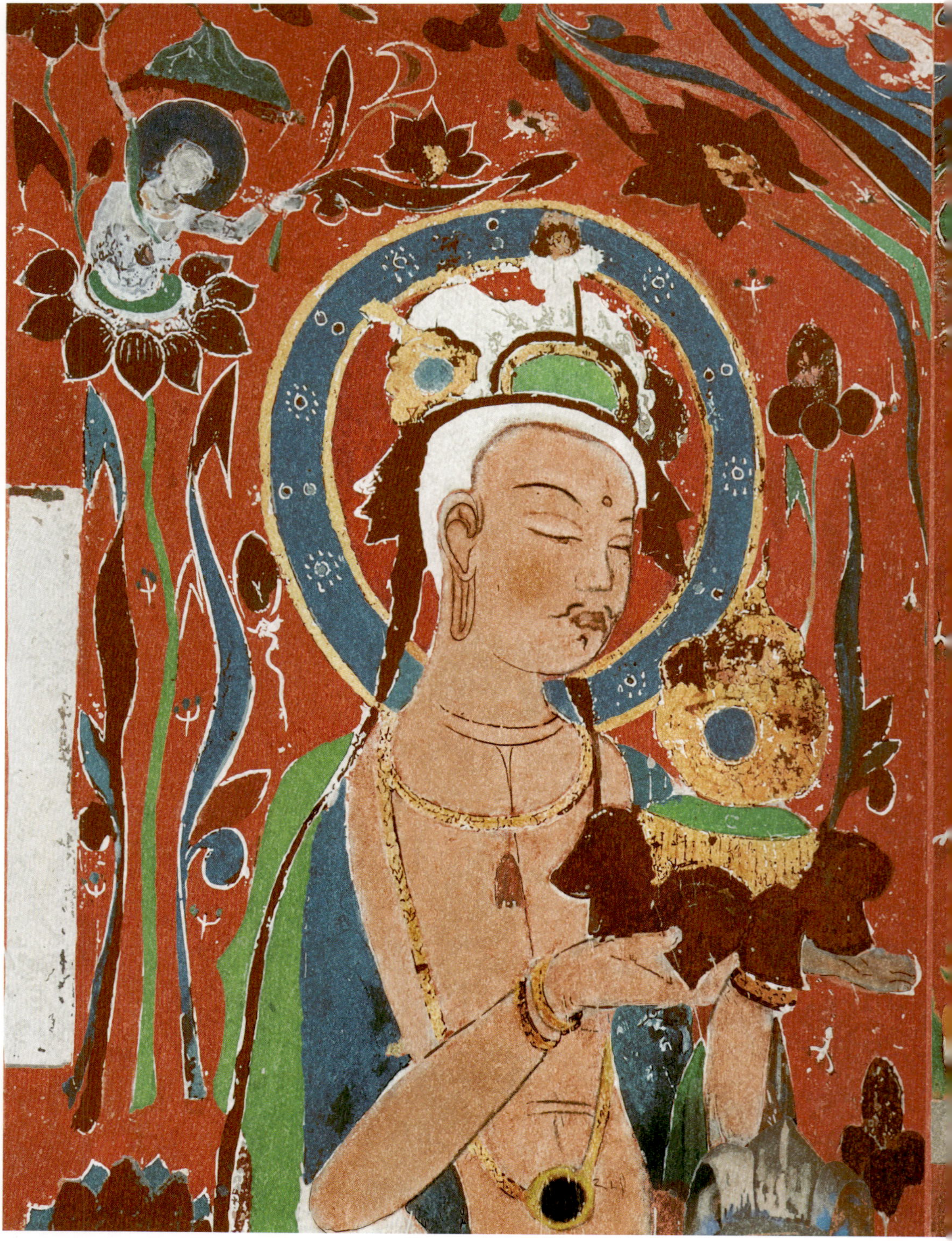

如是我闻——色彩回溯

一二五 隋 莫高窟第402窟西壁外层龛南侧、北侧胁侍菩萨

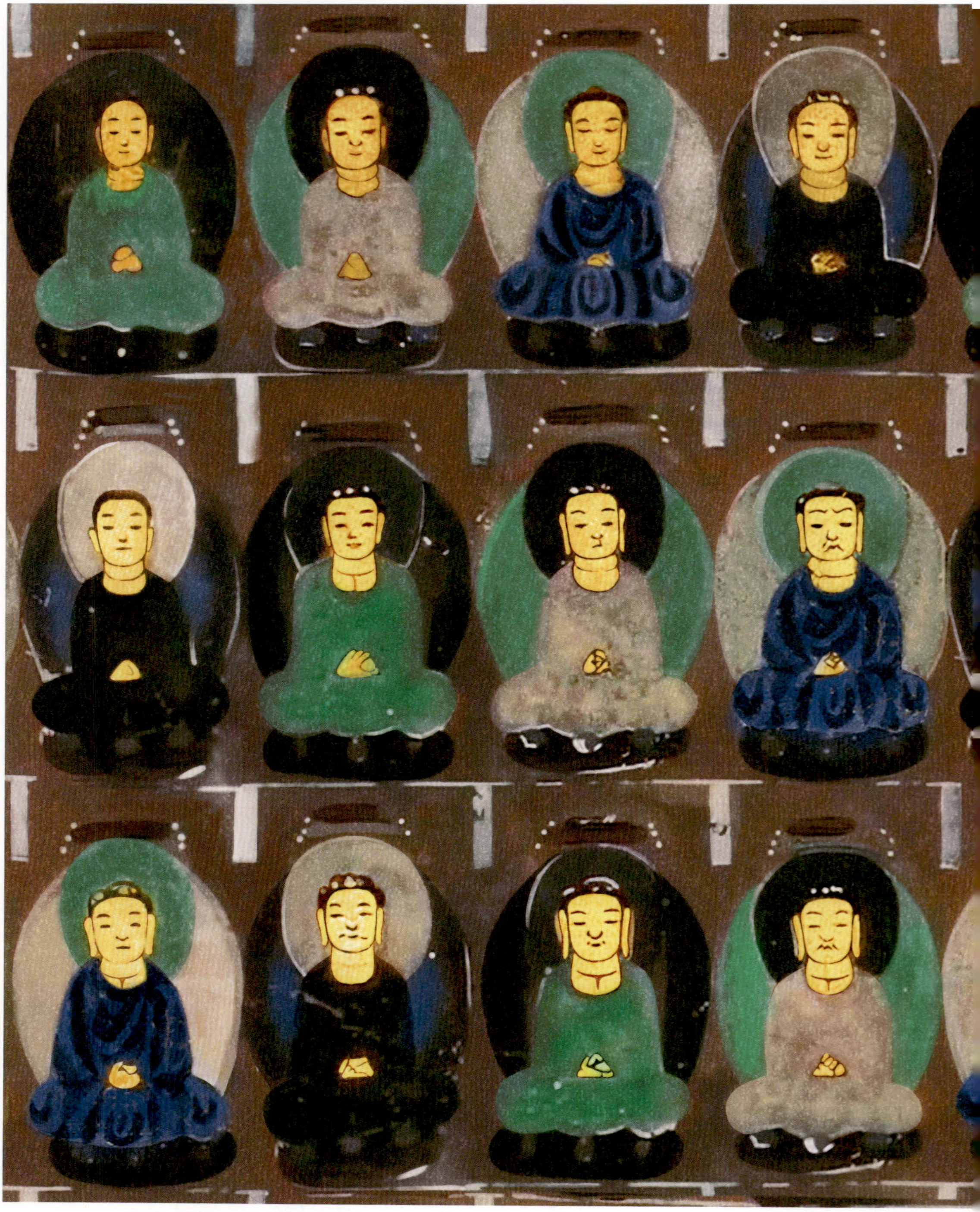

一二六 隋 莫高窟第427窟窟顶千佛

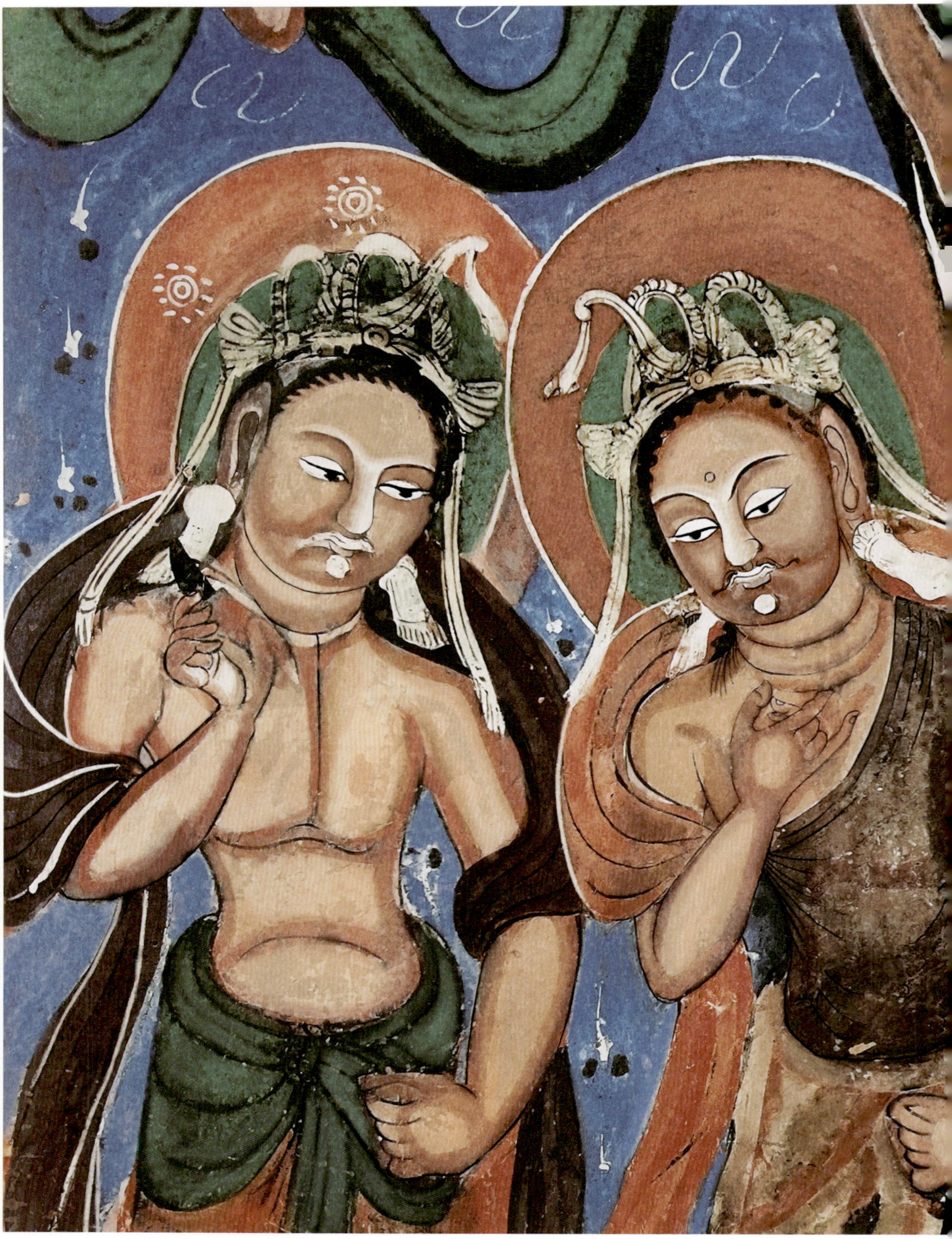

如是我闻——色彩回溯

一二七 北周 莫高窟第428窟中心柱东向龛内南侧供养菩萨

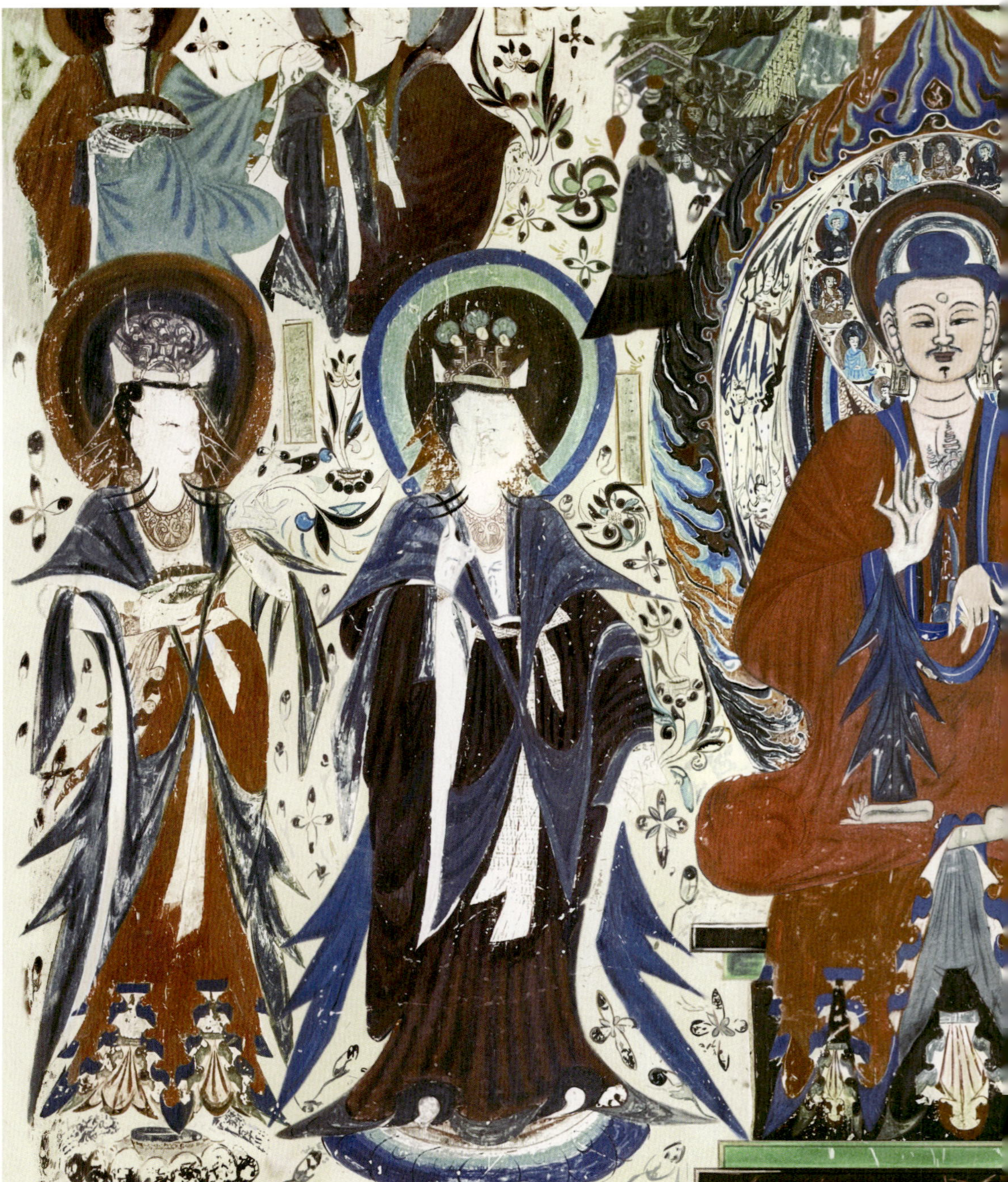

如是我闻——色彩回溯

一二八 西魏 莫高窟第285窟东壁门北侧《无量寿佛说法》局部

一二九　西魏　莫高窟第285窟西壁南龕内南側供養比丘

(二十) 西魏 莫高窟第285窟西壁正龛内南侧供养菩萨

(二一) 北魏 莫高窟第263窟北壁东侧千佛

〔三一二〕北魏 莫高窟第263窟南壁《三佛说法》局部

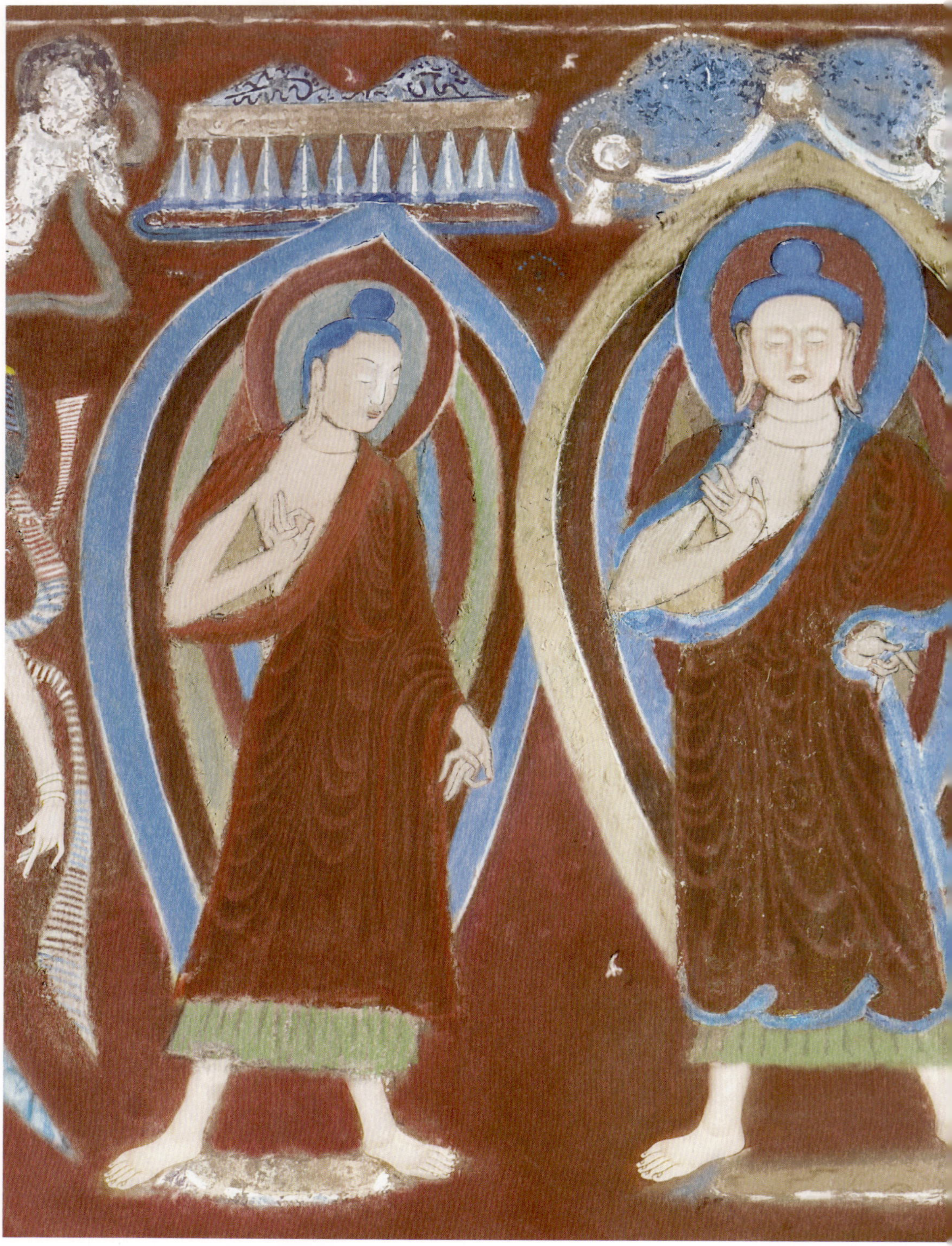

如是我闻——色彩回溯

二二二 北魏 莫高窟第263窟南壁《三佛说法》局部

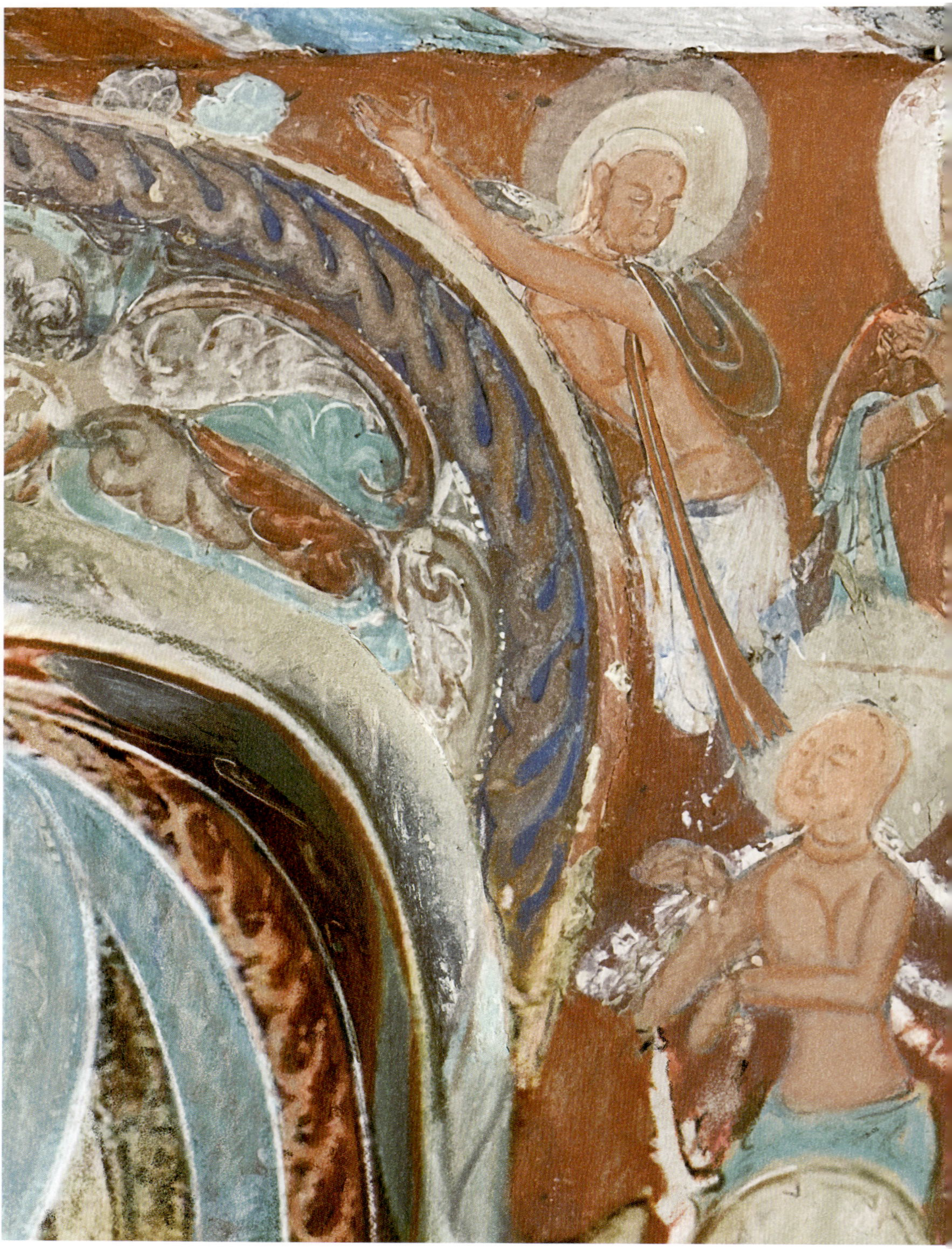

如是我闻——色彩回溯

二四 北魏 莫高窟第259窟北壁供养菩萨

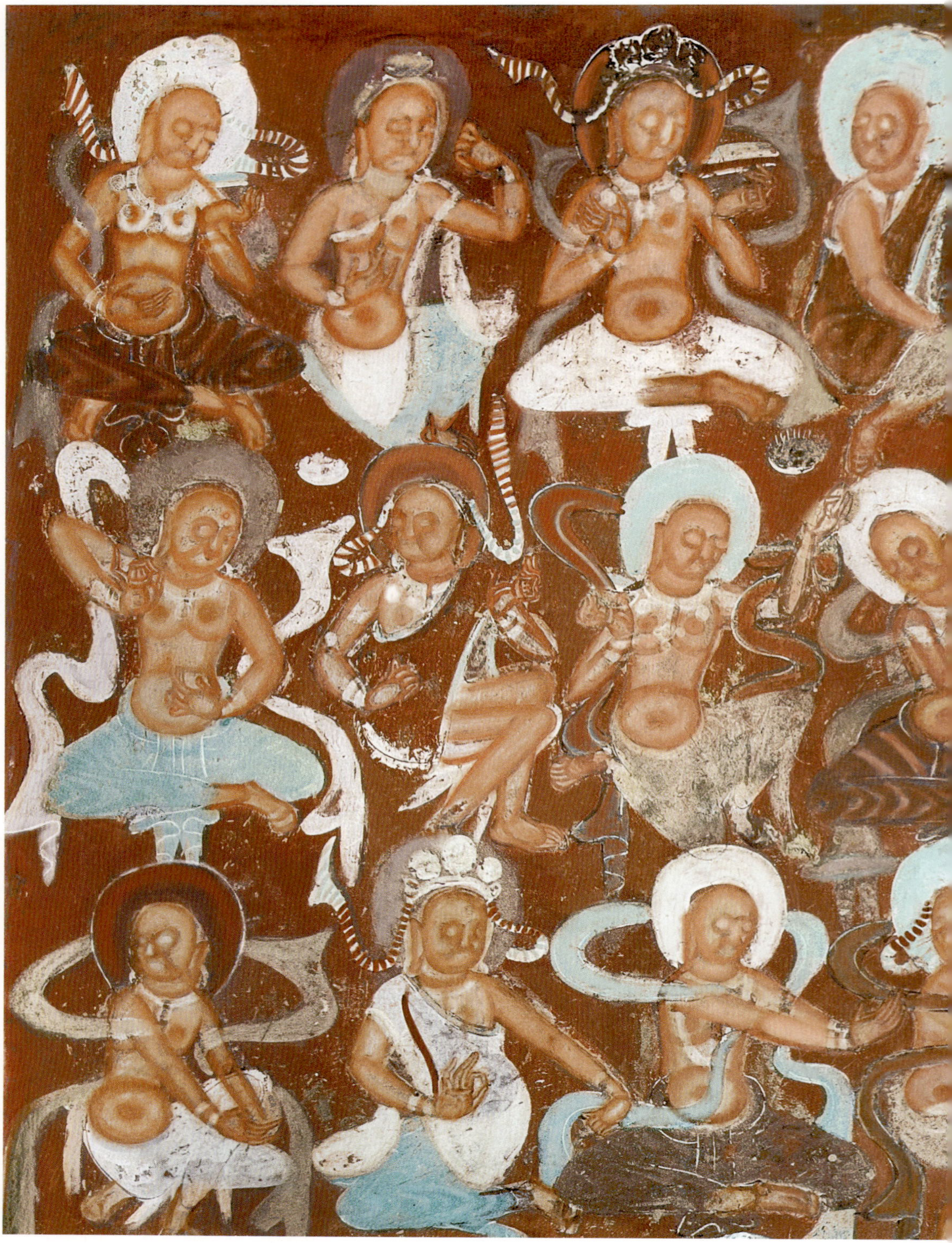

如是我闻——色彩回溯

(三五) 北凉 莫高窟第272窟西壁南侧听法菩萨

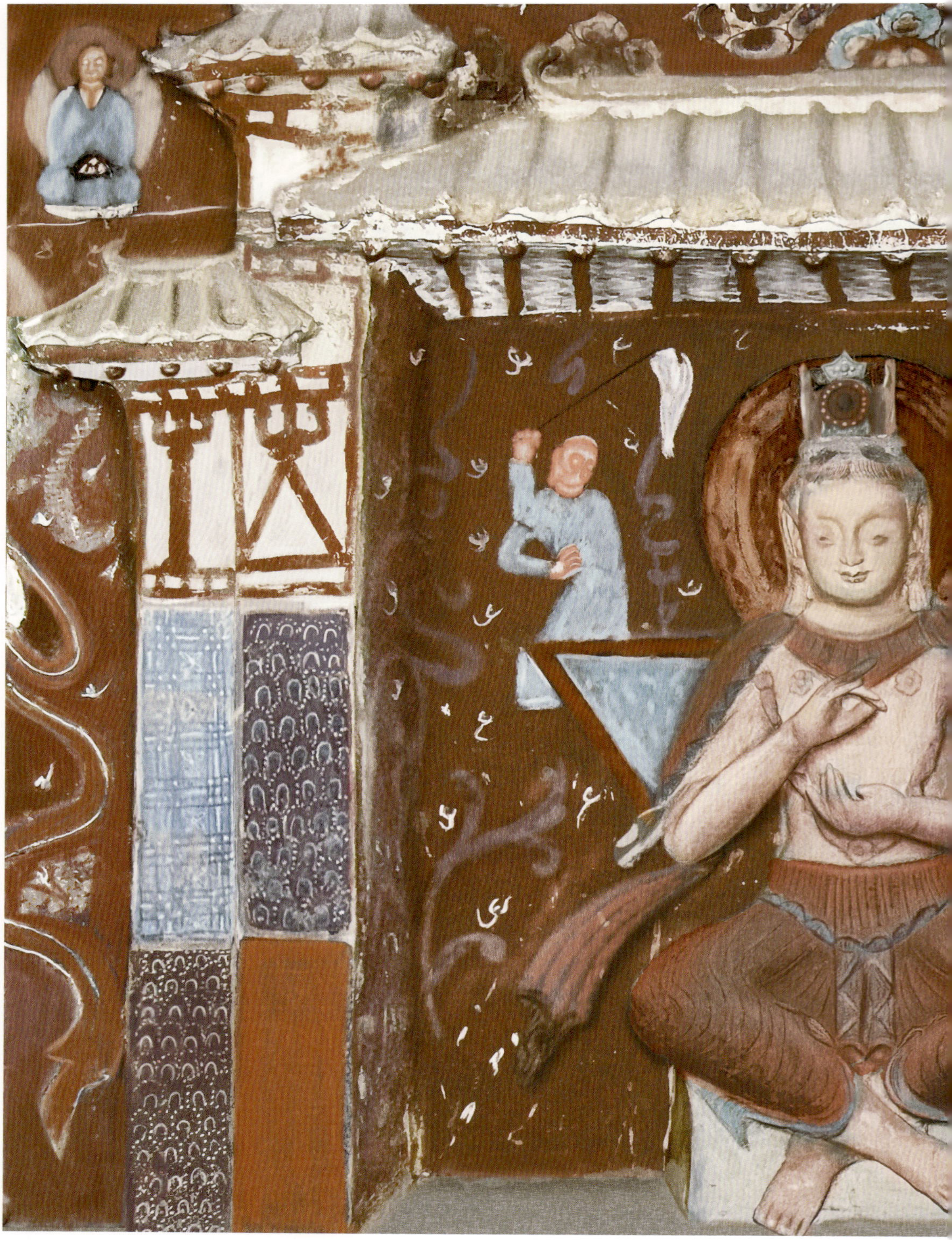

如是我闻——色彩回溯

二六 北凉 莫高窟第275窟南壁东侧交脚菩萨

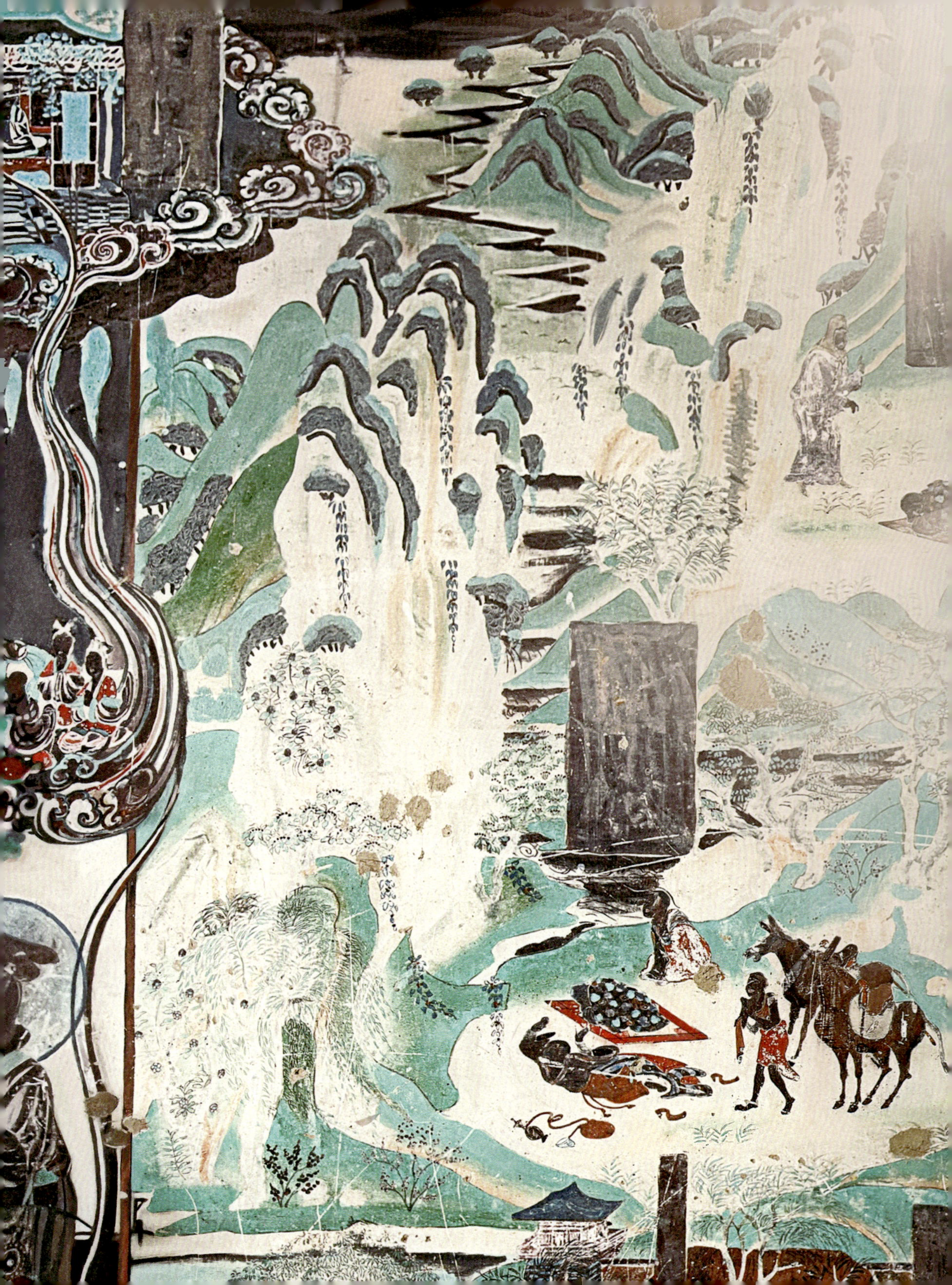

敦煌画师名录

敦煌里的色彩美学
The Color Aesthetics of Dunhuang

武保琳（榆林窟第35窟）

竺保（榆林窟第35窟）

高崇德（榆林窟第19窟）

张青儿（S.5050《十世纪某寺诸色斛斗入破历算会牒稿》）

苏定子（P.2032《后晋时代净土寺诸色入破历算会稿》）

张骨子（P.3763《十世纪净土寺诸色入破历算会稿》）

索像友（P.2032《后晋时代净土寺诸色入破历算会稿》）

董保德（S.3929《节度押衙董保德建造兰若功德颂》）

史小玉（莫高窟第3窟）

白般垫（榆林窟第33窟）

氾定全（莫高窟第444窟）

安存立（莫高窟第129窟）

安铁子（P.3763《十世纪净土寺诸色入破历算会稿》）

李圆心（榆林窟第32窟）

张弘恩（莫高窟第129窟）

张延锷（CH.xvni.002v《将仕郎左神武军长史兼御史中丞上柱国赐绯鱼袋张延锷写心经并绘四大天王、六神将为一册》）

附录一：

敦煌的主要矿物颜料说明

土红

颜料名称是土红，也称作赭石、土朱，红色系。它的矿物来源是赤铁矿，化学成分是三氧化二铁。自从有人类活动，土红就与人类如影随形，《山海经》讲的"赭""美赭""流赭"，都是赤铁矿成分。在敦煌洞窟的早期，北凉、北魏、西魏、北周时使用了大面积的土红，直到敦煌洞窟的中晚期，土红一直存在。土红和铁红经常混淆，它们的色相不同，但化学成分是相同的，我们会在铁红那里讲到怎么区分。

铅丹

颜料名称是铅丹，也称作红丹、黄丹，红色系。它是人工合成颜料，化学成分是四氧化三铅。铅丹作为一种壁画颜料最早出现在汉代壁画，《淮南子》保留了人工制作铅丹的早期记录："铅之与丹异类殊色，而可以为丹者，得其数也。"在高湿度和光照条件下，铅丹会从橘红色变为棕黑色、黑色，这是敦煌洞窟里绝大多数黑色面孔、黑色皮肤的产生原因。

朱砂

颜料名称是朱砂，也称作辰砂、丹砂、红色系。它的矿物来源是朱砂，化学成分是硫化汞。朱砂曾出现在漆器、服装等早期考古文物上，甚至在甲骨文的甲骨、始皇陵的兵马俑上面也有朱砂涂色，《山海经》里讲的"丹粟"就是朱砂颗粒。由于朱砂的需求大、矿藏少，相同化学成分的人工合成替代品开始在汉代出现，称作银朱，也称作水华朱、紫粉霜。在几乎所有敦煌洞窟里，朱砂都有多多少少的存在，初唐、盛唐、中唐时使用明显偏多。

密陀僧

颜料名称是密陀僧，也称没多僧、铅黄、炉底，产于铅矿床的氧化地带，因为它同时有红色晶体和黄色晶体两种不同变体，化学成分都是一氧化铅，所以它分属红色系和黄色系。密陀僧、没多僧是异域名字，可以判断它曾经是进口货。铅黄、炉底的名字，与中国古代的炼丹、问药有密切的关系，人工合成得到黄色晶体，所以它同时也是人工合成颜料。在莫高窟，北凉第268、272窟提取的四个颜料样本都分析出一氧化铅，均是土红色或粉红色，我猜测是密陀僧的红色晶体制成的颜料。

铜绿

颜料名称是铜绿，也称作绿盐、盐绿，绿色系。它的主要矿物来源是氯铜矿，化学成分是碱式氯化铜；它的次要矿物来源是水氯铜矿，化学成分是碱式氯化铜水合物。《本草纲目》记载："方家言波斯绿盐色青，阴雨中干而不湿者为真。又造盐绿法：用熟铜器盛取浆水一升，投青盐一两在内，浸七日取出，即绿色。以物刮末，入浆水再浸七日或二七取出。此非真绿盐也。"早期由波斯进口氯铜矿，后来西北地区的当地矿产替代进口，再后来还有以铜、盐或铜、醋制作的人工合成替代品。敦煌洞窟里大约五分之四的绿色颜料来自氯铜矿。

石绿

颜料名称是石绿，绿色系。它的矿物来源是孔雀石，化学成分是碱式碳酸铜。孔雀石通常与蓝铜矿伴生，蓝铜矿是石青的矿物来源，《山海经》里把蓝铜矿、孔雀石的伴生矿石称作"青雘"。中国画的青绿设色，就是根植于青雘颜料的长期使用经验。敦煌洞窟里大约五分之一的绿色颜料来自石绿，石绿并不是使用最多的敦煌壁画绿色颜料，这与我们的寻常认识不一样。

石青

颜料名称是石青,别称众多,蓝色系。它的矿物来源是蓝铜矿,化学成分是碱式碳酸铜。《山海经》里,青䨼代表着从绿到蓝的宽泛色域,青䨼的不同说法包括青雄黄、青碧等。抛开石绿,单论石青,根据蓝铜矿的外形和产地不同,别称包括空青、曾青、扁青、沙青、白青等。蓝铜矿制作成石青颜料,筛选的颗粒从粗到细,饱和度随之从深到浅,分为头青、二青、三青、四青等。头青和下面讲到的青金石不易分辨,基本认识是敦煌洞窟里石青的使用多于青金石。

青金石

颜料名称是青金石,也称作金精、佛青,蓝色系。它的矿物来源是青金石,化学成分是硫酸根离子、氢氧根的硅铝酸钠钙盐。青金石的蓝色纯粹而浓郁,有时点缀着漂亮的金星,很像是从悠远神秘的天空中摘取的颜色。《石雅》引用西方学者G.F.昆兹的描述:"青金石色相如天,或复金屑散乱,光辉灿灿,若众星之丽于天也。"在敦煌石窟里,青金石这种珍贵的进口颜料往往用在画重点的地方,譬如佛顶、佛发,佛经里称之为"绀青色"或"绀琉璃色"。隋代时青金石的使用达到顶峰,当时敦煌洞窟的全部蓝色颜料都是青金石。

土黄

颜料名称是土黄,也称黄赭石,黄色系。它的矿物来源是褐铁矿,化学成分是以含水氧化铁为主要成分的多矿物混合物。褐铁矿不是一种独立矿物,而是针铁矿、纤铁矿、赤铁矿、石英、黏土等矿物的混合。在莫高窟,晚唐第156窟提取的颜料样本中发现纤铁矿,证实为土黄颜料。目前,未见到对敦煌洞窟土黄颜料的整体性分析和记录,所以尚无法梳理其年代变迁。

雌黄

颜料名称是雌黄,也称石黄,黄色系。它的矿物来源是雌黄,化学成分是三硫化二砷。雌黄通常与雄黄伴生,雌黄是金黄色,雄黄是红橙色,雄黄的化学成分是四硫化四砷。《太平寰宇记》记载了宋代的敦煌有"雌黄州"的地名:"雌黄州其土出雌黄、丹砂极为妙,因产物以为名焉。"在莫高窟,晚唐第196窟的西披垂幔北起第四个黄色铃铛提取的颜料样本分析出雌黄。在榆林窟,西夏第10窟、第29窟和元代第27窟的颜料样本都发现雌黄或雄黄。

铁红

颜料名称是铁红，也称绛矾，红色系。它是人工合成颜料，化学成分是三氧化二铁。前面提到的土红，三氧化二铁的含量在50%~60%左右，其他为含钙、硅的物质，红色不是很鲜明，而这里的铁红，三氧化二铁的含量高于70%，红色更鲜明，着色更牢固。《图经本草》里说："绿矾形似朴硝而绿色，取此一物置于铁皮上，聚炭封之，囊袋吹令火炽，其矾即沸流出，色赤如融金汁者真也。"敦煌当地矿产的绿矾很有名气，绿矾焙烧后就是绛矾。五代时敦煌洞窟里开始出现绛矾，直至宋、西夏、元、清均有使用。

群青

颜料名称是群青，也称鬼子蓝，蓝色系。它是人工合成颜料，化学成分是$Na_6Al_4Si_6S_4O_{20}$。1828年，法国人让－巴布蒂斯特·吉美（Jean-Baptiste Guimet）开始批量生产群青，用高岭土、碳酸钠和硫酸等粉碎混合烧结而成。清代晚期，欧洲生产的群青进口到中国，这种颜色浓郁的蓝色颜料受到普遍欢迎。民国早期，国产群青开始替代进口，著名的国产品牌如"顺金隆"。习惯上，因为色相相近，人们有时把青金石称作"天然群青"，"顺金隆"在群青颜料上标注"佛青"，就是这个原因。敦煌洞窟里，清代晚期的补色中蓝色颜料均使用群青。

附录二：参考文献

谢稚柳．敦煌艺术叙录［M］．上海：上海出版公司，1955．

兰州大学敦煌学研究所．敦煌学辑刊（第1期－第114期）［J］．兰州：《敦煌学辑刊》编辑部，1980–2021．

敦煌研究院．敦煌研究（试刊号－第190期）［J］．兰州：《敦煌研究》编辑部，1981–2021．

任继愈．中国佛教史（第一卷－第三卷）［M］．北京：中国社会科学出版社，1981–1988．

汤用彤．隋唐佛教史稿［M］．北京：中华书局，1982．

汤用彤．汉魏两晋南北朝佛教史［M］．北京：中华书局，1983．

敦煌研究院．敦煌莫高窟供养人题记［M］．北京：文物出版社，1986．

段文杰．敦煌石窟艺术论集［M］．兰州：甘肃人民出版社，1988．

常沙娜．敦煌历代服饰图案［M］．香港：万里书店有限公司，1986．

任半塘．敦煌歌辞总编［M］．上海：上海古籍出版社，1987．

敦煌研究院．敦煌石窟内容总录［M］．北京：文物出版社，1996．

姚卫群．佛教般若思想发展源流［M］．北京：北京大学出版社，1996．

北京大学考古学系，克孜尔千佛洞文物保管所．新疆克孜尔石窟考古报告（第一卷）［M］．北京：文物出版社，1997．

李鼎霞，白化文．佛教造像手印［M］．北京：北京燕山出版社，1999．

周大正．敦煌壁画与中国画色彩［M］．北京：人民美术出版社，1999．

王伯敏．敦煌壁画山水研究［M］．杭州：浙江人民美术出版社，2000．

荣新江．敦煌学十八讲［M］．北京：北京大学出版社，2001．

圣凯．中国汉传佛教礼仪［M］．北京：宗教文化出版社，2001．

谢继胜．西夏藏传绘画——黑水城出土西夏唐卡研究［M］．石家庄：河北教育出版社，2001．

史苇湘．敦煌历史与莫高窟艺术研究［M］．兰州：甘肃教育出版社，2002．

常沙娜．中国敦煌历代装饰图案［M］．北京：清华大学出版社，2004．

李最雄．丝绸之路石窟壁画彩塑保护［M］．北京：科学出版社，2005．

白化文．汉地佛教参访录［M］．北京：中华书局，2005．

贺世哲．敦煌图像研究（十六国北朝卷）［M］．兰州：甘肃教育出版社，2006．

梁晓鹏．敦煌莫高窟千佛图像研究［M］．北京：民族出版社，2006．

欧阳琳．敦煌图案解析［M］．兰州：甘肃文化出版社，2007．

沙武田．敦煌画稿研究［M］．北京：中央编译出版社，2007．

穆纪光．敦煌艺术哲学［M］．北京：商务印书馆，2007．

李富华，姜德治．敦煌人物志［M］．兰州：甘肃人民出版社，2008．

宫治昭．涅槃和弥勒的图像学——从印度到中亚［M］．北京：文物出版社，2009．

孺子莘．中国石窟寺乐舞艺术［M］．北京：人民音乐出版社，2009．

伏俊琏．敦煌文学总论［M］．兰州：甘肃教育出版社，2010．

王进玉．敦煌学和科技史［M］．兰州：甘肃教育出版社，2010．

敦煌研究院．榆林窟研究论文集［C］．上海：上海辞书出版社，2011．

敦煌研究院．莫高窟第266-275窟考古报告［M］．北京：文物出版社，2011．

李炜．早期汉译佛经的来源与翻译方法初探［M］．北京：中华书局，2011．

赵玲．印度秣菟罗早期佛教造像研究［M］．上海：上海三联书店，2012．

胡同庆，王义芝．敦煌古代衣食住行［M］．兰州：甘肃人民美术出版社，2012．

印顺．印度佛教思想史［M］．贵阳：贵州大学出版社，2013．

霍旭初．龟兹石窟佛学研究［M］．北京：宗教文化出版社，2013．

张同标．中印佛教造像源流与传播［M］．南京：东南大学出版社，2013．

沙武田．吐蕃统治时期敦煌石窟研究［M］．北京：中国社会科学出版社，2013．

李映洲．敦煌壁画艺术论［M］．兰州：兰州大学出版社，2013．

易存国．敦煌艺术美学——以壁画艺术为中心［M］．上海：上海人民出版社，2013．

荣新江. 中古中国与粟特文明［M］. 北京：三联书店，2014.

常沙娜. 中国敦煌历代装饰图案（续编）［M］. 北京：清华大学出版社，2014.

杨铭. 吐蕃统治敦煌西域研究［M］. 北京：商务印书馆，2014.

杨航. 大乘般若智——《大智度论》菩萨思想研究［M］. 济南：齐鲁书社，2014.

荣新江. 归义军史研究——唐宋时代敦煌历史考索［M］. 上海：上海古籍出版社，2015.

荣新江. 丝绸之路与东西文化交流［M］. 北京：北京大学出版社，2015.

李崇峰. 佛教考古——从印度到中国［M］. 上海：上海古籍出版社，2015.

赵晓星. 吐蕃统治时期敦煌密教研究［M］. 兰州：甘肃教育出版社，2015.

顾淑彦. 敦煌十六国至隋石窟艺术［M］. 兰州：甘肃教育出版社，2015.

郑炳林，张景峰. 敦煌石窟彩塑艺术概论［M］. 兰州：甘肃教育出版社，2015.

白化文. 汉化佛教法器与服饰［M］. 北京：中华书局，2015.

张志勇. 敦煌邈真赞释译［M］. 北京：人民出版社，2015.

薛爱华. 撒马尔罕的金桃——唐代舶来品研究［M］. 北京：社会科学文献出版社，2016.

宁强. 敦煌石窟寺研究（修订版）［M］. 兰州：甘肃人民美术出版社，2016.

沙武田. 归义军时期敦煌石窟考古研究［M］. 兰州：甘肃教育出版社，2016.

沙武田. 榆林窟第25窟——敦煌图像中的唐蕃关系［M］. 北京：商务印书馆，2016.

陈金华. 佛教与中外交流［M］. 上海：中西书局，2016.

夏生平，卢秀文. 敦煌石窟供养人研究述评［M］. 杭州：浙江大学出版社，2016.

阮荣春，张同标. 从天竺到华夏——中印佛教美术的历程［M］. 北京：商务印书馆，2016.

王惠民. 敦煌佛教图像研究［M］. 杭州：浙江大学出版社，2016.

史忠平. 莫高窟唐代观音画像研究［M］. 北京：中国社会科学出版社，2016.

赵声良. 敦煌艺术十讲［M］. 北京：文物出版社，2017.

王惠民. 敦煌佛教与石窟营建［M］. 兰州：甘肃教育出版社，2017.

黄骏，谢成水. 中国石窟壁画保护与修复［M］. 杭州：中国美术学院出版社，2017.

张元林. 北朝—隋时期敦煌法华图像研究［M］. 兰州：甘肃教育出版社，2017.

段文杰. 佛在敦煌［M］. 北京：中华书局，2018.

孙英刚，何平. 犍陀罗文明史［M］. 北京：三联书店，2018.

陈海涛，陈琦. 图说敦煌二五四窟［M］. 北京：三联书店，2018.

葛英颖. 汉地佛教造像服饰研究［M］. 上海：东华大学出版社，2018.

马德. 敦煌古代工匠研究［M］. 北京：文物出版社，2018.

胡同庆，王义芝. 华丽敦煌——敦煌龙凤纹饰图录［M］. 兰州：读者出版社，2018.

宿白. 中国石窟寺研究［M］. 北京：三联书店，2019.

姚卫群. 佛教基础三十讲［M］. 北京：商务印书馆，2019.

赵声良. 敦煌石窟艺术简史（增订版）［M］. 北京：中国青年出版社，2019.

胡同庆. 敦煌佛教石窟艺术图像解析［M］. 北京：文物出版社，2019.

宁强. 敦煌石窟艺术——社会史与风格学的研究［M］. 北京：文物出版社，2020.

贾维维. 榆林窟第三窟壁画与文本研究［M］. 杭州：浙江大学出版社，2020.

郝春文等. 当代中国敦煌学研究（1949-2019）［M］. 北京：中国社会科学出版社，2020.

何山. 西域文化与敦煌艺术［M］. 桂林：广西师范大学出版社，2020.

孙志军. 世纪敦煌——跨越百年的莫高窟影像［M］. 北京：中信出版社，2021.

王小甫. 唐、吐蕃、大食政治关系史［M］. 北京：三联书店，2021.

巫鸿. 空间的敦煌——走近莫高窟［M］. 北京：三联书店，2022.

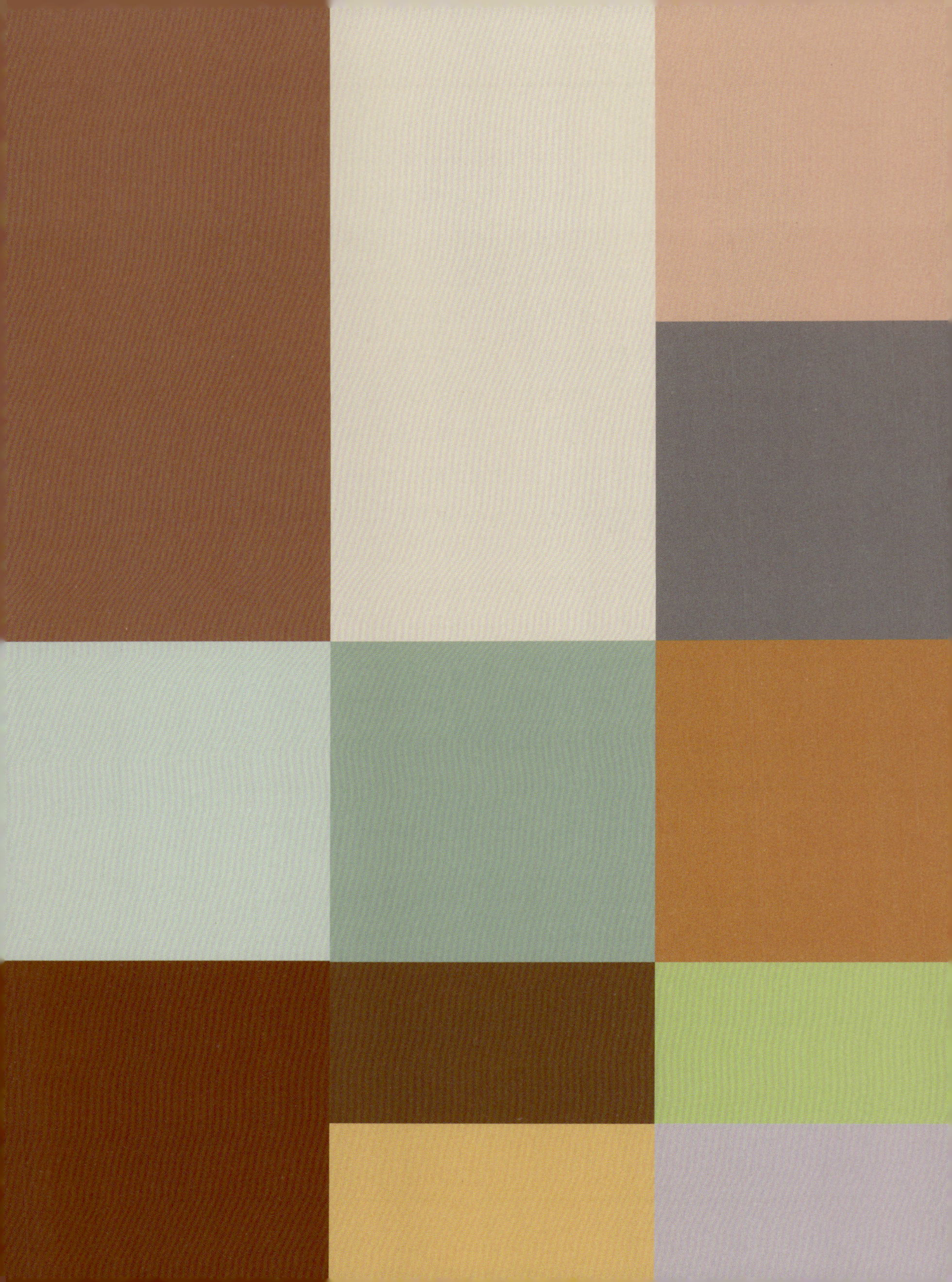

附录三：

敦煌色谱

北凉

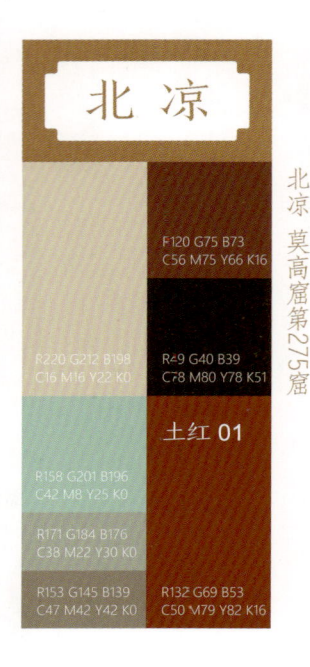

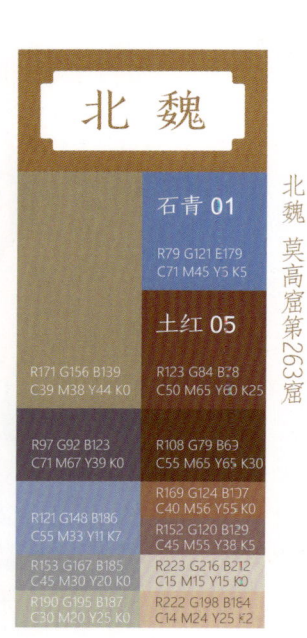

北凉 莫高窟第275窟

	R120 G75 B73 C56 M75 Y66 K16
R220 G212 B198 C16 M16 Y22 K0	R29 G40 B39 C78 M80 Y78 K51
R158 G201 B196 C42 M8 Y25 K0	土红 01
R171 G184 B176 C38 M22 Y30 K0	
R153 G145 B139 C47 M42 Y42 K0	R132 G69 B53 C50 M79 Y82 K16

土红 02

北凉 莫高窟第275窟

	R158 G105 B94 C45 M65 Y60 K0
R128 G86 B69 C55 M70 Y75 K10	R111 G89 B87 C61 M65 Y60 K15
R201 G189 B175 C25 M25 Y30 K0	土红 03
R140 G151 B162 C51 M36 Y30 K0	R115 G75 B65 C60 M75 Y75 K15
R179 G147 B139 C35 M45 Y40 K0	R222 G217 B221 C15 M15 Y10 K0
R81 G78 B86 C75 M70 Y60 K15	R155 G166 B160 C45 M30 Y35 K0
R188 G204 B226 C30 M15 Y5 K0	R74 G71 B73 C75 M70 Y65 K25

土红 04

北凉 莫高窟第272窟

	R240 G232 B231 C7 M10 Y8 K0
R140 G82 B66 C44 M71 Y71 K19	R210 G202 B198 C20 M20 Y19 K0
R191 G168 B141 C29 M35 Y44 K0	铜绿 01
R142 G127 B128 C51 M50 Y44 K2	R128 G182 B185 C53 M15 Y27 K0
R119 G110 B114 C60 M56 Y49 K5	
R113 G87 B81 C56 M63 Y60 K23	R41 G16 B19 C74 M87 Y82 K67
R186 G211 B207 C31 M9 Y19 K0	R26 G138 B136 C80 M31 Y48 K0

北魏

北魏 莫高窟第263窟

	石青 01
	R79 G121 B179 C71 M45 Y5 K5
	土红 05
R171 G156 B139 C39 M38 Y44 K0	R123 G84 B78 C50 M65 Y60 K25
R97 G92 B123 C71 M67 Y39 K0	R108 G79 B63 C55 M65 Y65 K30
R121 G148 B186 C55 M33 Y11 K7	R169 G124 B107 C40 M56 Y55 K0
R153 G167 B185 C45 M30 Y20 K0	R152 G120 B129 C45 M55 Y38 K5
R190 G195 B187 C30 M20 Y25 K0	R223 G216 B212 C15 M15 Y15 K0
	R222 G198 B164 C14 M24 Y25 K2

铅丹 01 (变色)

北魏 莫高窟第254窟

R69 G60 B54 C74 M73 Y75 K36	R130 G127 B125 C56 M49 Y47 K0
R148 G183 B179 C47 M18 Y29 K0	铜绿 02
R220 G220 B196 C17 M11 Y25 K0	R115 G142 B141 C61 M37 Y43 K0
R47 G42 B44 C82 M82 Y76 K46	R235 G236 B227 C10 M6 Y12 K0
R134 G112 B101 C56 M58 Y59 K0	R90 G111 B139 C72 M55 Y35 K0

铅丹 02 (变色)

北魏 莫高窟第254窟

R31 G31 B28 C82 M78 Y80 K62	R230 G210 B199 C11 M20 Y20 K0
	青金石 01
	R59 G70 B133 C86 M79 Y22 K1
	铜绿 03
R88 G123 B121 C71 M46 Y51 K1	R113 G149 B168 C60 M34 Y27 K0
R80 G76 B79 C76 M73 Y67 K12	R94 G80 B73 C67 M67 Y67 K21
R83 G56 B60 C72 M82 Y73 K25	R108 G72 B73 C63 M76 Y67 K15

附录三：敦煌色谱

北魏 莫高窟第254窟

土红 06
R142 G84 B71
C44 M70 Y67 K17

R179 G198 B226
C31 M14 Y0 K6

R159 G205 B207
C40 M4 Y18 K5

R100 G150 B201
C61 M29 Y2 K7

青金石 02
R46 G51 B85
C84 M78 Y41 K36

R123 G133 B160
C55 M42 Y22 K9

R98 G85 B92
C68 M67 Y56 K13

R50 G45 B48
C78 M77 Y71 K48

R208 G173 B105
C21 M34 Y63 K2

R230 G227 B211
C:0 M8 Y17 K4

R237 G239 B228
C9 M5 Y12 K0

北魏 莫高窟第254窟

R120 G152 B163
C58 M33 Y31 K0

R238 G234 B212
C8 M7 Y20 K0

R128 G170 B187
C54 M23 Y22 K0

R169 G152 B145
C40 M41 Y39 K0

F115 G102 B96
C64 M63 Y62 K0

R80 G77 B75
C76 M72 Y71 K13

R53 G41 B41
C78 M81 Y78 K48

R239 G245 B243
C8 M2 Y5 K0

北魏 莫高窟第263窟

石青 02
R171 G156 B139
C39 M38 Y44 K0

R123 G167 B203
C55 M25 Y10 K0

石青 03
R117 G101 B100
C60 M60 Y55 K10

R79 G121 B179
C71 M45 Y6 K5

R223 G225 B226
C15 M10 Y10 K0

R143 G109 B109
C50 M60 Y50 K5

R223 G216 B212
C15 M15 Y15 K0

R102 G87 B93
C65 M65 Y55 K15

R204 G174 B98
C24 M32 Y67 K0

R67 G75 B91
C77 M67 Y51 K23

北魏 莫高窟第259窟

土红 07
R154 G112 B89
C46 M60 Y65 K2

R170 G175 B174
C38 M27 Y29 K0

土红 08
R194 G188 B171
C28 M24 Y33 K0

R237 G235 B225
C9 M7 Y13 K0

R133 G89 B75
C55 M71 Y71 K6

R134 G162 B152
C53 M28 Y40 K0

R105 G102 B91
C67 M60 Y65 K4

R159 G186 B172
C43 M18 Y34 K0

R89 G85 B81
C72 M67 Y66 K13

R86 G96 B114
C75 M63 Y47 K2

北魏 莫高窟第263窟

土红 09
R112 G69 B68
C58 M76 Y67 K21

石青 04
R121 G167 B205
C56 M25 Y9 K0

R113 G100 B99
C64 M62 Y58 K4

R242 G243 B246
C6 M5 Y2 K0

R101 G113 B129
C68 M54 Y42 K0

R19 G40 B71
C99 M94 Y58 K26

R40 G44 B49
C85 M79 Y72 K45

R154 G113 B98
C48 M60 Y60 K0

西 魏

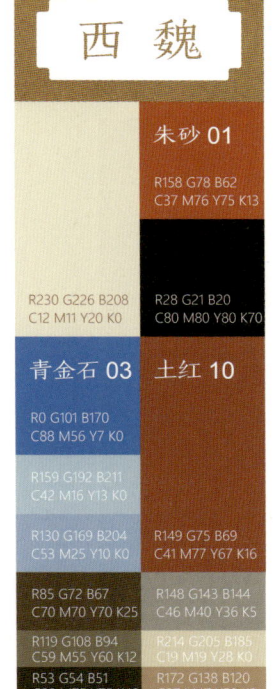

西魏 莫高窟第249窟

朱砂 01
R158 G78 B62
C37 M76 Y75 K13

R230 G226 B208
C12 M11 Y20 K0

R28 G21 B20
C80 M80 Y80 K70

青金石 03
R0 G101 B170
C88 M56 Y7 K0

土红 10
R159 G192 B211
C42 M16 Y13 K0

R130 G169 B204
C53 M25 Y10 K0

R149 G75 B69
C41 M77 Y67 K16

R85 G72 B67
C70 M70 Y70 K25

R148 G143 B144
C46 M40 Y36 K5

R119 G108 B94
C59 M55 Y60 K12

R214 G205 B185
C19 M19 Y28 K0

R53 G54 B51
C80 M75 Y75 K40

R172 G138 B120
C37 M47 Y50 K3

北周

西魏 莫高窟第285窟

土红 11
R203 G203 B191 / C24 M18 Y25 K0
R121 G76 B65 / C59 M76 Y77 K10

铅丹 03（变色）
R36 G40 B40 / C84 M77 Y76 K53
R85 G68 B62 / C72 M75 Y76 K21
R79 G83 B83 / C75 M67 Y64 K15
R145 G167 B141 / C49 M26 Y47 K0
R123 G123 B101 / C60 M50 Y63 K0
R87 G107 B156 / C73 M57 Y19 K0
R227 G224 B204 / C13 M11 Y22 K0
R158 G108 B83 / C45 M64 Y69 K0

西魏 莫高窟第285窟

土红 12
R106 G65 B53 / C58 M76 Y78 K28

铅丹 04（变色）
R45 G35 B35 / C83 M87 Y85 K48

铜绿 04
R115 G134 B119 / C62 M42 Y54 K0
R191 G184 B165 / C30 M26 Y35 K0
R176 G163 B144 / C36 M35 Y42 K0
R131 G147 B188 / C54 M39 Y11 K0
R230 G221 B200 / C12 M13 Y23 K0
R66 G47 B43 / C70 M76 Y76 K47
R138 G75 B40 / C51 M78 Y99 K9
R106 G110 B124 / C65 M55 Y42 K5
R152 G144 B132 / C47 M42 Y46 K0
R223 G227 B224 / C15 M9 Y12 K0

西魏 莫高窟第285窟

R152 G106 B73 / C48 M64 Y76 K0
R224 G224 B208 / C15 M10 Y20 K0
R60 G50 B35 / C75 M75 Y90 K45

土红 13
R92 G111 B180 / C70 M55 Y0 K0
R85 G94 B135 / C75 M65 Y30 K0
R143 G109 B95 / C50 M60 Y60 K5
R121 G124 B143 / C60 M50 Y35 K0
R69 G80 B94 / C80 M70 Y56 K10
R58 G55 B59 / C85 M85 Y80 K20
R191 G193 B170 / C30 M20 Y35 K0
R240 G239 B234 / C7 M5 Y9 K0
R155 G166 B160 / C45 M30 Y35 K0
R171 G191 B190 / C38 M18 Y24 K0
R97 G100 B90 / C70 M60 Y65 K5
R130 G163 B128 / C55 M25 Y55 K0

西魏 莫高窟第285窟

R227 G229 B224 / C13 M9 Y12 K0
R139 G82 B73 / C50 M74 Y69 K10
R156 G120 B113 / C46 M57 Y51 K0

泥色 01
R110 G128 B191 / C62 M47 Y0 K0
R136 G195 B207 / C49 M8 Y18 K0
R86 G81 B92 / C74 M70 Y58 K10
R161 G156 B175 / C42 M38 Y19 K0
R201 G196 B193 / C25 M22 Y21 K0
R148 G135 B138 / C49 M47 Y40 K0

北周 莫高窟第296窟

R212 G202 B189 / C20 M20 Y25 K0
R114 G129 B157 / C62 M46 Y27 K0
R154 G173 B164 / C45 M25 Y35 K0

玄色 01
R149 G98 B69 / C45 M65 Y75 K10
R217 G215 B209 / C18 M14 Y17 K0
R96 G100 B104 / C70 M60 Y55 K5
R172 G163 B145 / C38 M35 Y42 K0
R66 G64 B66 / C75 M70 Y65 K35
R167 G170 B170 / C40 M30 Y30 K0
R137 G139 B146 / C53 M43 Y37 K0

北周 莫高窟第428窟

土红 14
R186 G165 B142 / C32 M36 Y43 K0
R143 G58 B34 / C46 M87 Y100 K14
R200 G189 B169 / C25 M25 Y33 K0
R36 G27 B23 / C78 M80 Y82 K64
R165 G107 B63 / C41 M64 Y82 K2
R189 G149 B100 / C31 M45 Y63 K0
R70 G35 B18 / C64 M83 Y96 K54
R169 G113 B78 / C40 M62 Y72 K0
R116 G97 B92 / C61 M63 Y60 K8
R163 G150 B136 / C42 M40 Y44 K0

隋

北周 莫高窟第428窟

	R88 G107 B143	C73 M57 Y30 K0
土红 15	R179 G122 B111	C35 M58 Y51 K1
	(未标)	
铅丹 05 (变色)	R72 G56 B56	C71 M75 Y70 K38
	R197 G179 B171	C26 M31 Y29 K0
	R95 G115 B96	C69 M50 Y65 K5
	R103 G93 B88	C65 M63 Y62 K12
	R90 G98 B92	C71 M59 Y62 K9
	R209 G197 B177	C21 M22 Y30 K0
	R221 G218 B209	C16 M13 Y18 K0

隋 莫高窟第427窟

铅丹 06 (变色)	R97 G78 B77	C66 M69 Y64 K20
	R30 G31 B32	C90 M90 Y89 K49
	R155 G125 B124	C46 M54 Y45 K0
	R65 G119 B111	C78 M46 Y58 K2
箔金 01	R43 G69 B105	C89 M77 Y44 K9
	R244 G220 B120	C6 M13 Y60 K0
	R50 G71 B91	C88 M77 Y58 K6

隋 莫高窟第427窟

	(未标)	
土红 16	R113 G65 B60	C60 M81 Y77 K16
R189 G153 B119	C31 M42 Y53 K0	
土红 17	R111 G58 B50	C55 M81 Y79 K28
R212 G198 B189	C20 M23 Y24 K0	
土红 18		
R216 G189 B166	C18 M28 Y34 K0	
R172 G98 B73	C38 M70 Y73 K1	
R187 G195 B212	C31 M20 Y10 K0	
R182 G152 B138	C33 M42 Y42 K1	
R76 G93 B84	C76 M60 Y67 K13	
R89 G97 B110	C73 M63 Y50 K2	
R24 G28 B33	C89 M86 Y79 K57	

隋 莫高窟第420窟

	R123 G158 B191	C56 M30 Y15 K0
	R196 G172 B154	C27 M32 Y37 K0
	R67 G116 B145	C77 M49 Y33 K0
土红 19	R108 G120 B98	C65 M49 Y65 K3
	R240 G241 B237	C7 M5 Y7 K0
	R168 G122 B108	C40 M57 Y54 K0
	R50 G52 B54	C80 M74 Y70 K43
	R61 G70 B69	C78 M67 Y66 K31
	R209 G178 B132	C21 M32 Y50 K0
	R146 G154 B129	C49 M35 Y51 K0

隋 莫高窟第420窟

铅丹 07 (变色)	R97 G118 B159	C68 M51 Y22 K0
青金石 04	R36 G31 B32	C82 M81 Y77 K59
	R75 G108 B158	C76 M55 Y18 K0
	R250 G232 B201	C2 M11 Y24 K0
	R90 G131 B113	C69 M37 Y58 K6
	R72 G53 B41	C72 M77 Y86 K39
	R160 G129 B106	C44 M52 Y58 K0
箔金 02	R240 G218 B110	C8 M13 Y65 K0
	R169 G180 B164	C39 M24 Y36 K0

隋 莫高窟第402窟

土红 20		
	R195 G175 B158	C27 M32 Y36 K0
	R150 G93 B73	C48 M70 Y73 K1
铅丹 08 (变色)	铜绿 05	
	R82 G118 B113	C73 M48 Y55 K2
	R62 G60 B54	C80 M77 Y82 K28
	R20 G30 B30	C95 M91 Y93 K49
石绿 01		
	R73 G109 B82	C77 M53 Y76 K3
	R187 G159 B115	C30 M38 Y56 K3
	R219 G219 B211	C15 M11 Y16 K3
	R154 G144 B129	C45 M41 Y47 K3

附录三：敦煌色谱

隋 莫高窟第278窟

土红 21	铅丹 09 (变色)
R133 G72 B71 C56 M82 Y73 K4	R37 G32 B31 C81 M80 Y79 K59
R201 G168 B143 C25 M37 Y42 K0	
R215 G167 B126 C17 M39 Y51 K0	R161 G107 B79 C44 M64 Y71 K1
	R91 G62 B52 C64 M75 Y77 K32
R230 G228 B217 C12 M9 Y15 K0	R107 G98 B108 C66 M63 Y51 K4

隋 莫高窟第292窟

R150 G141 B116 C48 M43 Y55 K1	
R117 G101 B71 C58 M58 Y75 K15	R174 G166 B146 C37 M33 Y42 K1
	R77 G70 B60 C71 M67 Y73 K32
R56 G56 B50 C76 M69 Y73 K45	R182 G157 B113 C34 M39 Y58 K0
R73 G38 B20 C62 M81 Y95 K53	R18 G20 B18 C87 M82 Y84 K69
R84 G61 B45 C65 M72 Y82 K38	R124 G91 B54 C50 M61 Y82 K24
R73 G71 B50 C74 M67 Y86 K29	R89 G65 B34 C61 M68 Y92 K40

初 唐

初唐 莫高窟第57窟

土红 22	
	R144 G146 B151 C50 M40 Y35 K0
R129 G89 B70 C50 M65 Y70 K20	R162 G180 B164 C40 M20 Y35 K0
R77 G65 B60 C70 M70 Y70 K35	土红 23
R178 G183 B191 C35 M25 Y20 K0	R137 G94 B80 C55 M70 Y70 K0
R182 G155 B148 C33 M41 Y37 K0	R108 G85 B77 C65 M70 Y70 K10
R121 G124 B128 C60 M50 Y45 K0	R89 G82 B81 C71 M67 Y65 K15
R156 G157 B148 C45 M35 Y40 K0	R179 G138 B111 C35 M50 Y55 K0
R97 G111 B124 C70 M55 Y45 K0	R191 G180 B160 C30 M28 Y37 K0
R223 G216 B212 C15 M15 Y15 K0	R58 G63 B82 C85 M80 Y60 K15

初唐 莫高窟第321窟

石青 05	
	R178 G127 B103 C33 M54 Y56 K5
R95 G121 B151 C69 M49 Y29 K1	R214 G213 B211 C19 M15 Y15 K0
R56 G51 B48 C75 M73 Y73 K47	
R82 G78 B74 C72 M67 Y67 K21	R181 G165 B140 C33 M35 Y44 K0
R162 G181 B182 C42 M22 Y26 K0	R135 G168 B153 C52 M24 Y41 K2
青金石 04 R49 G89 B132 C85 M64 Y31 K5	R93 G73 B57 C63 M68 Y75 K31
R146 G163 B170 C48 M31 Y29 K0	R145 G126 B120 C49 M50 Y47 K5

初唐 莫高窟第57窟

	R158 G175 B216 C42 M27 Y2 K0
R192 G189 B185 C29 M24 Y25 K0	R138 G157 B207 C50 M34 Y1 K0
R106 G117 B139 C65 M52 Y35 K1	
R77 G82 B109 C77 M69 Y44 K9	R165 G166 B139 C40 M33 Y16 K0
R104 G138 B119 C65 M38 Y56 K0	箔金 03 R225 G192 B84 C14 M25 Y74 K1
	R77 G64 B75 C76 M78 Y64 K19
R126 G96 B113 C58 M66 Y45 K4	R107 G96 B93 C61 M59 Y56 K18
R204 G174 B144 C22 M33 Y42 K2	R115 G125 B123 C62 M48 Y49 K0
R167 G207 B208 C39 M7 Y20 K0	R14 G20 B27 C92 M87 Y76 K65

初唐 莫高窟第220窟

石绿 02	
	R100 G73 B68 C65 M73 Y71 K21
R153 G183 B172 C45 M19 Y33 K0	R58 G45 B45 C76 M80 Y76 K44
石青 06 R69 G107 B131 C78 M55 Y39 K1	
R235 G230 B229 C9 M10 Y9 K0	R142 G107 B96 C52 M62 Y61 K1

附录三：敦煌色谱

初唐 莫高窟第57窟

土红 24
R105 G56 B56
C54 M79 Y69 K35
R171 G94 B74
C35 M71 Y68 K7

土红 25
青金石 06
R48 G88 B125
C83 M60 Y31 K16

R215 G149 B128
C16 M49 Y45 K0
R152 G166 B178
C46 M30 Y24 K0

R192 G202 B186
C29 M16 Y28 K0
R126 G112 B106
C58 M56 Y55 K4

R132 G172 B126
C53 M19 Y58 K2
R86 G76 B79
C73 M71 Y64 K16

R229 G226 B227
C12 M11 Y9 K0
R197 G156 B92
C24 M40 Y67 K5

初唐 莫高窟第57窟

R164 G120 B120
C42 M58 Y46 K0

R195 G186 B161
C28 M25 Y37 K0
R141 G163 B184
C50 M30 Y20 K0

铅丹 10
(变色)
R224 G197 B113
C15 M23 Y62 K0

R217 G214 B207
C18 M15 Y18 K0
R67 G72 B78
C80 M73 Y64 K18

R187 G212 B188
C31 M7 Y31 K0
R165 G172 B174
C41 M29 Y27 K0

R59 G61 B52
C71 M61 Y69 K49

R112 G106 B81
C62 M56 Y71 K10
R151 G132 B122
C48 M49 Y49 K0

R40 G46 B49
C82 M74 Y68 K50
R212 G191 B147
C20 M25 Y45 K0

R131 G133 B124
C56 M45 Y49 K0
R78 G80 B73
C75 M66 Y71 K19

初唐 莫高窟第57窟

铅丹 11
(变色)

R192 G189 B185
C29 M24 Y25 K0
R74 G73 B74
C77 M71 Y68 K19

R170 G116 B119
C39 M60 Y45 K0

R129 G115 B104
C58 M56 Y58 K0
R140 G127 B138
C52 M51 Y37 K1

R136 G165 B204
C51 M29 Y7 K0

R158 G175 B216
C42 M27 Y2 K0
R145 G99 B93
C51 M67 Y61 K1

R136 G161 B159
C52 M29 Y36 K0
R114 G137 B158
C61 M42 Y29 K0

R225 G192 B84
C14 M25 Y74 K1
R129 G154 B133
C55 M31 Y50 K0

R112 G99 B106
C65 M64 Y53 K0

R100 G89 B95
C71 M69 Y60 K1
R46 G43 B48
C82 M81 Y73 K45

初唐 莫高窟第57窟

土红 26
铅丹 12
(变色)
R72 G64 B58
C73 M71 Y73 K33

铜绿 06
R107 G116 B89
C62 M47 Y67 K12

R121 G65 B54
C51 M78 Y76 K25

R164 G171 B170
C41 M29 Y30 K0
R99 G98 B98
C67 M60 Y56 K11

R187 G139 B106
C31 M50 Y58 K0
R169 G141 B128
C40 M46 Y47 K0

初唐 莫高窟第321窟

R57 G56 B65
C79 M75 Y63 K37

R120 G132 B183
C59 M46 Y7 K0
R196 G198 B202
C27 M20 Y17 K0

R133 G129 B135
C55 M49 Y41 K1
R139 G171 B172
C51 M24 Y31 K0

R133 G141 B170
C54 M42 Y21 K1
R168 G160 B149
C40 M36 Y39 K0

盛 唐

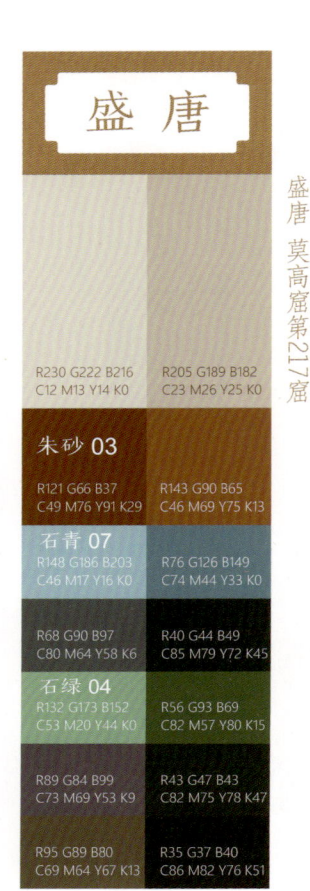

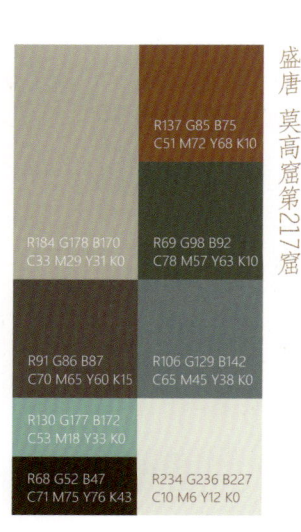

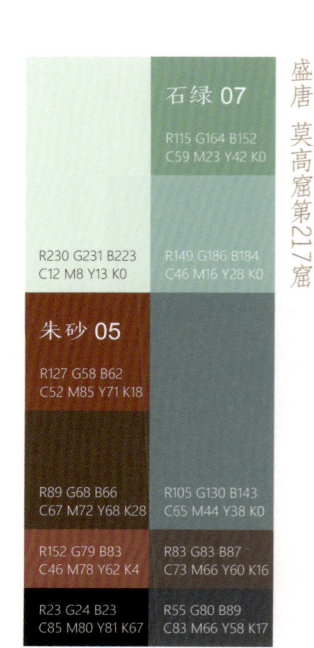

初唐 莫高窟第322窟

名称	RGB	CMYK
	R177 G146 B105	C36 M44 Y61 K1
朱砂 02	R143 G68 B48	C48 M82 Y89 K10
石绿 03	R93 G111 B75	C69 M52 Y79 K7
	R109 G109 B115	C65 M57 Y50 K1
	R181 G180 B155	C35 M25 Y40 K0
	R218 G203 B189	C17 M21 Y24 K0
	R173 G156 B138	C38 M39 Y44 K1
	R180 G129 B91	C36 M54 Y66 K0
	R175 G108 B82	C36 M65 Y67 K2
	R58 G48 B44	C76 M75 Y78 K45
	R216 G198 B171	C18 M23 Y33 K0
	R92 G85 B81	C70 M66 Y65 K15

盛唐 莫高窟第217窟

	R230 G222 B216	C12 M13 Y14 K0
	R205 G189 B182	C23 M26 Y25 K0
朱砂 03	R121 G66 B37	C49 M76 Y91 K29
	R143 G90 B65	C46 M69 Y75 K13
石青 07	R148 G186 B203	C46 M17 Y16 K0
	R76 G126 B149	C74 M44 Y33 K0
	R68 G90 B97	C80 M64 Y58 K6
	R40 G44 B49	C85 M79 Y72 K45
石绿 04	R132 G173 B152	C53 M20 Y44 K0
	R56 G93 B69	C82 M57 Y80 K15
	R89 G84 B99	C73 M69 Y53 K9
	R43 G47 B43	C82 M75 Y78 K47
	R95 G89 B80	C69 M64 Y67 K13
	R35 G37 B40	C86 M82 Y76 K51

盛唐 莫高窟第217窟

名称	RGB	CMYK
	R102 G132 B112	C66 M41 Y59 K2
	R215 G210 B194	C19 M16 Y24 K0
	R147 G183 B183	C47 M18 Y27 K0
石绿 05		
	R89 G87 B99	C70 M64 Y51 K16
	R105 G79 B77	C64 M71 Y65 K16
	R123 G167 B159	C56 M23 Y38 K0
	R91 G55 B48	C64 M80 Y80 K34
	R40 G25 B32	C84 M91 Y81 K54
朱砂 04	R169 G58 B44	C34 M88 Y88 K9
	R229 G222 B222	C12 M13 Y11 K0
	R192 G111 B59	C28 M65 Y82 K0
	R46 G76 B102	C88 M73 Y50 K8
	R203 G169 B137	C24 M36 Y46 K0
	R170 G148 B144	C38 M42 Y38 K2

盛唐 莫高窟第217窟

名称	RGB	CMYK
	R124 G67 B55	C54 M79 Y71 K18
	R202 G194 B173	C25 M22 Y32 K0
	R64 G59 B62	C76 M73 Y67 K36
石绿 06	R132 G194 B193	C51 M7 Y26 K0
	R157 G179 B195	C43 M23 Y18 K0
	R189 G154 B115	C31 M42 Y56 K0
	R65 G92 B115	C81 M64 Y45 K4
	R218 G221 B219	C17 M11 Y13 K0

盛唐 莫高窟第217窟

名称	RGB	CMYK
	R137 G85 B75	C51 M72 Y68 K10
	R184 G178 B170	C33 M29 Y31 K0
	R69 G98 B92	C78 M57 Y63 K10
	R91 G86 B87	C70 M65 Y60 K15
	R106 G129 B142	C65 M45 Y38 K0
	R130 G177 B172	C53 M18 Y33 K0
	R68 G52 B47	C71 M75 Y76 K43
	R234 G236 B227	C10 M6 Y12 K0

盛唐 莫高窟第217窟

名称	RGB	CMYK
石绿 07	R115 G164 B152	C59 M23 Y42 K0
	R230 G231 B223	C12 M8 Y13 K0
	R149 G186 B184	C46 M16 Y28 K0
朱砂 05	R127 G58 B62	C52 M85 Y71 K18
	R89 G68 B66	C67 M72 Y68 K28
	R105 G130 B143	C65 M44 Y38 K0
	R152 G79 B83	C46 M78 Y62 K4
	R83 G83 B87	C73 M66 Y60 K16
	R23 G24 B23	C85 M80 Y81 K67
	R55 G80 B89	C83 M66 Y58 K17

附录三：敦煌色谱

盛唐 莫高窟第45窟

R202 G128 B126 C22 M58 Y41 K0	石绿 08 R150 G195 B170 C46 M9 Y38 K0
	石绿 09 R87 G136 B104 C71 M36 Y66 K0
R188 G199 B188 C31 M16 Y26 K0	
R89 G80 B68 C71 M68 Y75 K17	R194 G137 B117 C27 M53 Y50 K0
	R70 G104 B109 C78 M56 Y54 K4
	R109 G146 B151 C62 M35 Y37 K0
	R231 G234 B225 C12 M6 Y13 K0
R175 G119 B98 C37 M59 Y59 K0	R46 G45 B43 C89 M89 Y93 K30

盛唐 莫高窟第45窟

R204 G170 B149 C23 M36 Y39 K0	R150 G109 B85 C44 M63 Y67 K2
	R196 G191 B170 C27 M23 Y33 K0
R116 G82 B68 C60 M71 Y75 K13	R222 G219 B209 C16 M13 Y18 K0
	R139 G147 B157 C52 M39 Y32 K0
R130 G151 B137 C55 M34 Y47 K0	R80 G62 B53 C71 M76 Y79 K30
R91 G76 B79 C71 M71 Y64 K16	R138 G133 B133 C53 M47 Y43 K0

盛唐 莫高窟第45窟

	R155 G98 B80 C45 M68 Y68 K3
R200 G171 B143 C25 M35 Y43 K0	R123 G148 B125 C57 M33 Y53 K3
R91 G80 B70 C73 M72 Y76 K10	
R87 G87 B82 C71 M63 Y64 K17	R138 G140 B143 C53 M43 Y38 K0
	R139 G147 B157 C52 M39 Y32 K0
R169 G199 B185 C38 M12 Y30 K0	R97 G115 B125 C69 M53 Y45 K1
R151 G153 B152 C47 M37 Y36 K0	
R217 G211 B193 C18 M16 Y25 K0	R142 G118 B111 C51 M56 Y52 K2

盛唐 莫高窟第45窟

R195 G185 B163 C28 M26 Y36 K0	R234 G230 B218 C10 M9 Y15 K0
R129 G158 B174 C55 M31 Y25 K0	
R142 G184 B180 C49 M16 Y30 K0	R80 G101 B113 C76 M60 Y50 K2
	R115 G96 B95 C63 M65 Y60 K4
R127 G88 B81 C56 M70 Y66 K8	R126 G126 B127 C58 M49 Y46 K0
	R44 G35 B35 C79 M81 Y78 K55
R133 G80 B58 C50 M72 Y79 K17	R114 G121 B153 C60 M49 Y23 K8

盛唐 莫高窟第103窟

石绿 10	R83 G89 B86 C75 M65 Y65 K10
R109 G139 B127 C64 M38 Y51 K0	R108 G97 B87 C65 M63 Y65 K6
R98 G75 B66 C66 M72 Y74 K20	
R104 G109 B86 C67 M55 Y71 K4	R173 G169 B159 C38 M31 Y35 K0

盛唐 榆林窟第25窟

R230 G221 B212 C12 M14 Y16 K0	R121 G101 B90 C61 M63 Y64 K4
	R126 G161 B145 C56 M27 Y45 K0
R190 G132 B106 C29 M55 Y56 K0	R156 G152 B121 C45 M37 Y55 K0
	R130 G135 B123 C56 M44 Y51 K0
R126 G91 B84 C57 M68 Y65 K8	R181 G129 B111 C34 M55 Y53 K0

250 / 251

盛唐 榆林窟第25窟

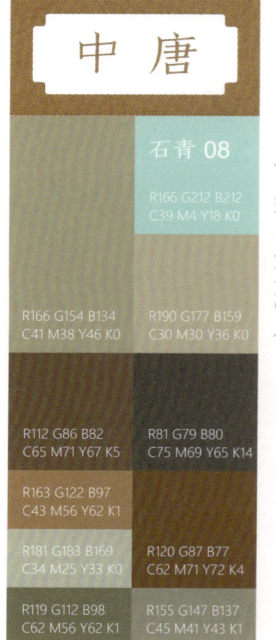

	朱砂 06
R192 G183 B173 C29 M27 Y30 K0	R155 G79 B72 C44 M78 Y70 K5
R180 G111 B79 C34 M64 Y70 K0	R51 G52 B47 C78 M72 Y75 K46
R87 G79 B73 C69 M66 Y67 K23	R85 G99 B109 C74 M60 Y51 K5
R172 G150 B142 C38 M42 Y40 K0	R128 G150 B130 C56 M34 Y51 K0
	R145 G110 B108 C51 M61 Y53 K0
	R130 G146 B154 C55 M38 Y34 K0
R119 G137 B123 C60 M41 Y52 K0	R107 G67 B55 C58 M75 Y77 K27

盛唐 榆林窟第25窟

R215 G214 B209 C19 M14 Y19 K0	R88 G121 B116 C71 M46 Y54 K3
R199 G136 B127 C24 M54 Y43 K0	R134 G157 B167 C53 M32 Y29 K0
R124 G94 B83 C58 M66 Y66 K8	R138 G133 B126 C53 M47 Y48 K0
R119 G101 B98 C62 M62 Y59 K4	R59 G55 B56 C77 M74 Y70 K40
R155 G200 B195 C42 M8 Y25 K1	R114 G86 B78 C62 M69 Y69 K10
R154 G183 B174 C45 M19 Y32 K0	R130 G154 B147 C55 M32 Y41 K0
	R127 G139 B159 C56 M42 Y29 K0

盛唐 榆林窟第25窟

R208 G198 B183 C22 M21 Y27 K0	R101 G90 B80 C67 M65 Y68 K11
	R141 G89 B58 C51 M72 Y85 K6
R124 G143 B121 C58 M38 Y55 K0	
R153 G172 B147 C46 M25 Y44 K0	R145 G119 B98 C51 M55 Y62 K1
R181 G163 B131 C35 M36 Y49 K0	R92 G106 B114 C72 M57 Y51 K1
R136 G124 B105 C54 M51 Y59 K1	R148 G90 B73 C48 M72 Y72 K5

中 唐

中唐 莫高窟第45窟

	石青 08
	R166 G212 B212 C39 M4 Y18 K0
R166 G154 B134 C41 M38 Y46 K0	R190 G177 B159 C30 M30 Y36 K0
R112 G86 B82 C65 M71 Y67 K5	R81 G79 B80 C75 M69 Y65 K14
R163 G122 B97 C43 M56 Y62 K1	
R181 G183 B169 C34 M25 Y33 K0	R120 G87 B77 C62 M71 Y72 K4
R119 G112 B98 C62 M56 Y62 K1	R155 G147 B137 C45 M41 Y43 K1

附录三：敦煌色谱

中唐 莫高窟第158窟

R130 G161 B159 C54 M29 Y36 K0	R183 G196 B182 C33 M17 Y29 K0
R211 G196 B182 C20 M24 Y27 K0	R83 G59 B61 C72 M80 Y73 K25
R78 G79 B81 C74 M67 Y62 K20	R115 G63 B64 C58 M81 Y71 K20
R51 G54 B54 C81 M75 Y72 K40	R182 G158 B126 C34 M38 Y51 K0
R180 G115 B92 C34 M62 Y62 K0	R77 G54 B49 C71 M80 Y81 K33

中唐 莫高窟第23窟

靛色 01
R81 G70 B125 C79 M80 Y28 K0

朱砂 07
R149 G88 B82 C49 M74 Y66 K1
R148 G66 B39 C47 M84 Y99 K7

R106 G126 B136 C65 M47 Y41 K0	
R71 G118 B101 C77 M47 Y65 K0	R192 G191 B178 C29 M22 Y29 K0
R124 G159 B145 C56 M28 Y44 K0	
R66 G57 B58 C79 M80 Y76 K26	R67 G109 B132 C78 M54 Y40 K1
R142 G107 B101 C52 M62 Y57 K0	R143 G136 B169 C50 M47 Y19 K0
R165 G139 B142 C41 M47 Y37 K0	R137 G173 B178 C51 M22 Y28 K0

晚唐 莫高窟第196窟

朱砂 08

R214 G206 B191 C19 M18 Y25 K0	R118 G54 B49 C56 M87 Y85 K20
	R174 G147 B111 C37 M43 Y58 K1
	R76 G40 B35 C66 M85 Y85 K45
R123 G161 B165 C56 M27 Y33 K0	R88 G96 B118 C74 M64 Y44 K2

晚唐 莫高窟第156窟

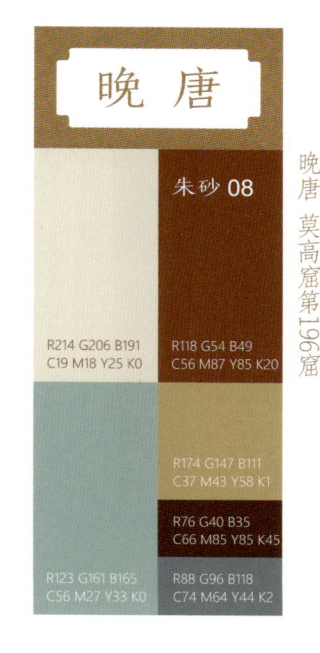

	R52 G47 B48 C80 M79 Y76 K42
R206 G197 B178 C23 M22 Y30 K0	R149 G132 B118 C49 M49 Y52 K0
石青 09 R48 G75 B116 C88 M75 Y37 K5	**石青 10**
R156 G202 B201 C43 M7 Y23 K0	R182 G224 B236 C32 M0 Y8 K0
R56 G62 B69 C81 M73 Y64 K31	R96 G89 B86 C69 M65 Y63 K12
R112 G113 B119 C64 M55 Y48 K1	R136 G156 B160 C53 M33 Y33 K0
R151 G106 B89 C48 M64 Y65 K1	R158 G151 B149 C44 M38 Y37 K0

晚唐 莫高窟第156窟

	R170 G193 B195 C38 M17 Y22 K0
R221 G219 B206 C16 M13 Y20 K0	R151 G183 B182 C45 M18 Y28 K0
R214 G223 E224 C19 M9 Y11 K0	R177 G159 B142 C36 M38 Y42 K0
石青 11 R86 G141 B188 C68 M36 Y11 K0	R158 G113 B100 C45 M61 Y58 K1
R104 G68 358 C62 M76 Y78 K22	R88 G76 B72 C70 M69 Y68 K22
R88 G89 B88 C71 M64 Y61 K13	R58 G68 B66 C82 M78 Y78 K13

五代 榆林窟第33窟

铁红 01

R116 G64 B51 C54 M79 Y80 K25	R188 G176 B181 C31 M31 Y23 K0
	R168 G176 B175 C40 M27 Y28 K0
R199 G167 B169 C25 M38 Y26 K0	
R118 G110 B118 C62 M58 Y47 K1	R227 G224 B231 C13 M12 Y6 K0
R192 G189 B211 C28 M25 Y8 K0	R167 G114 B99 C41 M61 Y58 K1
R84 G65 B64 C69 M73 Y68 K30	R215 G155 B125 C17 M45 Y48 K0

西 夏

五代·榆林窟第32窟

	R48 G33 B28 C75 M82 Y85 K57
R184 G179 B165 C33 M27 Y34 K0	R67 G65 B63 C78 M74 Y73 K26
R115 G147 B137 C61 M34 Y47 K0	R174 G139 B120 C38 M48 Y50 K0
铁红 02 R104 G55 B51 C62 M84 Y82 K24	R126 G95 B83 C59 M67 Y68 K3

五代·莫高窟第61窟

	R115 G70 B46 C52 M73 Y84 K29
R196 G190 B180 C27 M24 Y27 K0	R102 G117 B85 C66 M47 Y72 K8
	R169 G116 B85 C40 M60 Y68 K0
R198 G166 B136 C26 M37 Y46 K0	R154 G145 B129 C46 M42 Y48 K0
R57 G53 B40 C73 M69 Y80 K50	R26 G27 B18 C81 M75 Y85 K69

五代·莫高窟第220窟

铜绿 07 R127 G165 B163 C55 M25 Y35 K0	
R182 G135 B104 C33 M51 Y58 K1	土红 27 R165 G95 B80 C39 M70 Y66 K5
R153 G81 B76 C46 M77 Y68 K0	
R181 G195 B180 C34 M18 Y30 K0	
R174 G185 B195 C36 M23 Y18 K0	
R125 G124 B131 C58 M50 Y43 K1	R230 G223 B214 C12 M12 Y16 K0
R89 G86 B83 C71 M65 Y64 K14	R107 G109 B122 C66 M57 Y45 K1
R162 G209 B217 C40 M5 Y15 K0	R120 G141 B126 C60 M38 Y51 K0

五代·榆林窟第33窟

R147 G106 B99 C50 M64 Y58 K1	R197 G154 B156 C26 M39 Y34 K0
	R111 G117 B131 C64 M53 Y41 K0
R175 G194 B191 C36 M17 Y24 K0	炭黑 01
R131 G167 B166 C53 M25 Y34 K0	R65 G68 B78 C81 M75 Y63 K18
	R118 G74 B64 C58 M76 Y75 K15
R194 G191 B187 C28 M23 Y24 K0	R179 G132 B92 C34 M52 Y65 K2
R165 G183 B136 C41 M19 Y53 K0	
R115 G93 B82 C63 M66 Y68 K6	R211 G191 B186 C20 M27 Y27 K0
R207 G176 B131 C22 M33 Y51 K0	R174 G171 B186 C36 M31 Y19 K0

西夏·榆林窟第10窟

	石青 12 R40 G64 B88 C89 M77 Y53 K19
R149 G119 B98 C49 M56 Y62 K0	R72 G88 B98 C80 M68 Y58 K2
R114 G140 B147 C61 M39 Y38 K0	R129 G163 B169 C54 M27 Y31 K0
石绿 11 R136 G187 B170 C51 M11 Y37 K0	R167 G205 B195 C39 M7 Y26 K0
R170 G197 B163 C39 M12 Y41 K0	R242 G248 B235 C7 M0 Y11 K0
雌黄 01 R197 G143 B77 C26 M49 Y74 K0	R217 G169 B81 C17 M37 Y73 K0
R97 G94 B92 C69 M62 Y60 K11	R40 G41 B39 C80 M75 Y75 K55

西夏·榆林窟第2窟

石青 13 R61 G125 B178 C76 M44 Y13 K0	R62 G47 B45 C73 M76 Y75 K47
石绿 12 R76 G157 B139 C70 M21 Y50 K0	
R231 G226 B221 C11 M11 Y12 K0	R146 G86 B63 C46 M72 Y77 K11
R143 G191 B173 C48 M10 Y36 K0	R183 G131 B55 C33 M53 Y87 K0
	R176 G103 B78 C36 M68 Y70 K0
R23 G20 B21 C91 M92 Y92 K60	R55 G59 B59 C85 M80 Y78 K23

附录三：敦煌色谱

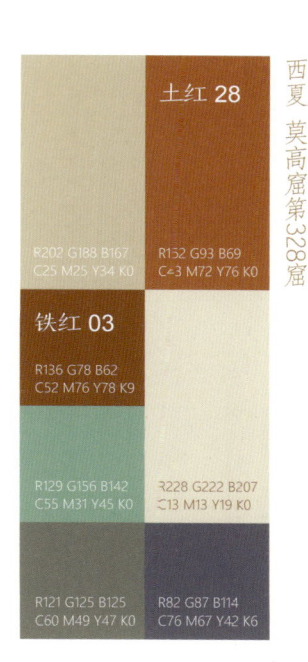

西夏 莫高窟第234窟

箔金 04
R247 G222 B155
C4 M14 Y45 K0

R176 G191 B173
C36 M18 Y33 K1

R57 G55 B56
C82 M80 Y76 K30

石绿 13

R83 G73 B65
C71 M69 Y73 K25

R234 G223 B227
C9 M14 Y7 K0

R104 G148 B115
C64 M29 Y60 K3

R163 G97 B79
C40 M69 Y67 K1

R195 G115 B82
C26 M65 Y67 K0

西夏 莫高窟第328窟

土红 28
R202 G188 B167
C25 M25 Y34 K0

R152 G93 B69
C43 M72 Y76 K0

铁红 03
R136 G78 B62
C52 M76 Y78 K9

R129 G156 B142
C55 M31 Y45 K0

R228 G222 B207
C13 M13 Y19 K0

R121 G125 B125
C60 M49 Y47 K0

R82 G87 B114
C76 M67 Y42 K6

西夏 榆林窟第2窟

R76 G59 B64
C81 M88 Y80 K7

R212 G199 B190
C20 M22 Y23 K0

R71 G125 B132
C75 M43 Y45 K0

箔金 05

R135 G166 B168
C52 M26 Y32 K0

R153 G117 B79
C47 M57 Y73 K2

R221 G191 B93
C16 M25 Y70 K0

R46 G74 B132
C89 M76 Y24 K2

R93 G124 B156
C69 M47 Y27 K0

R64 G58 B60
C86 M89 Y86 K7

R121 G69 B62
C60 M81 Y79 K9

R174 G93 B67
C37 M73 Y76 K0

R73 G64 B62
C79 M79 Y79 K18

R150 G142 B147
C48 M44 Y36 K0

青金石 07
R0 G115 B181
C85 M47 Y6 K0

朱砂 09
R164 G47 B50
C42 M95 Y87 K0

西夏 榆林窟第29窟

铜绿 08
R62 G80 B69
C78 M61 Y72 K26

R155 G165 B168
C45 M31 Y30 K0

R176 G166 B116
C37 M32 Y59 K0

R126 G129 B119
C58 M47 Y52 K0

R111 G90 B90
C63 M66 Y60 K10

R93 G121 B107
C70 M47 Y60 K0

R175 G132 B139
C36 M53 Y36 K0

R54 G68 B74
C82 M70 Y63 K27

R203 G205 B200
C24 M17 Y20 K0

西夏 榆林窟第29窟

紫色 01

R103 G80 B85
C65 M70 Y60 K15

R115 G93 B102
C63 M67 Y53 K5

R128 G98 B97
C59 M66 Y58 K1

R78 G97 B107
C76 M60 Y52 K6

R175 G165 B155
C37 M34 Y36 K0

R199 G195 B191
C26 M22 Y23 K0

R125 G123 B107
C59 M50 Y59 K1

R82 G91 B94
C77 M67 Y62 K2

西夏 榆林窟第3窟

R71 G70 B63
C78 M73 Y76 K22

R232 G220 B214
C11 M15 Y15 K0

R179 G172 B164
C35 M31 Y33 K0

R101 G144 B186
C64 M36 Y14 K0

R131 G159 B149
C54 M29 Y42 K0

R130 G182 B156
C53 M13 Y44 K0

元

元 莫高窟第95窟

R157 G144 B123	R196 G187 B179
C45 M43 Y51 K0	C27 M26 Y27 K0
R89 G88 B90	
C71 M64 Y59 K14	
R37 G27 B33	R133 G149 B141
C81 M84 Y74 K60	C54 M36 Y43 K0
R116 G101 B84	R128 G97 B84
C61 M60 Y67 K9	C56 M64 Y66 K8
	R128 G133 B130
	C57 M45 Y46 K0

元 榆林窟第4窟

R124 G156 B122	R152 G147 B139
C57 M29 Y57 K0	C46 M40 Y42 K2
R147 G106 B91	R109 G138 B148
C49 M63 Y63 K2	C62 M38 Y36 K2
R41 G21 B21	
C76 M85 Y83 K65	
	R89 G79 B59
	C64 M62 Y75 K32
R196 G192 B182	R126 G116 B91
C27 M23 Y27 K0	C53 M49 Y63 K14

元 榆林窟第4窟

石绿 14

R121 G146 B129	R208 G201 B193
C59 M36 Y51 K0	C22 M20 Y23 K0
R187 G161 B110	石青 14
C32 M37 Y60 K0	
R88 G82 B85	R64 G76 B99
C73 M70 Y64 K10	C82 M72 Y51 K11
	R126 G98 B81
	C49 M57 Y62 K24
R129 G121 B119	R129 G121 B109
C57 M52 Y49 K1	C56 M51 Y55 K5

附录三：敦煌色谱

北凉 莫高窟第275窟 ④

土红 01 ②

① R220 G212 B198 C16 M16 Y22 K0
R120 G75 B73 C56 M75 Y66 K16
R49 G40 B39 C78 M80 Y78 K51
R158 G201 B196 C42 M8 Y25 K0
R171 G184 B176 C38 M22 Y30 K0
R153 G145 B139 C47 M42 Y42 K0
R132 G69 B53 C50 M79 Y82 K16

注：① 颜色
② 色名
③ 色值
④ 洞窟名

附录四：

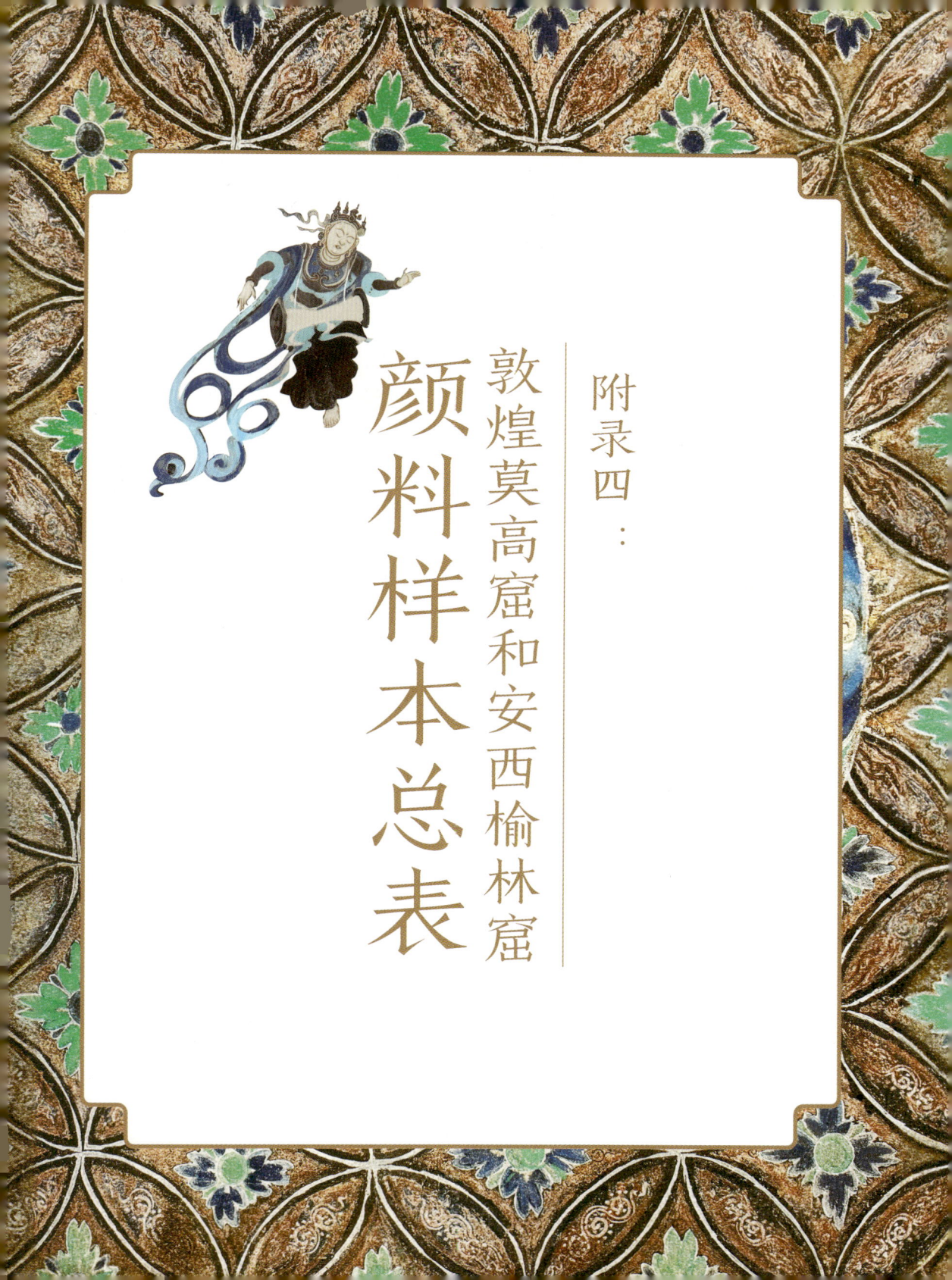

敦煌莫高窟和安西榆林窟
颜料样本总表